Vorstellungen bilden.
Beiträge zum imaginativen Lernen.
Herausgegeben von Peter Fauser und Eva Madelung
unter Mitarbeit von Gundela Irmert-Müller

Gefördert von der Stiftung für
Bildung und Behindertenförderung GmbH, Stuttgart,
im Rahmen des Projekts Imaginatives Lernen

CIP Kurztitelaufnahme der Deutschen Bibliothek
Fauser, Peter und Eva Madelung (Hrsg.)
Vorstellungen bilden.
Mit Beiträgen von Heinrich Bauersfeld ...
Velber, Friedrich, 1996
ISBN 3-617-11994-8

© 1996 Friedrich Verlag, Velber
10 01 50 · 30917 Seelze
Umschlaggestaltung: Beate Franck-Gabay
Herstellung: Friedrich Verlag
Druck: Jütte Druck GmbH, Leipzig

Vorwort 5

Marion Schnurnberger
Bewegte Bilder – Bilder bewegen
Zum Zusammenhang von Bewegung, Wahrnehmung und Phantasie ...11

Günther Bittner
Das Psychoid – oder: Hat ein Kaktus Phantasie? 27

Rafael Capurro
Was die Sprache nicht sagen und der Begriff nicht begreifen kann
Philosophische Aspekte der Einbildungskraft 41

Lothar Zahn
Einbildungskraft und Erkenntnis
Zur Entstehung der Jenenser Romantik 65

Friedrich Schweitzer
Sinn, Phantasie und Symbol
Religionspädagogische Annäherungen an den Zusammenhang
von Lernen und Imagination 91

Eva Madelung
Vorstellungen als Bausteine unserer Wirklichkeit
Grundlegende Gedanken zum Projekt imaginatives Lernen 107

Lutz Fiesser
Science-Zentren
Interaktive Erfahrungsfelder mit naturwissenschaftlicher Grundlage .125

Heinrich Bauersfeld
Wahrnehmen – Vorstellen – Lernen
Bemerkungen zu den neurophysiologischen Grundlagen
im Anschluß an G. Roth 143

Horst Rumpf
Vom Krebsgang der Bildung
Beispiele und Thesen zum imaginativen Lernen 165

Norbert Collmar
Die Lehrkunst des Erzählens: Expression und Imagination 177

Bilder von der Sommer-IMAGINATA '95

Peter Fauser/Gundela Irmert-Müller
Vorstellungen bilden
Zum Verhältnis von Imagination und Lernen 211

Autorenspiegel 245

Vorwort

Wenn man pädagogisch die Bedeutung der Imagination für das Lernen hervorhebt, bewegt man sich einerseits in einem vertrauten Raum des Selbstverständlichen. In Kunst und Literatur, bei Spiel und Feier, für Kreativitätsschulung und problemlösendes Denken ist die Bedeutung der Imagination, der Vorstellungsbildung, schon immer anerkannt worden.

Andererseits fehlt es jedoch nicht an Warnungen: Lernen kommt nicht mit der Phantasie allein aus; falsche und realitätsferne Vorstellungen sind gefährlich, und die Erwartung, durch die hypnotisch-suggestive Bearbeitung von Sorgen und Angst, Schmerz, Krankheit und Leidensdruck ließen sich alle Probleme lösen, schadet der Gesundheit, der Mündigkeit und der Bildung des einzelnen. Der Begriff der Imagination kann sowohl zur Seite des Traums, der Selbsttäuschung, der Realitätsflucht, der Wirklichkeits- und Erfahrungsferne hin ausgelegt werden als auch zur Seite des produktiven, konstruktiven Erfindens, des Problemlösens und der befreienden Einsicht in hilfreiche Perspektiven. Tatsächlich beruhen, wie der Aufklärer Freud formuliert hat, Traum und Denken beide auf der gleichen Fähigkeit, durch die wir vor den Raum des Wirklichen, der uns durch die Erfahrung, durch die Sinneswahrnehmung gegeben ist, den Raum des Möglichen stellen, uns eine andere als die gegebene Welt vorstellen können: „(Das) Träumen", so formuliert Freud in der „Traumdeutung", „setzt sich über Zeit und Raum nicht anders hinweg als das wache Denken, und eben weil es nur eine Form des Denkens ist".

Erstaunlicherweise ist die fundamentale Bedeutung von Imagination und Vorstellungsdenken zumeist wenig bewußt und wird auch in Schule und Bildung weithin vernachlässigt, obwohl unsere Erfahrung dafür Beispiele in Hülle und Fülle bietet: Einen Motor kann nur konstruieren, wer sich konkret vorstellen kann, wie Kolben, Zylinder und Ventile zusammenwirken; wer eine Bauzeichnung nicht räumlich „lesen", d. h. die Vorstellung entwickeln kann, wie der fertige Bau aussieht, kann damit nicht arbeiten; wenn ein Chirurg nicht eine genaue räumliche Vorstellung vom inneren Aufbau und den Funktionsabläufen des menschlichen Organismus hat, kann er weder diagnostizieren noch operieren; Musiker und Komponisten müssen sich die Musik mit ihrem „inneren Ohr" vorstellen, ein Koch seine Speisen „riechen" und „schmecken", Physiker und Chemiker brauchen Modellvorstellungen von Atomen oder Molekülen, um die Gesetzmäßigkeiten der Natur nachvollziehen zu können, Sportler arbeiten komplizierte Bewegungsabläufe „mental", d. h. mit Hilfe innerer Vorstellungen, durch Probehandeln durch (und bereiten sich auf ähnliche Weise auf Stress-Situationen vor); nicht zuletzt: seelische Störungen und deren Behandlung ebenso wie Lern- und Verhaltenstherapien beruhen ganz wesentlich auf der Korrektur inadäquater Vorstellungen von der äußeren Welt usw.

Ideengeschichtlich geht es beim Problem der Imagination um das Verhältnis von Wahrnehmung und Denken; die Tradition spricht von „Einbildungskraft". Sie wird seit der Antike als synthetisierende Leistung der Vernunft angesehen, die durch Vermittlung von Sinneswahrnehmungen und (kategorial organisierendem) Denken Vorstellungen hervorbringt. Maßgeblich für die Gegenwart ist noch immer KANT, der dem Verständnis der Einbildungskraft mit seiner erkenntnistheoretischen Wende zum Subjekt die bis heute richtungsweisende konstruktivistische Zuspitzung gibt. Demnach „bauen" wir mit Hilfe der Einbildungskraft eine innere Wirklichkeit, deren Form durch die a priori gegebenen Erkenntnismöglichkeiten determiniert ist und deren Inhalte aus der sinnlichen Wahrnehmung stammen. Die Jenaer Romantiker FICHTE, SCHELLING, die Gebrüder SCHLEGEL, NOVALIS, haben im Anschluß an KANTS Wendung zum Subjekt, die „produktive Einbildungskraft", die Imagination, als das universelle Vermögen der Vernunft betrachtet, das sich in allen Bereichen des Geisteslebens – in Naturwissenschaft und Poesie gleichermaßen – als die schöpferische Quelle der eigentlichen, der geistigen Wirklichkeit erweist.

Heute kann man den „Konstruktivismus" in seinen sehr unterschiedlichen Erscheinungsvarianten als ein Basisparadigma betrachten, das sich in den verschiedensten Disziplinen als produktiv erweist. Daß wir die Welt als „innere Wirklichkeit" konstruieren, also aktiv-produktiv hervorbringen, wird heute von der neurobiologisch bestimmten Hirnforschung über Lern- und Entwicklungstheorien unterschiedlichster Herkunft bis zu neueren und älteren therapeutischen Strömungen (Psychoanalyse, systemische Familientherapie, Gestalttherapie) anerkannt.

Auch für die Schule ist der konstruktive, der „imaginative" Grundzug des Lernens nichts völlig Neues. Ja, man könnte sogar sagen, daß schulisches Lernen überhaupt nur denkbar ist, wenn man davon ausgeht, daß wir uns die Welt vorstellen können. In gewisser Weise beschränkt die Schule das Lernen immer mehr auf eine „innere Wirklichkeit", denn sie trennt das Lernen von der Erfahrung und den sie tragenden sinnlichen Wahrnehmungen. In der Konsequenz könnte man dann die Auffassung vertreten, es bleibe für die Schultheorie als grundlegende, ja vielleicht einzige Aufgabe nur noch diejenige einer „Ordnung der Vorstellungen" – dies ist tatsächlich eine Grundfigur der Schultheorie THEODOR WILHELMS. Wenn hier von imaginativem Lernen die Rede ist, geht es allerdings nicht darum, mitgebrachte, tradierte, lehrplangerechte Vorstellungen in einer Art didaktischer Ordnungspolitik im Innenraum der Schule zu ordnen. Mit dem Begriff des imaginativem Lernens antworten wir vielmehr auf neuer Ebene auf ein Problem der klassisch modernen Schule, das mit der Idee einer vorstellungsordnenden Didaktik noch gar nicht erfaßt ist. Die klassisch moderne Schule, die wir hier in kritischer Wendung als Stoff- und Buchschule bezeichnen wollen, schneidet nämlich zwei für ein vorstellungsbildendes Lernen wesentliche Voraussetzungen immer mehr ab: zum einen die eigene leibhaftige Praxis, zum anderen den aktiv-produktiven Charakter der Imagination. Der übliche Unterricht operiert demgegenüber mit „Erfahrungen" aus zweiter und dritter Hand und mit „Vorstellungen", die sich andere ausgedacht haben, und die (wie etwa Modelle in den Naturwissenschaften) oft nur noch das schematische Endprodukt der Vorstellungsbildung repräsentieren, also den für das Lernen entscheidenden aktiven Prozeß des Aufbaus von Vorstellungen ausklammern. Gerade im naturwissenschaftlichen Unterricht kommt nicht von ungefähr für viele Kinder der Sprung von alltags- und leibgesättigten Zusammenhängen und Worten wie Kraft, Strom, Energie, zu wortgleichen Begriffen und deren Modellhintergrund in der Theorie zu unvermittelt.

Eine größere Rolle spielt ein Vorstellungslernen traditionell überall dort, wo Spiel und Phantasie zu den etablierten Methoden und Ressourcen gehören, also im Kunstunterricht, im Sprachunterricht, in den sozialwissenschaftlich ausgerichteten Fächern, im Schulleben, in außerunterrichtlichen Angeboten. Eine zunehmend größere Bedeutung gewinnen auch imaginative Verfahren, die aus dem therapeutischen Bereich in die Schule Eingang finden (also Suggestopädie, NLP, Stilleübungen, Katathymes Bilderleben, Phantasiereisen, Kreativitätstraining u. ä.). Allerdings sind diese Ansätze zum einen sehr stark methodisch beschränkt – sie dienen, was natürlich legitim ist, als Hilfsmittel, um eine entspannte Atmosphäre herzustellen, die Konzentration zu verbessern, das Denken zu „entfesseln"; zum anderen fehlt (nicht nur Lehrerinnen und Lehrern) oftmals eine Einschätzung über Nutzen und Nachteil solcher Verfahren – sie werden durch ihre teils esoterische Tönung als besonders anziehend oder problematisch angesehen.

Auch wenn man also anerkennt, daß die Vorstellungsbildung in der Schule durchaus eine Rolle spielt: Insgesamt wird für die Schule und darüber hinaus für Bildung und Lernen die anthropologisch fundamentale Bedeutung der Imagination nicht gesehen. Dabei ist im Verlauf der Moderne die Notwendigkeit eines Lernens, das eigene Erfahrung und Imagination fordert und ermöglicht, immer dringlicher geworden. Das folgt im wesentlichen aus dem gesellschaftlichen Wandel, der Pluralisierung und Individualisierung fast aller Lebensbereiche, der explosionsartigen Vermehrung von Gütern, Unterhaltungsangeboten und

Mischformen aus alldem, die inzwischen mit Neologismen wie „infotainemt" oder „edutainment" bezeichnet werden.

Dieser Band soll ein Plädoyer sein für die überragende Bedeutung, die der Bildung eigener Vorstellungen für den Menschen und sein Lernen zukommt. Er ist aus dem von der Stiftung für Bildung und Behindertenförderung begründeten Projekt zum Imaginativen Lernen hervorgegangen. Er versammelt Beiträge unterschiedlichster Art und verfolgt das Ziel, zur theoretischen Begründung eines vorstellungsbildenden Lernens beizutragen und Hinweise auf praktische Möglichkeiten zu geben. Herausgeber und Redaktion haben darauf verzichtet, eine einheitliche Terminologie vorzuschlagen – der Band bietet vielmehr eine beispielhaft gemeinte Sammlung unterschiedlicher Perspektiven, und es entspricht der Idee des Vorstellungsdenkens, das Zugleich und die Reibung heterogener Sichtweisen und „Vorstellungen" auch über das Vorstellen zu fördern. Ebenso hatten wir nicht die Absicht, mit einer ersten Buchpublikation zu diesem neuen Thema systematische Vollständigkeit auch nur anzustreben. Bei der Arbeit an diesem Thema ist auch klar geworden, daß dies den Rahmen einer einzelnen Publikation oder eines einzelnen Projektes sprengen würde. Die Beiträge umfassen dennoch ein beachtliches thematisches und fachliches Spektrum: neben begriffs- und ideengeschichtlichen Abhandlungen (CAPURRO, SCHWEITZER, ZAHN) stehen psychologisch-therapeutische Beiträge (BITTNER, SCHNURNBERGER), im weitesten Sinne didaktisch orientierte Texte (BAUERSFELD, COLLMAR, FIESSER und RUMPF), ein Bildteil über die IMAGINATA sowie Versuche einer mehr systematischen Grundlegung aus therapeutischer (MADELUNG) und pädagogischer Sicht (FAUSER/IRMERT-MÜLLER).

Wir danken allen Verfasserinnen und Verfassern für Ihre Texte, für die gute Zusammenarbeit und für die Geduld, die wir ihnen abverlangt haben; die Drucklegung des Buches hat am Ende doch mehr Zeit beansprucht, als uns lieb gewesen wäre. Ebenso danken wir dem Erhard Friedrich Verlag, Seelze, für die hervorragende und entgegenkommende Kooperation und für seine Bereitschaft, sich mit uns zusammen auf ein neues Feld zu begeben. Wir danken schließlich allen, die als Gesprächs- und Arbeitspartner unserer Einladung im Rahmen des Projektes Imaginatives Lernen gefolgt sind. Wir verdanken ihnen hilfreiche Einsichten, vielfältige Anregungen und klärende Kritik. DOROTHEE VON WULFFEN hat sich dankenswerterweise an der Redaktionsarbeit beteiligt.

Jena und München im Juni 1996

Peter Fauser
Eva Madelung
Gundela Irmert-Müller

MARION SCHNURNBERGER

Bewegte Bilder – Bilder bewegen

*Zum Zusammenhang von Bewegung,
Wahrnehmung und Phantasie*

„Blau ist glatt mit Sternchen" antwortete ein blindes Kind auf die Frage, was es sich unter der Farbe blau vorstellt.

Was Farben für blinde Menschen bedeuten, ob sie sich einen Sternenhimmel vorstellen können und wie sie die Dinge verstehen, die ihnen nicht zugänglich sind, diese Fragen werden immer dann gestellt, wenn Sehende sich mit dem Phänomen Blindheit konfrontiert sehen. Antworten auf diese Fragen können nur blinde Menschen selbst geben. Im Dialog gerät man allerdings oft an Verständnisgrenzen, da die Worte fehlen, die den speziellen Erlebnisqualitäten blinder Menschen Ausdruck verleihen. Gibt uns z. B. die oben genannte Antwort einen Hinweis, wie sich dieses Kind die Farbe blau vorstellt?

Mit diesem Beitrag möchte ich mich dem Phänomen der Phantasie aus einer für viele LeserInnen vielleicht wenig vertrauten, möglicherweise sogar fremden Richtung annähern. Mein pädagogischer Erfahrungsraum ist seit vielen Jahren die Begleitung von Familien mit Kindern mit einer Sehschädigung. Im Zusammenleben mit Menschen, die nicht visuell wahrnehmen und die darum auch keine visuellen Vorstellungs-Bilder entwerfen können, werden viele Selbstverständlichkeiten, die aus der kulturellen Dominanz der Visualität entstehen, fragwürdig.

In einem ersten Schritt werde ich mich daher mit der Frage beschäftigen, wie Menschen ohne Sehvermögen ihre Umwelt wahrnehmen und wie sie sich eine Vorstellung von ihrer Umwelt verschaffen. Die Auseinandersetzung mit der Theorie von MELCHIOR PALAGYI (1859–1924) über den Zusammenhang von Bewegung, Wahrnehmung und Phantasie im zweiten Teil dieses Beitrags kann als Antwort auf diese Frage eine interessante Perspektive auf das Thema insgesamt eröffnen. Was diese Überlegungen für das pädagogisch-therapeutische Handeln bedeuten können, möchte ich anhand einer Geschichte aus meiner bewegungstherapeutischen Tätigkeit im dritten Teil exemplarisch darstellen, um diese Überlegungen in einem vierten Teil mit Thesen zum Zusammenhang von Bewegung, Wahrnehmung und Phantasie abzuschließen.

1. Ich „sehe" eine Welt, die Du nicht siehst ...

KÜKELHAUS (1979, S. 404) beginnt einen Aufsatz mit der Aufforderung „Stell Dir vor, Du wärest blind", um sehende Menschen einzuladen, mit allen Sinnen wahrnehmen zu lernen. Können wir überhaupt eine innere Anschauung davon aufbauen, wie wir die Umwelt wahrnehmen würden, wenn wir sie nicht sehen könnten? Auch wenn wir den Schrecken davor abgelegt haben, blind zu sein, kann uns dies in der Konsequenz nicht gelingen. Visuelle Bilder bestimmen immer die Vorstellungen und die Träume, begleiten unser Sprechen wie auch das Wahrnehmen. Wir gehen auch meist ganz selbstverständlich davon aus, daß Menschen, die nicht sehen können, wohl Schwärze wahrnehmen: Selbst in der Negation des Sehens können wir die Erfahrung des Sehens nicht ablegen.

Wenn dies so ist, dann stellt sich die Frage: Können wir unter dieser Prämisse blinde Kinder überhaupt pädagogisch begleiten, sie in ihrer Art der Wahrnehmung von sich selbst und ihrer Umwelt, in ihren Vorstellungen, Spielen und Geschichten hilfreich unterstützen und anregen, wenn wir der Art und Weise ihrer Wahrnehmungen und Phantasien keine Erfahrung zugrunde legen können? Dies scheint ein Problem zu sein, das sich allein mittels der Vorstellung, selbst blind zu sein, nicht lösen läßt. Denn damit verschließen sich eher Möglichkeiten, als daß sich neue eröffnen. Die Aufforderung „Stell Dir vor, Du wärest blind" bringt, so sympathisch sie auch auf den ersten Blick erscheint, das

Problem der Nichterlebbarkeit anderer Wahrnehmungsweisen auf den Punkt. Für den hier gewählten Zusammenhang führt KÜKELHAUS' Postulat nicht weiter.

Einen anderen Zugang wählt HEINZ VON FOERSTER (1990). Mit seinem Imperativ „Handle stets so, daß weitere Möglichkeiten entstehen" leitet er eine Umorientiertung in der Fragestellung ein. Die Frage lautet nämlich nun, wie der Prozeß des Wahrnehmens, Vorstellens und Verstehens so beschrieben werden kann, daß über ein Verständnis der spezifischen Kompetenz der Wahrnehmungs- und Vorstellungweise blinder Menschen neue Perspektiven auf das Phänomen allgemein gewonnen werden können. Im Anschluß an VON FOERSTER soll im folgenden von der Erkenntnis ausgegangen werden, daß beim Ausfall der visuellen Wahrnehmung dem Be-Greifen, dem Tasten und Erkunden über Bewegung zentrale Bedeutung für die Wahrnehmung der Umwelt zukommt (vgl. SCHNURNBERGER 1990, WALTHES 1991). Als Umwelt kann ein blindes Kind nur das be-greifen und erkennen, was es über Bewegung erfährt.[1] Potentielle Umwelten bleiben der direkten wie der vermittelten Wahrnehmung verschlossen, solange sie nicht über Bewegungshandlungen als reale Umwelten angeeignet werden können. Die Betrachtung der Wahrnehmung blinder Kinder läßt die konstruktiven Anteile von Wahrnehmung wesentlich deutlicher erkennen als dies bei der Betrachtung der visuellen Wahrnehmung allein der Fall ist. Ein Baum hat für ein blindes Kind keine Äste, wenn es nur den Stamm gezeigt bekommt und betasten kann. Es kann Verbindungen von Blättern und Stamm nur verstehen, wenn es die Übergänge von Stamm, Ast, Zweig, Blattstiel und Blatt ertastet, d. h. über Bewegung (re)konstruiert. Damit kommt der Bewegung nicht nur Bedeutung für die Entwicklung von Wahrnehmung im Kleinkindalter zu (vgl. PIAGET 1975), vielmehr ist der Erhalt und die Erweiterung von Wahrnehmung lebenslang an Bewegung als deren gestaltendes Prinzip gebunden (vgl. WALTHES 1991).[2]

In diesem Zusammenhang geht es jedoch nicht nur um die sinnliche Wahrnehmung gegenwärtiger Objekte. Auch die Vorstellung der Umwelt, der Personen mit ihren Handlungen ist ausschließlich über Bewegung möglich, in diesem Fall jedoch nicht über die real ausgeführte, sondern über die innere, eingebildete Bewegung. Ein blinder Mensch nimmt z. B die viereckige Form einer Tafel wahr, indem er reale Tastbewegungen längs ihrer Kanten ausführt, und er stellt sich ein Viereck vor, indem er es durch virtuelle Bewegung innerlich erzeugt. Seine Vorstellung der Form bezieht er auf die Bewegungen und die damit verbundenen Erfahrungen der tastenden Hand.

Bevor ich mich diesem Aspekt im zweiten Teil vertiefend zuwende, möchte ich noch eine kurze Geschichte erzählen.

„Ich ‚sehe' eine Welt, die Du nicht siehst …". Ulrich ist 6 Jahre alt und interessiert sich für alle möglichen elektronischen Geräte. Eines Nachmittags sagt er etwas traurig zu mir, es sei sehr schade, daß er nicht fotografieren könne, da er blind sei. Ich schlage ihm vor, er solle den Photoapparat einfach irgendwo hinhalten, den Auslöser drücken und dann, wenn das Bild entwickelt ist, jemanden fragen, was alles auf dem Bild zu sehen ist. Ganz erleichtert und freudig sagt er: „Also gut, dann fotografiere ich zuerst die Luft." Ich versuche ihm zu erklären, daß man nur das fotografieren und damit auch sehen kann, was er fühlen kann. Er denkt nach und sagt: „Dann möchte ich eben den Wind fotografieren." Wir beschließen, ihm eine Sofortbildkamera zu schenken. Die nächsten Wochen ist Ulrich damit beschäftigt, herauszufinden, was er alles in seiner Umgebung fotografieren kann. Er klettert überall hoch, schlüpft überall drunter und fotografiert alles, was ihm vor die Linse kommt, immer verbunden mit der Frage: „Was kannst du auf dem Bild sehen?" Einmal zeigt er seiner Mutter ein Bild, wieder mit der Frage: „Was kannst du darauf sehen?" „Nichts", sagt die Mutter, „du hast nichts fotografiert, hier ist nur die dunkle Gartenmauer drauf." „Wie kann das sein, hinter der Mauer ist doch der Parkplatz. Und da kam doch gerade der Papa, ich hab's doch gehört. Wenn ich durch das Fenster fotografiere, siehst du doch auch den Garten auf dem Bild." Er fragt noch viel nach, wo man durchsehen kann und wo nicht, dann sagt er ganz nebenbei, aber sichtlich erleichtert: „Dann kannst du mich also gar nicht sehen, wenn ich in meinem Zimmer bin und die Türe zu habe!"

2. Willst Du erkennen, lerne Dich zu bewegen!

Obwohl PALAGYI seine Theorie zur Wahrnehmung und Phantasie bereits 1908 veröffentlichte, hat seine Frage nach dem schöpferischen Prozeß in Wahrnehmung und Vorstellung nichts an Aktualität eingebüßt. Es kann sogar festgestellt werden, daß sich in den neueren konstruktivistischen Erkenntnistheorien (GLASERSFELD 1987, VON FOERSTER 1990) zum Teil interessante Parallelen finden lassen, ohne daß hier der Prozeß des Wahrnehmens explizit zum Thema gemacht wird. Wie andere Wahrnehmungstheorien (GIBSON 1982, GRAUMANN 1966, MERLEAU-PONTY 1966, VON WEIZSÄCKER [4]1950) versteht auch PALAGYI Wahrnehmung als einen aktiven Prozeß des Unterscheidens. Er geht über diesen allgemeinen Aspekt noch hinaus und fragt nach der Bedingung der Möglichkeit jeglichen Unterscheidungsvermögens. Über eine umfangreiche erkenntnistheoretische Auseinandersetzung kommt er zu der Auffassung, daß allein in der Bewegungsfähigkeit die Basis für die Unterscheidung von Selbst und Fremd und damit für jegliche Wahrnehmung gesehen werden muß.

Diese Herausbildung der Fähigkeit zur Unterscheidung von Selbst und Fremd im Laufe der kindlichen Entwicklung basiert nach PALAGYI nicht auf den sogenannten höheren Sinnen Sehen und Hören. Denn sowohl blinde als auch gehörlose Menschen können die Fähigkeit erwerben, sich als von ihrer Umwelt unterschieden wahrzunehmen. Dieser Gedanke ist für den hier dargestellten Zusammenhang außerordentlich wichtig, daher möchte ich die Überlegungen PALAGYIs kurz skizzieren. Für eine auch nur annähernd vollständige Darstellung seiner Theorie im vorliegenden Rahmen sind seine Gedanken viel zu vielschichtig und originell.[3]

Ohne Bewegung, insbesondere ohne Tastbewegung, so PALAGYI, wäre Selbst- und Umweltwahrnehmung nicht möglich. Vollkommene Bewegungsunfähigkeit hätte zur Folge, daß es nicht mehr gelingen könnte, sich selbst aktiv zu berühren. Die Selbstberührung vermittelt jedoch die Erfahrung des Fassens mit der Erfahrung des Gefaßtwerdens am eigenen Leibe und schafft damit die Voraussetzung für jegliche Unterscheidung. Denn die Doppelempfindung der Gleichzeitigkeit von aktiv (fassen) und passiv (gefaßt werden) in der Erfahrung unterscheidet die Selbstberührung von allen anderen Berührungserlebnissen. Berühre ich z. B. mit der Hand einen Gegenstand, sind es nur die mit der Aktion verbundenen Berührungen, die ich erlebe. Werde ich von jemandem berührt, sind es nur die passiven Anteile der Berührung, die ich wahrnehmen kann. Die Differenz von aktiv und passiv in der Erfahrung der Doppelempfindung bei der Selbstberührung im Unterschied zur Berührung eines fremden Gegenstandes kann auf kein anderes Sinnesorgan gegründet werden.

Die Grundthese, die PALAGYI aus diesen Überlegungen ableitet, lautet: Ohne Bewegung keine Wahrnehmung. Wie schon angedeutet, ist damit nicht nur die real ausgeführte Bewegung gemeint, sondern vor allem auch die innere, eingebildete, die „virtuelle Bewegung" (PALAGYI 1924, 1925), die allen Wahrnehmungen zugrunde liegt. Mit der Fähigkeit, Räume wahrzunehmen, Entfernungen zu schätzen, Berührungen am eigenen Körper zu lokalisieren und die Verbindung von handlungsbegleitenden Sinnesempfindungen und Gefühlen zu gestalten, sind jedoch nicht alle Leistungen der virtuellen Bewegung beschrieben. Auch für das Verstehen der Handlungen, Bewegungen, Erzählungen anderer Menschen sind virtuelle Bewegungen, und das heißt: Phantasie unerläßlich.[4] Verstehen kann ich demnach all das, was ich virtuell gestalten kann, was meine innere Beweglichkeit mir erlaubt. Verstehen heißt aus dieser Perspektive betrachtet, möglichst ähnliche virtuelle Bewegungen zu gestalten wie mein Gegenüber. Dies bedeutet jedoch, daß es meine inneren Bewegungen sind, die ich wahr-„nehme", die ich für wahr „halte" und auf die ich mein

Verstehen gründe. Was sie mit den Handlungen, Erzählungen usw. der anderen Person zu tun haben, zeigt sich erst durch den Dialog.

Denjenigen Kreisprozeß der Phantasie, „der uns mit der Außenwelt in Berührung hält und uns zu immer neuen Wahrnehmungen führt", bezeichnet PALAGYI als direkte Phantasie (1924, S. 213).

Von der direkten Phantasie, die die Wahrnehmung der materiellen, dinglichen, räumlichen und personenbezogenen Mitwelt gestaltet, werden bei PALAGYI inverse und symbolische Phantasieprozesse unterschieden. Diese ermöglichen, daß unsere Aufmerksamkeit – von der wirklichen Umgebung abgelenkt – in vergangene, zukünftige oder utopische Welten reisen kann (ebd.). Die Verbindung von direkten und inversen Phantasmen stellt die Bedingung der Möglichkeit aller kreativen und schöpferischen Prozesse dar. Da die Kreisprozesse der inversen und der symbolischen Phantasie unserem heutigen Verständnis von Phantasie entsprechen und wesentlich geläufiger sind als die der direkten Phantasie, möchte ich sie in diesem Zusammenhang nur sehr kurz ausführen.

Virtuelle Bewegungen bedingen die Möglichkeit, in die Zukunft, die Vergangenheit, in Utopien zu reisen. Ich bewege mich virtuell, d. h. in Einbildung an eine andere Stelle, gestalte den dort vorfindbaren Raum sowie meine vorgestellten Handlungen über innere Bewegung. Ich stelle mir das Geschehen vor, und zwar nicht als unbewegtes Abbild oder gar als Kopie von schon einmal Dagewesenem, sondern als bewegte Neugestaltung, als einmaliges Geschehen, als in innerer Bewegung gestaltetes Bild. „So wie ein Ausatmen keine Nachahmung des Einatmens und die Diastole des Herzens keine Nachahmung der Systole desselben ist, so darf ein inverses Phantasma nicht als eine Nachahmung des direkten Phantasmas betrachtet werden" (ebd., S. 227). Auch Erinnerung ist diesem Verständnis zufolge als Neugestaltung zu verstehen, ebenso wie eine Reise in die Zukunft.

Sind solche virtuellen Reisen ungewollt und schießen einem einfach so ins Bewußtsein, oder sind es Tagträume, deren ich erst gewahr werde, wenn ich nach einer geraumen Zeit feststelle, daß ich beim Zuhören den Faden verloren habe, so nennt PALAGYI diese Phantasieprozesse indirekte oder inverse Phantasie. Den Unterschied von direkten und indirekten Phantasmen beschreibt er wie folgt: Während die direkten Phantasmen durch die Sinnesempfindungen angeregt werden und dann auch mehr oder minder das Gefühl in Mitleidenschaft ziehen, gehen die inversen Phantasmen umgekehrt von Gefühlen aus und ziehen dann auch das Sensorium in Mitleidenschaft (ebd., S. 219). Eine schöne Erläuterung dieses Zusammenhangs, möchte ich mit einem längeren Zitat PALAGYIs hier anschließen. „Man bemerkt es oft bei Kindern, die etwas lernen sollen, daß es dem Lehrer nicht gelingt, ihre Aufmerksamkeit von den unmittelbar gegenwärtigen Gegenständen ab- und auf Phantasmen von nichtgegenwärtigen Gegenständen hinzulenken. Sie sind durch das, was ihre Sinne unmittelbar beschäftigt, so sehr gefesselt, daß sie nur in sehr ungenügender Weise Phantasmen von nichtgegenwärtigen Gegenständen zu produzieren imstande sind. ... Sie sind zerstreut auf das dem Lehrer vorschwebende Unterrichtsziel. Eine entgegengesetzte Zerstreutheit tritt bei Personen hervor, die intensiven geistigen Beschäftigungen obliegen. Sie zeigen sich nämlich durch die Phantasmen nichtgegenwärtiger Gegenstände in der Wahrnehmung des Wirklichen und in der Anpassung an die Funktionen, die eine solche Wahrnehmung erforderlich macht, in komischer Weise behindert" (ebd., S. 202).

Sind diese Reisen willkürlich begonnen und gestaltet, dann spricht PALAGYI im Unterschied zu den inversen Phantasmen von symbolischer Phantasie. Diese ist es dann auch, die allen kreativen, schöpferischen Prozessen als bewegte Gestaltungskraft zugrundeliegt (vgl. MUMM 1981).

Dieser bewegungsbestimmte Phantasiebegriff verweist auf einen sehr interessanten Zusammenhang von Bewegung und Phantasie, der auch für die pädagogisch-therapeutische Diskussion interessante Anknüpfungspunkte bieten könnte. Virtuelle Bewegungen als Grundlage von Phantasie sind sowohl in ihrer

Existenz als auch in ihrer Differenziertheit, Vielgestaltigkeit und Gestaltungskraft, d. h. in der Einbildungskraft an reale Bewegungserfahrung gebunden. Beide differenzieren sich in einem zirkulären Prozeß aus, indem die virtuelle Bewegung die reale Bewegung steuert. Mit der Bewegungsausführung sind Wahrnehmungen, Erfahrungen, Gefühle, Empfindungen und Aufmerksamkeiten verbunden, die wiederum auf die virtuellen Bewegungen zurückwirken. Bewegung, Wahrnehmung und Phantasie bilden ein Bedingungsgefüge, bei dem sich die einzelnen Aspekte in einem spiralförmigen Prozeß in Abhängigkeit voneinander immer weiter ausdifferenzieren und damit an Gestaltungskraft gewinnen können. Im Verlaufe der Entwicklung eines Menschen sind es jedoch immer wieder die in Veränderung befindlichen Bewegungsvoraussetzungen und Bewegungsmöglichkeiten, die als Impulse neue Lösungen bei der Integration von Bewegung, Wahrnehmung und Phantasie innerhalb dieses Bedingungsgefüges erfordern. Kinder, Jugendliche während der Pubertät, alte Menschen erleben eine solche Neuorganisation oft als enorme Anforderung. Mit den sich verändernden Bewegungsbedingungen und dem sich ändernden Körperschema verändern sich auch die Handlungsspielräume in der Auseinandersetzung mit der Umwelt. Dies fordert Kinder, Jugendliche und alte Menschen immer wieder dazu auf, eine „neue" Wirklichkeit mit veränderten Aufmerksamkeiten, Bedeutungszuschreibungen und Vorstellungen in innerer und äußerer Bewegung wahr-nehmend zu entwerfen.[5]

3. Bewegte Bilder – Bilder bewegen

Über Wahrnehmungen, Phantasie, Einbildung und (virtuelle) Bewegung sowie über mögliche Verbindungen zwischen den einzelnen Phänomenen kann in sehr unterschiedlicher Weise nachgedacht und geschrieben werden. Wie diese Gedanken Eingang in die pädagogische bzw. therapeutische Praxis finden, ob sie für die konkrete Gestaltung der Dialoge hilfreiche Ideen bereitstellen können, in welcher Weise mit den Phantasien der Kinder und Jugendlichen umgegangen wird, ja welche Äußerungen überhaupt als zu unterstützende, zu bekräftigende Phantasien gedeutet werden können und sollen, dies hängt nicht nur von dem jeweiligen Verständnis von Phantasie und Imagination ab. Wie bei jedem pädagogisch-therapeutischen Handeln so ist auch hier vor allem das zugrundeliegende Menschenbild, die damit verbundenen Vorstellungen der (Un)Möglichkeit direkter Einflußnahmen auf das Denken, Vorstellen, Wahrnehmen und Handeln der Kinder und Jugendlichen dafür verantwortlich, in welcher Art und Weise Imagination und Phantasie Eingang in die Gestaltung pädagogisch-therapeutischer Handlungszusammenhänge findet und welche Rolle ich mir als Erwachsene, als Pädagogin oder Therapeutin in diesem Prozeß zuschreibe.

Ich möchte eine Geschichte aus meiner bewegungstherapeutischen Arbeit in einer Klinik für Kinder- und Jugendpsychiatrie erzählen, von der ich hoffe, daß sie ansatzweise Auskunft darüber geben kann, welche Vorstellungen und Bilder mein Tun leiten, und daß sie veranschaulicht, wie die theoretischen Überlegungen zum Zusammenhang von Bewegung, Wahrnehmung und Phantasie praktische Relevanz erhalten.

Da unter Bewegungstherapie sehr unterschiedliches verstanden werden kann, will ich kurz das Spezifische meiner Arbeit kennzeichnen. Das zentrale Thema meines Tuns sehe ich in der Gestaltung von Bewegungs-Dialogen. In der Bewegung machen Kinder und Jugendliche eine Aussage über sich, über ihre Beziehung zur Umwelt und zu anderen Menschen sowie über ihre handlungsleitenden Vorstellungen. Bewegungen können daher als Wegweiser für die Auseinandersetzung der Kinder und Jugendlichen mit sich selbst und ihrer Mitwelt verstanden werden. Ihre Bewegungen können als Vorschlag, als Dialogangebot gedeutet werden, die auf Resonanz, d. h. auf einen Gegenvorschlag angewiesen sind, um sich ausgestalten zu können. Damit wird Bewegung zu einem ähnlichen Medium von Dialogen zwischen Menschen wie es Sprache ist. Sie verstummt oder verfängt sich in Monologen, wenn die Antwort und damit der bewegte Dialog verwehrt bleibt. Viele (Bewegungs-)Störungen von Kindern und Jugendlichen könnten unter dieser Perspektive eine völlig neue, meines Erachtens Handlungsspielräume eröffnende, Deutung erfahren (vgl. WALTHES 1993).

... komm wir tanzen (m)eine Geschichte

Su[6] (14 Jahre) kommt in die Stunde und hat keine Idee was sie heute gerne machen möchte. Ich schlage vor, noch einmal zu überlegen, was wir alles schon zusammen gemacht haben, um vielleicht an ein bekanntes Thema anknüpfen zu können. Sie sagt spontan: „Das Tanzen hat mir schon Spaß gemacht, aber jetzt, da Elli nicht mehr da ist, trau ich mich nicht so recht." Wir überlegen, wie wir die Situation für sie stimmig gestalten könnten; daraufhin hat sie Lust, es dieses Mal auch alleine, d. h. gemeinsam mit mir auszuprobieren. Ich wähle zwei ganz unterschiedliche Musikstücke, die wir zuerst gemeinsam anhören. Su möchte mit dem „fröhlichen" beginnen. Sie bewegt sich immer ausgelassener nach der Musik; springend, hüpfend, drehend, mit viel Energie erschließen wir uns beide den gesamten Raum. „Es war wie bei einem ausgelassenen Fest, aber jetzt möchte ich es mal mit der anderen Musik probieren, die ist so schön soft." Schnell ändert Su ihre Bewegungen. Mit gebeugten Knien, schleifenden langsamen Bewegungen, den ganzen Fuß am Boden, schiebt sie sich schrittchenweise vorwärts. Der Kopf sinkt tief zwischen die Schultern, der Blick haftet an den eigenen Füßen. So schleppt sie sich langsam an der Wand entlang. Danach erzählt sie mir, daß sie ein ganz trauriges Bild vor Augen hatte: „Ein Kind läuft auf einem breiten Bürgersteig, irgendwie in einer Einkaufsstraße. Es ist dabei in einer ganz traurigen Stimmung, eigentlich eine Todesstimmung. Um es herum sind ganz viele Menschen, aber das Kind sieht nichts, es ist nur auf sich gerichtet und ganz einsam, obwohl um es herum ganz viele Leute auf dem Bürgersteig laufen, aber es nimmt um sich herum gar nichts wahr." Ich frage sie, ob sie sich vorstellen könnte, sich noch einmal nach derselben Musik zu bewegen, dabei vielleicht dem Kind noch einmal zu begegnen. Sie könne dabei einmal probieren, beim Bewegen aufmerksam darauf zu sein, wie der Raum aussieht, in dem sie sich gerade befindet, wo sie sich im Raum bewegt und wo ich tanze, und hinzuhören, wie unsere Bewegungen klingen. Nach kurzem Zögern stimmt sie zu: „Weil, die lustige Musik würde jetzt auch nicht mehr passen." Daß und wie sich ihre Bewegungen verändern, läßt sich in der Kürze nur schwer beschreiben. Daher beschränke ich mich auf die von Su erzählte Geschichte nach dem Tanzen. „Es war ganz komisch. Das Kind war wieder da, zuerst so wie vorher, aber ganz langsam traute es sich hochzuschauen, es wurde neugierig, schaute sich alles an. Dann schaute es auf die Vergangenheit und verabschiedete sich davon. Danach reift es heran und wird ganz langsam erwachsen." Ohne die Geschichte zu deuten oder noch mehr nachzufragen, frage ich sie, ob sie noch Interesse daran hat, nachzuschauen, wie sich das Kind denn verabschiedet hat. Sie ist ganz neugierig darauf, tanzt noch einmal „ihre" Geschichte und erzählt dann: „Das Kind hat einen Teddybär unterm Arm, jemand hat das Kind an der Hand, ich weiß nicht, ob es die Mutter war, beide verlassen das Haus, verabschieden sich und gehen. Sie konnten gut gehen – das ist jetzt noch ein tolles Gefühl."

Ich möchte diese Geschichte nicht in bezug auf Sus Lebensgeschichte interpretieren, sondern zwei mir besonders wichtige Aspekte herausgreifen.

a) Für mich ist die deutliche Interdependenz von äußerer, beobachtbarer Bewegung und innerer, virtueller Bewegung, als erzählte Geschichte besonders eindrucksvoll. Ohne Orientierung in der sie umgebenden Welt, die Aufmerksamkeit ganz auf die inneren Bilder gerichtet, bewegt Su Bilder, die durch Einsamkeit, Kommunikationslosigkeit und durch die Perspektive Tod bestimmt sind. Durch die Aufgabenstellung der Orientierung nach außen, des Öffnens der Sinne für aktuelle Wahrnehmungen, sowie durch das damit verbundene Aufrichten des Körpers gestaltet Su völlig andere innere Bilder. Auch das Kind in der Geschichte findet einen Weg, neugierig auf die Umwelt zuzugehen und dadurch in einen Dialog mit dieser Umwelt einzutreten. In der Veränderung der eigenen Bewegungen und der damit verbundenen Aufmerksamkeiten und Wahrnehmungen, setzt sich Su mit ihrer Umwelt in Beziehung. Hierdurch entsteht für sie die Dimension Raum und die Dimension Zeit zugleich auch für ihre inneren Bilder. Das Kind kann wachsen, kann in Beziehung treten, es kann Altes zurücklassen und Neues erwarten.

b) Das Ziel gemeinsam bewegter Dialoge ist es, Bedingungen so zu gestalten, daß Selbstorganisation möglich wird. Ob Su hierdurch ein ursächliches Problem ihrer Schwierigkeiten bearbeitet hat, wie man diese Bilder bezüglich ihrer Biographie deuten könnte, ist zweitrangig und nicht Anliegen dieser „sich-und-seiner-Phantasie-selbst-gestaltgebenden" bewegungsorientierten Begleitung. Meine Aufgabe sehe ich darin, neugierig und aus der Position des „Nicht-Wissens" (vgl. ANDERSON/GOOLISHIAN 1992, S. 176–189) in authentischer Mitbewegung und innerlich bewegt der Einladung zu folgen und damit an der Geschichte mitgestaltend teilzuhaben. Voll Bewunderung habe ich dabei zur Kenntnis genommen, in welch kreativer Weise dieses Mädchen ihr zunächst so ausweglos Bild bewegend einer Lösung entgegengebracht hat. Die Ressourcen für die Lösungen sind immer schon da; wie sie aussehen können, weiß nur Su selbst. Was oft fehlt, sind die Bedingungen, um sie in einem kreativen Prozeß für eine konkrete Situation neu zu erfinden.

4. Bewegung als Gestaltungsprinzip von Wahrnehmung und Phantasie

Die Beispiele und Erläuterungen zum Zusammenhang von Bewegung, Wahrnehmung und Phantasie lesen sich wie Illustrationen zu dem Thema: Bewegung als Gestaltungsprinzip für Wirklichkeitskonstruktion. Bewegung wird in diesem Beitrag als Bedingung der Möglichkeit von Wahrnehmung und Phantasie begriffen. Diesen zirkulären Prozeß noch einmal auf seine Grundlagen hin zu befragen, scheint m. E. sinnvoll zu sein, um der Diskussion um Imagination und imaginatives Lernen eine stabile Basis zu geben. Wahrnehmung erscheint uns allzuoft als eine unhinterfragbare, selbstverständliche Gegebenheit, und selbst dann, wenn wir sie als selektiven, produktiven Vorgang begreifen, geraten ihre konstruktiven Momente oft aus dem Blick. Mit Hilfe der Theorie der virtuellen Bewegung von PALAGYI ist es möglich, Wahrnehmung als einen über Bewegung erschaffenen, gestalteten und erlebten Prozeß zur Konstruktion von Wirklichkeit zu sehen. Diese bewegte Basis jeglicher Wahrnehmung ins Blickfeld zu rücken, eröffnet auch eine andere Perspektive auf Phantasie. Phantasie und Imagination können dem hier entwickelten Verständnis zufolge nicht nur als unabhängige, kreative Tätigkeiten begriffen werden. Vielmehr ist Phantasie als ein Wahrnehmung konstituierendes Element zu sehen. Wahrnehmungen brauchen virtuelle Bewegungen und das heißt zugleich Phantasie, damit Unterscheidungen getroffen werden und Gegenstände in ihrer Gestalthaftigkeit und Dimensionalität begriffen werden können.

Diesen Zusammenhang ernst zu nehmen und als theoretischen Bezug zu sehen, beinhaltet eine für pädagogisches Handeln wichtige Konsequenz: Phantasie als kreativer, schöpferischer Prozeß braucht die vielfältig gestaltete, erlebte und gefühlte Bewegungs- und Handlungserfahrung. In Bewegung werden die vielfältigsten Beziehungen zwischen Menschen und Dingen gestaltbar und begreifbar. Die Quelle für Phantasie liegt in der konkreten Bewegungshandlung.

Der Stoff, aus dem die Träume sind, liegt in der gelebten Erfahrung. Ohne sie bleiben Imaginationen gewissermaßen ungeordnet, geraten in Gefahr, losgelöst von der konkreten Erfahrungswelt eine sekundäre Imaginationswelt zu konstituieren.

Literatur

ANDERSON, H./GOOLISHIAN, H.: Der Klient ist Experte: Ein therapeutischer Ansatz des Nicht-Wissens. In: Zeitschrift Systemische Therapie 10(1992). Bd. 3, S. 176–189.

FOERSTER, H. v.: Wahrnehmen wahrnehmen. In: BARCK, K. H./GENTE, P. (Hrsg.): Aistesis. Wahrnehmung heute oder Perspektiven einer anderen Ästhetik. Leipzig 1990, S. 434–445.

GLASERSFELD, E. v.: Wissen, Sprache und Wirklichkeit. Braunschweig 1987.

GIBSON, J. J.: Die Sinne und der Prozeß der Wahrnehmung. Bern/Stuttgart/Wien 1982.

GRAUMANN, C. F.: Nicht-sinnliche Bedingungen des Wahrnehmens. In: METZGER, W. (Hrsg.): Handbuch der Psychologie. Bd. 1, Halbbd. 1. Göttingen 1966, S. 1031–1080.

HURRELMANN, K.: Entwicklung, Sozialisation und Gesundheit – Überlegungen zu einer integrativen Theoriebildung. In: BRETTSCHNEIDER, W. D. u. a. (Hrsg.): Bewegungswelt von Kindern und Jugendlichen. Schorndorf 1989, S. 18–42.

KÜKELHAUS, H.: Stell Dir vor, Du wärest blind. Bericht einer öffentlichen Veranstaltung. In: Scheidewege. Vierteljahresschrift für skeptisches Denken 9 (1979)3, S. 404–417.

MERLEAU-PONTY, M.: Phänomenologie der Wahrnehmung. Berlin 1966.

MUMM, S.: Sprache und Phantasie. Überlegungen zur ‚bewußtseinseigenen' Sprachtheorie. In: Logos Semantikos. New York/Madrid 1981, S. 445–463.

PALAGYI, M.: Naturphilosophische Vorlesungen. Leipzig 1924.

PALAGYI, M.: Wahrnehmungslehre. Leipzig 1925.

PIAGET, J.: Der Aufbau der Wirklichkeit beim Kinde. Stuttgart 1975.

PLÜGGE, H.: Der Mensch und sein Leib. Tübingen 1967.

PLÜGGE, H.: Vom Spielraum des Leibes. Salzburg 1970.

SACKS, O.: Der Mann der seine Frau mit einem Hut verwechselte. Hamburg 1987.

SACKS, O.: Der Tag an dem mein Bein fortging. Hamburg 1989.

SCHNURNBERGER, M.: Die Bedeutung der Bewegung für das Begreifen der Umwelt bei blinden Kindern. Unveröff. Diplomarbeit. Tübingen 1990.

WALTHES, R.: Zur Theorie der virtuellen Bewegung. Wahrnehmung, Bewegung und Sprache in der Waldorfpädagogik und bei Melchior Palagyi – Ein Beitrag zur Bewegungslehre. Unveröff. Dissertation. Marburg 1978.

WALTHES, R.: Bewegung als Gestaltungsprinzip. Grundzüge einer bewegungsorientierten Frühförderung. In: TROST, R./WALTHES, R.: Frühe Hilfen für entwicklungsgefährdete Kinder. Wege und Möglichkeiten der Frühförderung aus interdisziplinärer Sicht. Frankfurt/M. 1991.

WALTHES, R.: Störungen zwischen Dir und mir. Grenzen des Verstehens und Möglichkeiten der Verständigung. In: Zeitschrift Frühförderung Interdisziplinär 12(1993) 4, S. 145–155.

WEIZSÄCKER, V. v.: Der Gestaltkreis. Theorie der Einheit von Wahrnehmen und Bewegen. Stuttgart ^{4}1950.

Anmerkungen

[1] Auch das Konzept der produktiven Realitätsaneignung von HURRELMANN (1989) basiert auf der Idee der handelnden, bewegten Auseinandersetzung mit der Umwelt.

[2] Anschauliche Beispiele für diesen Zusammenhang finden sich bei O. SACKS („Der Tag an dem mein Bein fortging", 1989), der die mit der Bewegungseinschränkung

verbundenen Wahrnehmungsveränderungen beschreibt, und bei PLÜGGE (1967, 1970), der sich mit den Wahrnehmungsveränderungen hirnverletzter Menschen beschäftigt hat.

[3] Den interessierten LeserInnen sei daher die Lektüre der beiden Hauptwerke dieses Autors empfohlen.

[4] In PALAGYIs Theorie werden Phantasmen und virtuelle Bewegung gleichgesetzt, zum Teil sogar synonym verwendet. Unsere heutige Konnotation von Phantasie ist seinem Verständnis zufolge zu eingeschränkt, da sie nur die „inverse" (PALAGYI) Seite der Phantasie berücksichtigt und die phantasmatischen Prozesse, die für alltägliche Wahrnehmungen und Handlungen erforderlich sind, ignoriert.

[5] Dies trifft nicht nur für die genannten Personen zu, sondern für alle Menschen, die sich z. B. aufgrund von Unfällen, Krankheiten usw. neu organisieren müssen oder die neue Situationen vorfinden, mit denen sie sich grundlegend auseinandersetzen müssen, z. B. wenn sie in eine andere Kultur wechseln (vgl. dazu SACKS 1987, 1989).

[6] Dieser wie auch der folgende Name sind geändert.

GÜNTHER BITTNER

Das Psychoid – oder: Hat ein Kaktus Phantasie?

Auf das Thema der unbewußten Phantasien kam ich vor vielen Jahren, als ich einen Kaktus besaß, den ich mir aus südlichen Ländern mitgebracht hatte: ein schaufelartiges fleischiges Blatt, von der Pflanze abgebrochen und zu Hause in einen Blumentopf gesetzt. Der Kaktus wuchs nicht sehr temperamentvoll: Jedes Jahr setzte er wieder ein einziges neues Schaufelblatt an. Ich suchte vorher zu erraten, wo er sein nächstes Blatt hinsetzen würde: oben oder unten, rechts oder links? Nie habe ich es erraten können. Ich fragte mich: Hat der Kaktus ein Konzept von seinem Wachsen, oder setzt er zufällig ein Blatt ans andere, wie es gerade kommt?

Im Falle des Kaktus habe ich es nicht ergründen können. Nun las ich aber von einer bemerkenswerten Erscheinung bei ozongeschädigten Koniferen: Sie bilden im Übermaß Samenzapfen, so daß der Fachmann gerade an diesem Symptom erkennen kann, daß die Pflanze sich in einem Wachstumsstreß befindet. Mutet das nicht fast wie intelligentes Verhalten an, daß diese Pflanze, die ihren eigenen Untergang nahe fühlt, noch möglichst viel zur Arterhaltung leisten will? Ob die Pflanzen ein psychisches Leben, ein Vorstellungsleben besitzen, ist eine faszinierende Frage. Der alte GUSTAV THEODOR FECHNER schrieb ein Buch, das viel Kopfschütteln hervorrief: Nanna oder über das Seelenleben der Pflanzen (1848 bzw. [3]1921).

Neue Forschungen in der Pflanzenphysiologie haben das Thema wieder aufgenommen. Während es lange Zeit als unseriös galt, vom „Verhalten" von Pflanzen zu sprechen (SCHIILD-KNECHT 1979, S. 16), ist diese Redeweise in der neueren Pflanzenphysiologie völlig eingebürgert: Da liest man z. B. vom „Abwehrverhalten höherer Pflanzen. Wie Mimosa pudica sich tot stellt" (ebd.), da wird von „biochemischen Kniffen" gesprochen, mit denen sich Kakteen vor Austrocknung (LÜTTGE 1988, S. 23 ff.) und Bäume vor Sonnenbrand (NICOLAI 1986, S. 4 ff.) schützen, oder allgemein von „Überlebensstrategien von Wüstenpflanzen" (VON WILLERT/BRINCKMANN 1980, S. 10 ff.). Die anthropomorphe Redeweise ist bei den Pflanzenphysiologen heute gang und gäbe.

Übertragen wir die am Seelenleben der Pflanzen angeknüpfte Spekulation auf den Menschen: Ein Mensch bekommt, sagen wir einmal, eine dicke Warze auf der Nase. Hat sich sein Organismus etwas dabei gedacht? Hätte er die Warze nicht auch an einer versteckteren Stelle plazieren können? Ich weiß schon: Die Warze kommt von Papillonviren. Aber haben diese Viren wirklich nur mit der Nase des Warzenträgers Kontakt gehabt? Warum hier und warum so? Es ist die Frage, die die Psychosomatik seit langem bewegt: Denkt sich der Organismus etwas dabei, wenn er eine Krankheit hervorbringt – ungeachtet aller Kausal- oder Kofaktoren, die allein den normalen Mediziner interessieren?

Lassen wir den Kaktus und die Tannenbäume und die Psychosomatik, kommen wir zu den Kindern. Als meine Tochter fünf Jahre alt war, fragte ich sie einmal beim Autofahren: „Kannst du dir ein Märchen ausdenken?" – „Kann ich", sagte sie und erzählte: „Es war einmal ein Feuerwehrmann, der hieß Fritz. Und der hatte zwei Tiere, einen Löwen und einen Elefanten. Und der Harald (das war ihr Kindergartenfreund), der hat nix, nur einen Kanarienvogel."

Damit war das Märchen zu Ende. Als Märchen war es zu erkennen an der Einleitungsformel „es war einmal ..." und durch das angedeutete Motiv der beiden Tiere. In manchen Märchen, wie z. B. in den „Zwei Brüdern" im Grimm'schen Märchenbuch, wandern die Helden mit großen Tieren durch die Welt, die ihnen helfen, die Prinzessin und als Zugabe das Königreich zu gewinnen.

Nun kann man, wenn man will, hinter dieser Geschichte noch eine andere Geschichte erkennen – in Andeutungen und Umrissen. Da ist eine kleine Prinzessin, die sich mokiert über ihren kleinen Freund Harald mit seinem ärmlichen Piepmatz. Ein Feuerwehrmann in Uniform, der einen Löwen und einen Elefanten am Bändel führt – das wäre in ihren Augen das Nonplusultra eines Märchenprinzen. Doch damit ist die Geschichte schon zu Ende: denn daß der Märchenprinz von der Feuerwehr mit seinen zwei Tieren kommen und der Prinzessin einen Kuß geben und sagen könnte, „komm mit auf mein Feuerwehrschloß, jetzt wollen wir Mann und Frau sein", – das würde denn doch die Grenzen des Vorstellbaren weit überschreiten. So bleibt das Märchen in der Exposition stecken.

Ob es Zufall ist, daß die Geschichte dem Vater erzählt wird, während dieser die kleine Tochter mit den 50 oder 60 Pferdestärken, über die er mittels seines Zündschlüssels gebietet, in der Gegend spazieren fährt?

Spekulationen, ich weiß: Ich unterstelle nicht, daß sich die Kleine das genauso denkt, wie es in unsere Ödipus-Schublade passen würde. Ich sage nur: Man kann sich zusammenreimen, mit dem Gefühl von Stimmigkeit, daß „etwas in ihr" so denkt, und sie deshalb die Geschichte so und nicht anders komponiert hat.

Ähnlich wie das Kaktusblatt oder die Zapfenflut der streßgeplagten Koniferen oder die lästige Warze auf der Nase verweist ein solches Spontanprodukt der kindlichen Phantasie – ich weiß: ein nicht ganz spontanes, ein von mir evoziertes Produkt, bei dessen Produktion es dennoch recht spontan zuging – auf eine hypothetische, ermöglichende oder gar determinierende Hintergrundsstruktur, ohne die das Produkt nicht so ausgefallen wäre, wie es ausgefallen ist. Diese hypothetische Hintergrundsstruktur, aus der heraus die manifeste Phantasie des Kindes entsteht, nenne ich die „unbewußte Phantasie". Obwohl sie dem Kind, wie schon der Name sagt, unbewußt und vermutlich in ihm nicht als Vorstellung, als Geschichte vorhanden ist, kann sie vom Interpreten, also von mir, dennoch als Geschichte erzählt werden.

Meine nachfolgenden, mehr theoretischen Überlegungen führen, wenn man so will, einen Zweifrontenkrieg – und werden sich vermutlich zwischen alle Stühle setzen.

– Das klassische Modell FREUDS, das auf die „Traumdeutung"
(1900) zurückgeht und hinter dem manifesten Traumtext einen
latenten Traumgedanken annimmt, der aus dem Traum und den
dazugehörigen Assoziationen rekonstruiert, d. h. mehr oder weniger lückenlos erschlossen werden kann, führt, wie zu zeigen sein
wird, zwangsläufig in Mißverständnisse und sollte darum aufgegeben werden.
– Nicht aufgegeben werden sollte hingegen das Problem, das
FREUD mit seiner Konstruktion zu lösen versuchte: die Annahme,
daß hinter manifestem Verhalten von Organismen, hinter dem
manifesten Traumtext, hinter der manifesten Phantasie wie dieser Geschichte meiner Tochter noch etwas ist: ein „Hintergrund",
den auszuleuchten unerläßlich ist, um mit dem „Vordergrund",
dem manifesten Symptom oder der erzählten Geschichte, etwas
anfangen zu können.
– Das führt dahin, den Ereignissen eine sozusagen anthropomorphe Bedingtheit zu unterstellen: so zu tun, als habe der Organismus sich „etwas dabei gedacht", als habe er eine unbewußte
Absicht oder Vorstellung mit diesem Ereignis ausdrücken und in
Szene setzen wollen.

Dieser Problemlinie folgend will ich in drei Schritten vorgehen:
1. das Dilemma aufweisen, in das FREUDs Konstruktion des
   latenten Traumgedankens hinter dem manifesten Traumtext,
   der unbewußten hinter der bewußten Phantasie, zwangsläufig hineingerät;
2. ein alternatives theoretisches Konstrukt des Unbewußten als
   einer stets nur hypothetisch erschließbaren, wesensmäßig
   unanschaulichen, „ermöglichenden Struktur" skizzieren, die
   ich in Anlehnung an eine begriffliche Prägung von Hans
   DRIESCH, die von Eugen BLEULER und C. G. JUNG aufgenommen wurde, als „Psychoid" bezeichne;
3. zur Möglichkeit bzw. Unmöglichkeit pädagogischer Phantasieförderung, speziell zur Idee eines Projekts „Imaginatives
   Lernen", Stellung nehmen.

1. Phantasie ist ein vielgebrauchter Begriff in der Psychoanalyse, wobei – im Unterschied zum allgemeinen und zum allgemeinpsychologischen Sprachgebrauch – stets ein inhaltlich bestimmtes „imaginäres Szenarium" (LAPLANCHE/PONTALIS 1972), nicht etwa eine Funktion, ein „Vermögen" im Sinne von „Einbildungskraft" gemeint ist.[1] Darum spricht die Psychoanalyse von Phantasien auch mit Vorliebe im Plural.

FREUD unterscheidet zwar zwischen bewußten und unbewußten Phantasien – aber er unterscheidet nicht scharf, sondern läßt beide auf vielfältige Weise ineinander übergehen. Er geht von der klinischen Erfahrung aus, daß bei Paranoia, sexueller Perversion und Hysterie – wie übrigens auch im normalen Seelenleben – Tagträume eine wichtige Rolle spielen. Von diesen her werden auch die nächtlichen Träume verständlich, in denen „entstellte und von der bewußten psychischen Instanz mißverstandene Tagesphantasien den Kern der Traumbildung herstellen" (FREUD GW VII, S. 192). Solche Phantasien stellen, wenn sie unbewußt geworden sind, auch den Kern der neurotischen Symptombildung dar. „Die unbewußten Phantasien sind entweder von jeher unbewußt gewesen, im Unbewußten gebildet worden oder, was der häufigere Fall ist, sie waren einmal bewußte Phantasien, Tagträume, und sind dann mit Absicht vergessen worden, durch die ‚Verdrängung' ins Unbewußte geraten" (ebd., S. 193).

FREUD rückt also die bewußten und unbewußten Phantasien recht nahe aneinander, verwischt geradezu den Unterschied zwischen beiden. „Man muß sie (die unbewußten Phantasien – G. B.) mit den Mischlingen menschlicher Rassen vergleichen, die im großen und ganzen bereits den Weißen gleichen, ihre farbige Abkunft aber durch den einen oder anderen auffälligen Zug verraten ..." (FREUD GW X, S. 289).

LAPLANCHE und PONTALIS verteidigen die „Komplexität" der FREUDschen Phantasiekonzeption, sein Ansiedeln der Phantasie in mehreren Ebenen gleichzeitig (vgl. LAPLANCHE/PONTALIS 1972, S. 390, 392). Dem soll nicht grundsätzlich widersprochen werden. Doch eine Schwäche haftet dieser Redeweise FREUDs an:

Sie tut so – oder läßt zumindest beim Außenstehenden leicht den Eindruck aufkommen –, als seien bewußte und unbewußte Phantasien irgendwie dasselbe, nur daß die unbewußte Phantasie eben zufällig unbewußt sei.

Das ist indessen sicher nicht der Fall. FREUD sagt selbst (in der vorhin zitierten Passage), daß die Phantasie nur im unbewußten Zustand in der Lage sei, Symptome zu bilden. Warum ist die bewußte Phantasie dazu nicht imstande? Doch wohl deshalb, weil die Konversion ins Unbewußte die psychische Qualität der Phantasie verändert – verändert zum einen in der Richtung größerer Wirkmächtigkeit, zum anderen auch in dem Sinne, daß man sich fragen kann, ob ein „imaginäres Szenarium", das ich als solches nicht mehr imaginieren kann, überhaupt noch den Namen einer Phantasie verdient: denn was soll das für eine Vorstellung sein, die phänotypisch gerade dadurch ausgezeichnet ist, daß sie nicht vorgestellt wird?

Was für den einen Teil der unbewußten Phantasie, den ursprünglich bewußt gewesenen und erst hinterher verdrängten, noch hingehen mag, wird vollends unvorstellbar für die andere, von FREUD erwähnte Gruppe: die Urphantasien, die „von jeher unbewußt gewesen, im Unbewußten gebildet worden" sein sollen (FREUD GW VII, S. 193), die als präexistentes, hereditäres Schema vor allem individuellen Erleben liegen, die das Individuum geradezu zur „Umarbeitung" dieses individuellen Erlebens zwingen (FREUD GW XII, S. 155) – diese Art von unbewußten Phantasien scheint von den gängigen Alltags-Tagträumen in der Beschaffenheit durch einen Qualitätssprung getrennt zu sein.

Das Hauptanliegen meiner früheren Erörterung (BITTNER 1981) war, den qualitativen Unterschied zwischen bewußter und unbewußter Phantasie herauszustellen und zugleich noch ein weiteres Problem mitzuerledigen: die von Freud vorgenommene Entgegensetzung von Phantasie und Wirklichkeit. Diese mag wiederum zur Not gelten für die bewußten Phantasien. Auch hier wende ich mich zwar gegen die SANDLERsche Definition, der Tagtraum „sei ein wunscherfüllender Gedanke, von dem man weiß, daß er nicht wahr ist" (SANDLER 1976, S. 772), und sage statt dessen, er sei ein wunscherfüllender Gedanke, von dem man noch nicht weiß, ob er wahr ist, d. h. der noch vor der Realitätsprüfung steht oder u. U. der Realitätsprüfung überhaupt nicht bedürftig ist. Für die unbewußte Phantasie, suche ich dort zu zeigen, gilt das alles ohnehin nicht: Sie ist in hohem Maße realitätsstiftend, sie schafft Realität in der verschiedensten Weise: Sie leitet Entwicklungen ein, schafft Krankheitssymptome, modelliert zwischenmenschliche Beziehungen.

Gegen die klassische psychoanalytische Auffassung der Phantasie, wie ich sie im Vorangegangenen skizziert habe, gibt es zwei berechtigte Einwände:
a) Sie unterstellt meist die Tatsächlichkeit von Unbewußtem, unbewußter Phantasie etc. Wo sie dies nicht tut, wie z. B. in einigen elaborierteren theoretischen Ansätzen, die die psychoanalytischen Begriffe als „Konstruktionen" begreifen (z. B. LOCH 1977), da ist die Voraussetzung immer noch, es handle sich um eine valide, an der Wirklichkeit geprüfte, empirisch erhärtete Konstruktion. Eben dies wird in psychoanalyse-kritischen Argumentationen, z. B. von GRÜNBAUM (1988), bestritten.
b) Noch störender ist es, daß die Rede von bewußten und unbewußten Phantasien so tut, als seien beide irgendwie „dasselbe" – nur daß die bewußte eben bewußt sei und die unbewußte nicht. Dabei ist eine unbewußte Phantasie ein Widerspruch in sich – es sei denn, man könnte näher erklären, was mit dieser paradoxen Rede gemeint sein soll.

2. Im folgenden wird also ein neuer Einstieg in das Problem versucht, der die genannten Widersprüche aufzulösen vermag – d. h. vielleicht ist es auch bloß die Aktualisierung eines uralten.

GOETHE glaubte, im Leben des Menschen und in der außermenschlichen Natur ein rätselhaftes Etwas am Werke zu sehen, das er das „Dämonische" nannte: „Es war nicht göttlich, denn es erschien unvernünftig, nicht menschlich, denn es hatte keinen Verstand, nicht teuflisch, denn es war wohltätig, nicht englisch, denn es ließ oft Schadenfreude merken. Es glich dem Zerfall, denn es bewies keine Folge, es ähnelte Vorsehung, denn es deutete auf Zusammenhang" (GOETHE 1982, S. 175). Ein Wesen also, von dem man genausogut sagen kann, daß es ist, wie daß es nicht ist, daß es beseelt ebensogut wie unbeseelt, absichtsvoll ebensogut wie absichtslos ist.

Der vitalistische Philosoph DRIESCH prägte den Begriff des „Psychoids". Er versteht darunter „das Lenkende, ‚Reaktionsbestimmende', die ‚prospektive Potenz' des Keimelements" in einem lebendigen Organismus. Der Psychiater BLEULER hat den von DRIESCH geprägten Begriff grammatikalisch etwas gewaltsam umgebogen („die Psychoide") und inhaltlich sozusagen psychologisiert: „Die Psychoide ... ist die Summe aller zielgerichteten [...] und nach Lebenserhaltung strebenden körperlichen inkl. zentralnervösen Funktionen" – mit Ausnahme der im engeren Sinne psychischen Funktionen (JUNG GW 8, S. 203). Etwa im gleichen Sinne verwendet JUNG den Begriff: Er versteht unter den Psychoiden jene bewußtseinsunfähigen Funktionen, die den tiefsten Grund des Unbewußten ausmachen und „von deren Existenz wir nur indirekt Kunde haben" (ebd., S. 212).

Ich will den Begriff „Psychoid" mit einer noch etwas anderen Akzentuierung wieder aufnehmen. Psychoid ist, was uns wie Seelisches erscheint, ohne daß wir sicher wissen, daß es Seelisches ist. Psychoid ist, was sich als Seelisches (d. h. Intentionales, sinnvoll Verknüpftes) interpretieren läßt. Inhaltlich wird das Feld des Psychoiden damit ungeheuer weit: Es umfaßt den Gesamtbereich des menschlichen Unbewußten – das ja psychisch nur insofern ist, als es als Psychisches interpretiert werden kann – und es dehnt seinen Bereich, wenn wir GOETHE und DRIESCH folgen, über das Menschliche hinaus sozusagen ins Unendliche aus, insofern es manchmal verlocken mag, selbst noch die streßgeplagten Tannenbäume oder den listigen Kaktus oder gar das Universum selbst nach Analogie eines beseelten Wesens zu begreifen.

Kehren wir zu unserem näheren Thema, der menschlichen Phantasie, zurück und wenden wir unsere Gesichtspunkte auf ein unbezweifelbares Phantasieprodukt an: den Traum. Seit FREUDs „Traumdeutung" gilt als ausgemacht, daß Träume sinnvolle Gebilde sind, daß die Deutung regelmäßig hinter dem manifesten Traum einen „latenten Traumgedanken", d. h. eben eine unbewußte Phantasie, aufzuspüren vermag. Dagegen behaupten zumindest die radikal physiologisch eingestellten Richtungen der experimentellen Traumforschung unbeirrt weiter, Träume entstünden „aufgrund von zufälligen Aktivierungen bestimmter Nervenzellen im Hirnstamm" (vgl. STRAUCH/MEIER 1992, S. 15).

Ich fühlte mich immer minderwertig als Psychoanalytiker, wenn es mir – oft genug – nicht gelang, einen Traum stimmig zu deuten. Vielleicht ist es darum nur die Rechtfertigung eigener Schwächen, wenn ich die Behauptung, „jeder Traum hat einen entschlüsselbaren Sinn", dahingehend abschwäche: Der Traum ist ein typisch „psychoides" Gebilde – er sieht oft so aus, als wäre er das Ergebnis interpretierbarer psychischer Prozesse. „Psychoid" würde bedeuten: Ich nehme den „psychischen" Charakter des Traumes als Arbeitshypothese. Der Traum sieht so aus, als ob er deutbar, als ob er eine stimmige psychische Hervorbringung wäre – es ist erlaubt, das FREUDsche oder JUNGsche Deutungsinventar auf ihn anzuwenden und zu sehen, wie weit man damit kommt.

Menschliche Phänomene, Gedanken, Handlungen und Hervorbringungen aller Art verweisen auf einen Grund, aus dem sie hervorwachsen, der nicht vollständig ausgeleuchtet und beeinflußt oder gar beherrscht werden kann. Wenn Kinder spontan zeichnen oder Geschichten erfinden, dann wächst dieses Tun aus einer Sphäre, die dem direkten Zugriff entzogen ist, von der wir nicht einmal sicher wissen, ob sie existiert, von der es aber plausibel anzunehmen ist, daß sie durch Interpretation erschlossen werden kann. An diesen hypothetischen Grund, das x in der Gleichung, das Unbewußte, das Psychoid zu erinnern und aufzuweisen, daß menschliche Lebenserscheinungen nicht einfach als faktisch und vorhanden genommen werden können, sondern auf ihre Tiefe, ihre oftmals geleugnete, verdrängte, abgewehrte Hintergrundsstruktur hin befragt werden müssen – darin sehe ich die Aufgabe einer „neuen" Psychoanalyse, die sich von Dogmen und allzu verfestigten und verkomplizierten Theorien verabschiedet und zu ihrem ursprünglichen Forschungsimpuls, der Neugier auf die menschlichen „Rückseitenphänomene" (PONGRATZ 1975, S. 291), auf das, was unerkannt „hinter" den Erscheinungen steht und gleichsam zwischen den Zeilen gelesen werden muß, zurückgefunden hat.

3. Ein wenig frei nach ROUSSEAU: „Alles, was aus den Händen des Schöpfers kommt, ist gut; alles entartet unter den Händen des …" – Pädagogen (ROUSSEAU 1963, S. 107). So sehe ich die Aufgabe des Psychoanalytikers, der bei jeder bewußten kindlichen Phantasieäußerung die hypothetische unbewußte Phantasie mitdenkt, vor allem darin, vor jeder direkten pädagogischen Förderung der Phantasietätigkeit zu warnen.

Vor Jahren schon wandte ich mich gegen die curriculare Indienstnahme der Phantasie, wie sie in der Elementarpädagogik der 70er Jahre propagiert wurde. So setzte sich die DEUTSCHE UNESCO-KOMMISSION dafür ein, auch im sogenannten „spontanimaginativen Funktionsbereich" klar definierte Lernziele in planvoll strukturierten Lernfeldern zu realisieren. Ich schrieb damals:

„Die freie, schöpferische Phantasie, die zu den vornehmsten Ich-Leistungen der ödipalen Stufe gehört, hat einen Zug zum Anarchischen: wie sich der Sexualtrieb erzieherischen Bemühungen gegenüber ‚eigenwillig und ungefügig benimmt' (FREUD VII, S. 160), so läßt sich auch die ödipale Phantasie nur ungern pädagogisch domestizieren. Das Spiel, das seine ‚imaginierten Objekte gern an die greifbaren und sichtbaren Dinge der wirklichen Welt' anlehnt (FREUD VII, S. 214), ist die dem Kinde dieser Stufe am besten entsprechende Form der Vermittlung zwischen Lustwelt und Realität.

Manche Entwürfe heutiger Vorschulpädagogik suchen diese anarchische Potenz erzieherisch in den Griff zu bekommen, sie in die kleine Münze von pädagogisch geplanten Lernzielen umzusetzen. Das kann geschehen durch ‚gezieltes (!) Erzählen, Vorlesen, Musikhören und Bildbetrachten' sowie durch ‚Singen, Musizieren, Malen, Zeichnen, Gestalten mit verschiedenen Materialien und durch rhythmische Bewegung' (DEUTSCHE UNESCO-KOMMISSION 1970, S. 45). Phantasietätigkeit – im Fröbelschen Kindergarten wider alle Vernunft zwar, aber psychologisch akzeptabler, zugelassen, ja gefördert als Negation der banalen Wirklichkeit – degeneriert im perfektionierten Vorschulprogramm zu einem ‚psychischen Funktionsbereich', der pädagogisch trainiert werden muß – wie eben schlechtweg alles zu ‚trainieren' ist, weil Kinder nach dieser pädagogischen Auffassung grundsätzlich nichts, aber auch gar nichts von alleine können" (BITTNER 1979, S. 112 f.).

Das Projekt „Imaginatives Lernen" soll nicht unbesehen mit diesen Versuchen, die Phantasien zu curricularisieren, auch nicht mit z. B. dem Curriculum „Soziales Lernen" des DEUTSCHEN JUGENDINSTITUTs (1980) in einen Topf geworfen werden. Gern lese ich im Text von FAUSER/SEYDEL (1992), die Schule „muß über eine instrumentelle Sicht hinauskommen" (ebd., S. 2). Dennoch scheint mir, daß eine ausdrücklichere Abgrenzung gegen diese mißratenen Vorgängerprojekte ratsam gewesen wäre.

Sodann aber und vor allem: Wo kommt man hin, wenn man über die instrumentelle Sicht hinauskommt? „Die Forderung" – wiederum nach FAUSER/SEYDEL 1992 –, „das eigene Erleben, die Gefühle, die Sinne als Basis der Wahrnehmung ernstzunehmen" (ebd., S. 2), besteht gewiß zu Recht. Nur bedeutet dies – und es wird nicht klar, ob dies den Autoren des besagten Papiers klar ist –, den Verzicht auf jede Form direkter Förderung von Phantasiemanifestationen.

Phantasiemanifestationen sind „Spontanphänomene" (BITTNER 1990): Sie ereignen sich, wann sie sich eben ereignen, d. h. wenn die autonome unbewußte Phantasie es für gut befindet, sich nicht in Magenbeschwerden, nächtlichen Ängsten oder einer Warze auf der Nase, sondern in einer expliziten Phantasie, z. B. in einer Zeichnung oder einer erfundenen Geschichte, zu manifestieren. Erzieherische Förderung kann nur darin bestehen, den Raum bereitzustellen, in dem sich diese Phantasiegestaltungen ereignen können – wobei „Raum" durchaus im wörtlichen Sinne das Spielzimmer oder den Malraum nebst bereitliegenden Buntstiften meint, aber auch in übertragenem Sinne den psychosozialen, „intermediären" Raum im Sinne WINNICOTTs – kurz und gut: ein „facilitating environment" (WINNICOTT 1974).

Die andere Aufgabe ist schwieriger zu benennen: Wenn die bewußte ein Abkömmling der „unbewußten" Phantasie ist und ohne dieses Wurzeln in der unbewußten Phantasie zur leeren Kreativelei wird, dann gälte es wohl, die unbewußte Phantasie, dieses rein hypothetische „Ding an sich", zu fördern und zu begünstigen. Darum war mir Rudolf STEINERs Satz wichtig: „Die Phantasie ist nur die ins Seelische metamorphosierte Wachstumskraft" (RUDOLF STEINER zit. in MÜLLER-WIEDEMANN 1980, S. 81). Ins Pädagogische gewendet, verstehe ich diesen Satz so, daß Bildung zunächst ganz allgemein auf Förderung und Begünstigung der Wachstumskraft abzielt und deren Metamorphosierungen ins Seelische cura posterior bleiben müssen.

Insofern kann es ebensowenig ein „imaginatives" wie ein „praktisches" Lernen geben – nur ein menschengemäßes Lernen, das aus dem ursprünglichen Impuls heraus, sich die Welt anzueignen und dabei zu wachsen, sich bald in imaginativen, bald in praktischen, bald auch in theoretischen und verbalen Bereichen bewegen muß, so wie es eben das Gesetz der Sache verlangt und wie es den eigenen Entwicklungsbedürfnissen am besten gelegen ist. Den Initiatoren des „Imaginativen Lernens" sei ans Herz gelegt, die berechtigte Kritik, die seinerzeit am Projekt „Praktisches Lernen" geübt worden ist, die auf das allzu Plakative daran, auf das Theorie- und Anthropologie-Defizit abzielt (z. B. BÖHM 1993, DUNCKER 1989), nicht auf die leichte Schulter zu nehmen.

Förderung von Phantasie und Imagination, die mehr erreichen will, als daß „hier beliebig mit Eile gebildert" wird (BLOCH 1967, S. 163), ist ein mühseliges und vor allem zeitaufwendiges Geschäft. Die beste Anweisung, den „bunten Vogel Phantasie" zu fangen, kenne ich aus einem leicht surrealistischen Gedicht, ich weiß nicht mehr von wem, dessen Vertonung, ich weiß auch nicht mehr von wem, ich vor vielen Jahren auf einem studentischen Chorwochenende lernte und die mir seitdem im Gedächtnis geblieben ist.

Wie man einen Vogel malt ...
Male zuerst einen Käfig
mit einer offenen Tür,
dann male irgendetwas Hübsches, irgendetwas Einfaches ...,
und dann warte: wenn's sein muß, jahrelang.
Wenn der Vogel kommt (falls er kommt)
und in den Käfig schlüpft,
dann schließe mit dem Pinsel leise die Tür.

Das ist „facilitating environment": Pädagogische Bemühung kann nur darauf gerichtet sein, die Bedingungen zu schaffen, den Käfig – oder besser noch: das Nest – bereitzustellen und es dann dem „bunten Vogel Phantasie" zu überlassen, ob und wann er sich einfinden will.

Literatur
BITTNER, G.: Tiefenpsychologie und Kleinkindererziehung. Paderborn 1979.
BITTNER, G.: Die imaginären Szenarien, in: SCHÖPF, A. (Hrsg.): Phantasie als anthropologisches Problem. Würzburg 1981.
BITTNER, G.: Über Spontanphänomene, in: BAUMGARTNER, E./SAUTTER, F. CH./ TROLLDENIER, H.-P. (Hrsg.): Ich und Gruppe. Gedenkschrift für Heinz Alfred Müller. Göttingen 1990.
BLEULER, E.: Lehrbuch der Psychiatrie. Berlin, Göttingen, Heidelberg 1955.
BLOCH, E.: Über Gleichnis, Allegorie, Symbol in der Welt. In: Wegzeichen der Hoffnung. Freiburg 1967.
BÖHM, W.: Über das „Praktische" am Praktischen Lernen, in: BÖHM, W./HARTHPETER, W./RYDL, K./WEIGAND, G./WINKLER, M. (Hrsg.): Schnee vom vergangenen Jahrhundert. Neue Aspekte der Reformpädagogik. Würzburg 1993.
DEUTSCHE UNESCO-KOMMISSION: Das Kind in der Lerngesellschaft – Neue Aspekte der Vorschulerziehung. Köln 1970.
DEUTSCHES JUGENDINSTITUT: Curriculum Soziales Lernen. München 1980.
DUNCKER, L.: Handgreiflich – Ganzheitlich – Praktisch. Grundlagen handelnden Lernens in der Schule. In: Neue Sammlung (29)1989.

FAUSER, P./SEYDEL, O.: Imaginatives Lernen. Notiz über eine Schule der Vorstellungskraft. Unveröff. Manuskript 1992.

FECHNER, G. Th. (1848): Nanna oder über das Seelenleben der Pflanzen. Leipzig 1921.

FREUD, S. (1900): Die Traumdeutung. GW II/III. Frankfurt/M. [6]1976.

FREUD, S.: Hysterische Phantasien und ihre Beziehung zur Bisexualität. GW VII. Frankfurt/M. [6]1976.

FREUD, S.: Die kulturelle Sexualmoral und die moderne Nervosität. GW VII. Frankfurt/M. [6]1976.

FREUD, S.: Der Dichter und das Phantasieren. GW VII. Frankfurt/M. [6]1976.

FREUD, S.: Eine Kindheitserinnerung des Leonardo da Vinci. GW VIII. Frankfurt/M. [6]1973.

FREUD, S.: Das Unbewußte. GW X. Frankfurt/M. [6]1973.

FREUD, S.: Aus der Geschichte einer infantilen Neurose. GW XII. Frankfurt/M. [4]1972.

GOETHE, J. W. v.: Dichtung und Wahrheit, in: ders.: Werke. Hamburger Ausgabe, Bd. 10. München 1982.

GRÜNBAUM, A.: Die Grundlagen der Psychoanalyse. Eine philosophische Kritik. Stuttgart 1988.

JUNG, C. G.: Theoretische Überlegungen zum Wesen des Psychischen. GW 8. Olten 1976.

LAPLANCHE, J./PONTALIS, J. B.: Das Vokabular der Psychoanalyse. Frankfurt/M. 1972.

LOCH, W.: Die Krankheitslehre der Psychoanalyse. Stuttgart [3]1977.

LÜTTGE, U.: Ein biochemischer Kniff zur Anpassung an Streß. Freilanduntersuchungen an Kakteen in Venezuela. In: forschung. Mitteilungen der DFG 2/88, S. 23–25.

MÜLLER-WIEDEMANN, H.: Mitte der Kindheit. Stuttgart [2]1980.

NICOLAI, V.: Selbst Bäume schützen sich vor Sonnenbrand. In: forschung. Mitteilungen der DFG 1/86, S. 4–6.

PONGRATZ, L. J.: Lehrbuch der klinischen Psychologie. Psychologische Grundlagen der Psychotherapie. Göttingen [2]1975.

ROUSSEAU, J.-J.: Emile oder über die Erziehung. Stuttgart 1963.

SANDLER, J.: Träume, unbewußte Phantasien und „Wahrnehmungsidentität". In: Psyche 30(1976), S. 769–785.

SCHILDKNECHT, H.: Das Abwehrverhalten höherer Pflanzen. Wie Mimosa pudica sich tot stellt. In: forschung. Mitteilungen der DFG 3/79, S. 16–17.

STRAUCH, I./MEIER, B.: Den Träumen auf der Spur. Ergebnisse der experimentellen Traumforschung. Bern, Göttingen, Toronto 1992.

WILLERT, D. v./BRINCKMANN, E.: Die Überlebensstrategien von Wüstenpflanzen. Ökologische Anpassung der Mittagsblumen. In: forschung. Mitteilungen der DFG 1/80, S. 10–12.

WINNICOTT, D. W.: Reifungsprozesse und fördernde Umwelt, München 1974.

Anmerkung

[1] In einem der Vorauspapiere wird es als Ziel dieser Tagung bezeichnet, „die Bedeutung von Vorstellungsdenken, Imagination, Einbildungskraft für das Lernen ... zu klären". Bleibt es bei dieser Zielperspektive, so ist das Anliegen der Psychoanalyse nicht leicht zu integrieren.

RAFAEL CAPURRO

Was die Sprache nicht sagen und der Begriff nicht begreifen kann

Philosophische Aspekte der Einbildungskraft

Zusammenfassung

Ziel der Darstellung ist eine exemplarische Analyse der Einbildungskraft bei ARISTOTELES, THOMAS VON AQUIN, KANT und HEIDEGGER. Dabei geht es um ihre vermittelnde Funktion zwischen Wahrnehmung und Denken sowie ihrer synthetisierenden bzw. frei bildenden Tätigkeit. ARISTOTELES und THOMAS VON AQUIN deuten die synthetisierende und vermittelnde Funktion der Einbildungskraft von der Dingwahrnehmung her und thematisieren von hier aus ihre Möglichkeiten und Grenzen bezüglich der Versinnbildlichung des Übersinnlichen. KANT dagegen verankert die Einbildungskraft in der konstruktiven Tätigkeit des Subjekts und erörtert die dem Verstand unterworfenen und von ihm geleiteten Konstruktionen der Einbildungskraft sowie die sich unabhängig von ihm abspielenden Möglichkeiten. Bei HEIDEGGER schließlich stellt sich zunächst die Einbildungskraft, seiner Kant-Deutung zufolge, als die gemeinsame Wurzel von Denken und Anschauung dar. Ihren Ursprung sieht HEIDEGGER in der Zeit. Das Sicherstrecken und Sichbilden menschlichen Existierens in der Offenheit seines Möglichseins ist aber kein allein vom Menschen her entstammender Entwurf, sondern es entspringt einem Ursprung, dem wir eher durch Schweigen als durch Sprache entsprechen können.

Einführung

Gewöhnlich verbinden wir Begriffe wie „Einbildungskraft", „Kreativität" und „Phantasie" mit der künstlerischen Tätigkeit. Wir betrachten ein Bild von CEZANNE, hören eine Komposition von JOHN CAGE, lesen ein Gedicht von RILKE und erkennen, daß dabei eine je besondere Synthese von Farben, Tönen, Sprachgebilden geschaffen wurde. Worin diese Besonderheit bei der Kunst liegt, soll zunächst offen bleiben. Wir sprechen von Kreativität aber auch bei wissenschaftlichen Entdeckungen, technischen Erfindungen und in der Wirtschaft. Schließlich beziehen wir uns auf die Leistungen der Einbildungskraft auch im Alltag, wenn wir zum Beispiel sagen: „Stell Dir vor, wie dieses Zimmer mit weißen Wänden aussehen würde", oder: „Du weißt, wie glatt die Straße morgen ist, wenn es heute nacht schneit", oder: „Kannst Du Dir vorstellen, wie das Gitarrenkonzert gestern im Freien geklungen hätte?"

Jedesmal verbinden wir Sachverhalte, die wir wahrnehmen bzw. bereits wahrgenommen haben, mit einer gegenwärtigen, künftigen oder vergangenen Situation, die wir uns anders vorstellen oder erst „ausmalen" sollen. Wahrnehmung, Erinnerung und Einbildungskraft hängen eng zusammen. Die Einbildungskraft schafft gewissermaßen eine eigene Realität, indem sie in der Erinnerung aufbewahrte Eindrücke miteinander verknüpft: Wir waren schon im Freien und wir haben Gitarrenkonzerte gehört. Jetzt sollen wir uns das Gitarrenkozert im Freien, das wir nicht erlebt haben, vorstellen.

Von Erkenntnis sprechen wir, wenn wir den Inhalt der Vorstellung zu dem entsprechenden Gegenstand in Beziehung setzen. In diesem Fall übt die Einbildungskraft eine Vermittlungsfunktion zwischen Wahrnehmen und Denken aus. Das Urteil: „Die Straße ist glatt", bei dem wir Begriffe mit Anschauungen verbinden, ist dann und nur dann wahr, wenn wir feststellen, daß die im Urteil angesprochene Vorstellung von Glätte mit dem tatsächlichen Zustand dieser Straße übereinstimmt.

Die Vorstellung, wie die Straße aussieht, wenn es geschneit hat, oder wie das Gitarrenkonzert im Freien geklungen hat, ist zunächst „bloße" Einbildung. Die Einbildungskraft vermittelt dabei in „produktiver" Weise zwischen vergangenen, gegenwärtigen und künftigen Erfahrungen. Der Phantasie entspringen aber auch „reale" Gegenstände: technische oder künstlerische Produkte. Hier vermittelt die Einbildungskraft zwischen Wissen und Herstellen. Die Antike benannte das künstlerische und das technische Herstellen mit demselben Wort „poiesis" – was nicht heißt, daß man damals nicht zwischen einem originellen Produkt und seiner Reproduktion zu unterscheiden wußte oder die Spannung zwischen dem Schönen und dem Nützlichen mißachtet hätte.

Die Alltagserfahrung lehrt schließlich auch, daß die Einbildungskraft nicht nur im wachen Zustand tätig ist. Ihre Traumarbeit, die die Psychoanalyse im Sinne von Verdichtungen und Verschiebungen verdrängter Wünsche auslegt (FREUD 1982, S. 470) konfrontiert uns nicht weniger als ein Kunstwerk mit dem, was die Sprache nicht sagen und der Begriff nicht begreifen kann.

Die Einbildungskraft ist also ein komplexer Sachverhalt, der physiologische, psychologische, wirtschaftliche, kulturgeschichtliche, erkenntnistheoretische, ästhetische, alltagspragmatische und letztlich auch metaphysische Aspekte hat.

Ziel der folgenden Ausführungen ist es, an verschiedenen philosophischen Ansätzen einige zentrale Dimensionen der Einbildungskraft zu erschließen. Antike und Mittelalter bieten einen Einstieg in die synthetisierende und vermittelnde Fähigkeit der Einbildungskraft im Hinblick auf die Ding-Wahrnehmung. Wir folgen dabei den Erörterungen von ARISTOTELES und THOMAS VON AQUIN im folgenden Kapitel „Von ARISTOTELES zu THOMAS VON AQUIN: Die synthetisierende und vermittelnde Kraft der Phantasie". Danach betrachten wir die Einbildungskraft in Anschluß an KANT als eine konstruktive Tätigkeit des Subjekts und verfolgen ihre Transformation in HEIDEGGERs Phänomenologie im Kapitel „Von KANT zu HEIDEGGER: Die imaginative Konstruktion der Wirklichkeit".

Von ARISTOTELES zu THOMAS VON AQUIN:
Die synthetisierende und vermittelnde Kraft der Phantasie

In seiner Schrift „Über die Seele" definiert ARISTOTELES die Einbildung („phantasia"), indem er sie von der Wahrnehmung („aisthesis") und dem Denken („noein") unterscheidet (De an. 427 b 9–12). Die weiteren Ausführungen folgen, soweit nicht anders vermerkt, De an. 427 ff. Denken kann richtig oder falsch sein, insofern nämlich zutrifft, was wir von einem Gegenstand behaupten, oder nicht. Im Unterschied dazu ist die Wahrnehmung immer wahr, jedenfalls soweit sie sich auf die „eigentümlichen Gegenstände" („ídia") bezieht. Unter „eigentümlichen Gegenständen" versteht ARISTOTELES die Arten des Wahrnehmbaren, die den einzelnen Sinnen zugehören, also der Schall dem Gehör oder die Farbe dem Sehvermögen usw. Das Auge kann sich nicht darin täuschen, daß es eine Farbe sieht (und nicht vielmehr einen Geruch), wohl aber können wir uns bei der Wahrnehmung darüber täuschen, was und wo der farbige Gegenstand ist (De an. 418 a 16). Ein weiterer Unterschied zwischen Wahrnehmen und Denken besteht darin, daß Denken nur dem Menschen zukommt, d. h. dem Wesen, das sprechen kann („logos"), Wahrnehmung aber auch Tieren.

Was ist aber dann die Einbildung? Die Einbildung ist der Vorgang, durch den ein Vorstellungsbild („phantasma") in uns entsteht. Sie ist mit der Wahrnehmung verwandt, da sie nicht ohne diese möglich ist. Allerdings lösen sich die Vorstellungsbilder vom Gegenstand. So können wir im Traum zwar keine Gegenstände wahrnehmen, wohl aber ihre Vorstellungsbilder. Im Gegensatz zur Wahrnehmung der „eigentümlichen Gegenstände" gibt es nun wahre und falsche Vorstellungen. Demnach ist die Einbildung nicht nur mit der Wahrnehmung, sondern auch mit dem Denken im Sinne eines Meinens („doxa") oder Vermutens („pistis") verwandt.

Der Ursprung des Vorstellungsbildes liegt in der Bewegung, die von der ursprünglichen Wahrnehmung ausgeht, sich aber von dieser ablöst. ARISTOTELES leitet das Wort „phantasia" von „Lichtschein" („phaos") ab: So wie man ohne Licht nicht sehen kann, so sind auch Vorstellungen nicht möglich ohne vorherige Wahrnehmung. Die Einbildungskraft hat also einerseits die Aufgabe, Vorstellungen in Abwesenheit des wahrgenommenen Gegenstandes hervorzubringen, andererseits die, zwischen Wahrnehmung und Denken zu vermitteln.

In kritischer Wendung gegen den platonischen Idealismus postuliert ARISTOTELES, daß die denkbaren Formen in den wahrnehmbaren enthalten sind, und niemand ohne Wahrnehmung und Vorstellung etwas lernen oder verstehen kann. Auch die abstrakten Begriffe („noemata") sind zwar keine Vorstellungen („phantasmata"), sie entstehen aber nicht ohne diese.

Als Abschluß seiner Lehre von der Einbildungskraft unterscheidet ARISTOTELES zwischen einer auf den „logos" bezogenen „rationalen Phantasie" („phantasia logistike"), die dem Menschen eigen ist, und einer „sinnlichen Phantasie" („phantasia aisthetike"), an der auch Tiere teilhaben. Nur der Mensch kann Überlegungen über das Ziel seines Strebens anstellen, indem die Phantasie „aus mehreren Vorstellungen eine einzige macht" (De an. a 9–10). Die menschliche Phantasie zeichnet sich also dadurch aus, daß sie aus einzelnen Vorstellungen beliebige Synthesen herstellen kann, um diese in theoretischer und praktischer Hinsicht, und jeweils in Wechselwirkung mit anderen geistigen und sinnlichen Kräften, zu verwenden.

Das Angewiesensein des theoretischen und praktischen Denkens auf die durch die Einbildungskraft synthetisierten Vorstellungen mit ihrem notwendigen Ursprung in der sinnlichen Wahrnehmung hat weitreichende philosophiegeschichtliche Auswirkungen und Entsprechungen, so z. B. in KANTs Auffassung vom Bezug menschlichen Denkens auf die Anschauung (KANT 1974, A 19).

Doch bevor die neuzeitliche Wendung in die Subjektivität vollzogen wird, macht THOMAS VON AQUIN aus der aristotelischen Lehre von der Mittelstellung der Einbildungskraft („phantasia", „imaginatio") zwischen Wahrnehmen und Denken den Mittelpunkt seiner „Metaphysik der endlichen Erkenntnis" (RAHNER, 1957).

In der „Summa Theologica" erörtert THOMAS die Frage, ob der Intellekt anhand von Begriffen („species intelligibiles") etwas aktuell erkennen kann, ohne sich den aus dem Wahrnehmungsprozeß entstandenen Vorstellungen („phantasmata") zuzuwenden (ST I, Quaestio 84, Art. 7. Die weiteren Ausführungen folgen, soweit nicht anders vermerkt, ST I, Quaestiones 84–86). Seine Antwort lautet: Nein. Der Grund dafür liegt für THOMAS darin, daß Leib und Seele eine Einheit bilden, wobei die Seele die einzige substantielle Form des menschlichen Leibes ist („humani forma corporis"; ST I, Q. 76, Art. 1).

THOMAS erläutert seine These anhand von zwei empirischen Beobachtungen:

1. Wenn die Einbildungskraft aufgrund einer organischen Verletzung nicht tätig werden kann („wie bei den Geisteskranken") oder wenn die Gedächtniskraft verhindert ist („wie bei den Besinnungslosen"), dann vermag der Mensch nicht zu denken, und zwar auch nicht das, was er schon wußte. Wir müssen also, um zu denken, die Vorstellungsbilder nicht nur bewahren, sondern uns ihrer auch bedienen können.

2. Jeder kennt die Erfahrung, daß er, um etwas zu verstehen, Vorstellungen „nach Art von Beispielen" formt, „um in ihnen gleichsam die Anschauung für seine Denkbemühung zu gewinnen". Das tun wir vor allem dann, wenn wir einem anderen etwas verständlich machen wollen. Aus diesem Grund hat die Einbildungskraft für THOMAS auch eine entscheidende pädagogische Bedeutung.

Menschlichem Erkennen ist aufgrund seines wesentlichen „Im-Leibe-Seins" eigentümlich, daß es die Dinge ausgehend von der sinnlichen Erfahrung, d. h. also durch Wahrnehmung („sensus") und Einbildungskraft („imaginatio"), und in Rückbezug auf diese, erfaßt. Unser Intellekt vermag zwar begrifflich-abstrakt zu denken, ist aber auf die sinnliche Wahrnehmung sowie auf die vermittelnde Funktion der Einbildungskraft angewiesen, um von den Dingen etwas zu behaupten. Wie ist das zu verstehen?

Das Zusammenwirken von Wahrnehmung, Einbildung und Intellekt läßt sich folgendermaßen beschreiben: Aufgrund des Wahrnehmungsprozesses bildet die Einbildungskraft („phantasia") Vorstellungsbilder („phantasmata"). Der tätige Intellekt („intellectus agens") wirkt nun auf die Vorstellungsbilder, indem er aus ihnen das Allgemeine („species intelligibilis") abstrahiert und dieses im rezipierenden Intellekt („intellectus possibilis") aktualisiert. Der Intellekt setzt die so abstrahierten Begriffe in Beziehung zueinander und bildet dadurch ein Urteil. Um dessen Wahrheitsgehalt zu prüfen, muß er nun die vollzogene Begriffssynthese in Beziehung zu den Dingen setzen. Denn ein Urteil ist dann wahr, wenn eine Übereinstimmung („adaequatio") zwischen dem im Urteil Verbundenen und dem wahrgenommenen Ding selbst besteht. Um das festzustellen, ist aber die Vermittlung der Vorstellungsbilder notwendig („conversio ad phantasmata"). Was nämlich im Urteil ausgesprochen wird, ist nicht das von der Phantasie synthetisierte und bereitgestellte Vorstellungsbild, sondern jene begriffliche Synthese, die der Intellekt ausgehend von den abstrahierten Begriffen herstellt. Der Intellekt versteht vom materiellen Ding also ausschließlich das begrifflich Allgemeine oder seine „Form". Welche „Form" der Intellekt eines jeden Menschen begreift, hängt dabei aber nicht von den verschiedenen Vorstellungsbildern ab, die jeder hat, sondern es handelt sich um das begriffliche bzw. begreifbare „Wesen" des Dinges selbst. Wahrheit ist die Übereinstimmung des (begreifenden) Intellekts mit dem Gegenstand („adaequatio intellectus et rei") (ST I, Q. 21, 2c).

Wenn man bedenkt, daß der lateinische Ausdruck sowohl für die Vorstellungsbilder als auch für die zu abstrahierenden Begriffe nicht nur „species", sondern auch „forma" lautet, wird es deutlich, warum THOMAS den Wahrnehmungs- und Erkenntnisprozeß als einen „Informationsprozeß" („informatio sensus", „informatio intellectus") bezeichnet (CAPURRPO 1978, S. 122–139), wodurch auch ihr Zusammenhang zum Ausdruck kommt.

Warum kann aber der Mensch das Einzelne nicht allein im durch die Abstraktion gebildeten Begriff erkennen? Warum muß er sich mit Hilfe der Vorstellungsbilder auf das Wahrgenommene zurückbeziehen? Die Notwendigkeit eines solchen Rückbezugs ist ein Indiz dafür, daß es etwas gibt, was die Sprache nicht sagen und der Begriff nicht begreifen kann. Dieses „etwas" ist das Individuum (griechisch „atomon") als Einzelwesen, das eine substantielle Einheit aus Form und Materie bildet. Es läßt sich von der endlichen Erkenntnis nach THOMAS (ST I, Q. 86) wie nach ARISTOTELES (ARISTOTELES 1973, Met. 1039 b 28–29) wegen seiner sinnlich-materiellen Kontingenz nicht begrifflich fassen oder aus allgemeinen Prinzipien ableiten. Das ist nach THOMAS nur einem schöpferischen unendlichen Intellekt möglich, der die Dinge selbst schafft und sie auch in ihrem kontingenten Entstehen und Vergehen begreift. Das Individuum ist für uns nicht sprachlich ausschöpfbar („individuum est ineffabile").[1] Deshalb ist eine Rückwendung auf die Sinnlichkeit als die Quelle, worauf sich das Gedachte und Gesagte bezieht, notwendig.[2]

Die Einbildungskraft ist aber nicht nur in der Lage, die sinnlichen Formen der Dinge von ihnen „abzulösen" und sie wie einen Schatz („quasi thesaurus"; ST I, Q. 78, Art. 4) aufzubewahren, sondern sie kann sie auch miteinander verbinden und bisher nicht Wahrgenommenes vorstellen. Ähnlich wie ARISTOTELES unterscheidet auch THOMAS zwischen einer „sinnlichen" („phantasia sensibilis") und einer dem Menschen eigenen „rationalen" Einbildungskraft („phantasia rationalis"; SCHÜTZ 1983, S. 596). Die menschliche Phantasie hat gegenüber der tierischen mehr Selbständigkeit, da der Mensch die Vorstellungsbilder willkürlich miteinander synthetisieren kann.

Diese Fähigkeit ist besonders wichtig im Hinblick auf die Erkenntnis jener „Dinge", die unkörperlich sind, die wir also nicht wahrnehmen können. So erkennen wir Gott als Ursache, indem wir das, was wir sinnlich erkennen, in seiner Bedingtheit überschreiten („per excessus") oder indem wir das Unangemessene entfernen („per remotionem"). Eine weitere Möglichkeit der

Erkenntnis unkörperlicher Dinge ist der Vergleich mit den körperlichen Dingen („per aliquam comparationem"). Weil wir von Gott keine Phantasiebilder haben können, unsere Erkenntnis sich aber immer in bezug auf das sinnlich Vorstellbare vollzieht, sind wir auf die synthetische bzw. kompositorische Tätigkeit der Einbildungskraft angewiesen, um zumindest auf dem Wege des Ausschlusses, zu einer gewissen Erkenntnis zu kommen.

Zwischen der metaphysischen Skepsis, der rein begrifflich verfahrenden dogmatischen Metaphysik und dem schwärmerischen „Geistersehen" bietet das Denken des THOMAS VON AQUIN damit die Möglichkeit einer metaphysischen anschaulichen Reflexion, die ihre Grenzen nicht vergißt, gerade wenn sie sie vergleichs- und versuchsweise überschreitet.

Die Tätigkeit der Phantasie nimmt dann ihren Ursprung in dem, was die Sprache nicht sagen und der Begriff nicht begreifen, findet aber ihre Grenze in dem, was sie nicht versinnbildlichen kann.

Auch KANT ist einen vergleichbaren Weg kritischer Metaphysik gegangen, indem er die Ansprüche der reinen Vernunft auf ihre Leistung in bezug auf Gegenstände der sinnlichen Anschauung einschränkte, und den „schwärmerischen" Visionen SWEDENBORGS eine Abfuhr erteilte.

Von KANT zu HEIDEGGER:
Die imaginative Konstruktion der Wirklichkeit

Die Bestimmung des Verhältnisses zwischen erkennendem Subjekt und Gegenstand erfährt in der Neuzeit, und insbesondere durch KANT, eine „Kopernikanische Wende". „Bisher nahm man an," schreibt KANT in der Vorrede zur zweiten Auflage der „Kritik der reinen Vernunft" (KrV), „alle unsere Erkenntnis müsse sich nach den Gegenständen richten; aber alle Versuche, über sie a priori etwas durch Begriffe auszumachen, wodurch unsere

Erkenntnis erweitert würde, gingen unter dieser Voraussetzung zu nichte. Man versuche es daher einmal, ob wir nicht in den Aufgaben der Metaphysik damit besser fortkommen, daß wir annehmen, die Gegenstände müssen sich nach unserem Erkenntnis richten" (KrV, B XVI). Auf der Basis dieser „Veränderung der Denkart" (KANT) findet eine neue Bestimmung der Einbildungskraft statt, und zwar sowohl in theoretischer als auch in „pragmatischer" Hinsicht.[3]

In theoretischer Hinsicht besteht zwar die Funktion der Einbildungskraft wie bisher darin, zwischen Anschauung und Verstand zu vermitteln. Aber im Gegensatz zur bisherigen dingorientierten „Denkart" legt KANTs Erkenntnistheorie einen formalen Rahmen für die Strukturierung der Gegenstände im Subjekt „a priori", also vor aller Erfahrung, fest. Demnach nehmen wir die Gegenstände nicht wahr, wie sie „an sich" sind, sondern wie sie uns, bedingt durch diesen formalen Rahmen, erscheinen. Zu Beginn der „Kritik der reinen Vernunft" schreibt KANT: „Die Fähigkeit (Rezeptivität), Vorstellungen durch die Art, wie wir von Gegenständen affiziert werden, zu bekommen, heißt Sinnlichkeit. Vermittelst der *Sinnlichkeit* also werden uns Gegenstände gegeben, und sie allein liefert uns *Anschauungen*; durch den Verstand aber werden sie *gedacht*, und von ihm entspringen *Begriffe*. Alles Denken aber muß sich (…) zuletzt auf Anschauungen, mithin, bei uns, auf Sinnlichkeit beziehen, weil uns auf andere Weise kein Gegenstand gegeben werden kann" (KrV A 19). Dieser letzte Satz ist scheinbar identisch mit der thomistischen These vom notwendigen Rückbezug des Intellekts auf die Vorstellungsbilder („conversio ad phantasmata"). Der Unterschied liegt aber in der Wendung vom Gegenstand zum Subjekt, das dann die formalen Grenzen des Erkennbaren „a priori" bestimmt.

Ohne hier dem Gang von KANTs „Kritik der reinen Vernunft" im einzelnen zu folgen, halten wir fest, daß KANT, bevor er auf die Rolle der Einbildungskraft im Erkenntnisprozeß zu sprechen kommt, folgende Schritte darlegt:

1. In der „transzendentalen Ästhetik" wird gezeigt, daß wir mit dem „äußeren Sinne" Gegenstände außer uns, mit dem „inneren Sinne" aber uns selbst anschauen. Dabei finden wir nicht Gegenstände vor, sondern bestimmte Formen unseres „inneren Zustandes", nämlich Raum und Zeit. Raum und Zeit sind für KANT nicht Begriffe, die wir aus äußeren Erfahrungen abziehen bzw. abstrahieren, sondern „Anschauungen a priori". Sie sind also nicht Eigenschaften von sinnlich wahrnehmbaren Dingen, sondern stellen umgekehrt die subjektive Bedingung der Sinnlichkeit dar. Sie sind eine „reine Form der sinnlichen Anschauung". Wenn wir Menschen also von Dingen sprechen, sprechen wir immer von Dingen im Raum und in der Zeit. Wie sie außerhalb dieses formalen Rahmens, „an sich" sind, bleibt uns unbekannt.

2. In der „transzendentalen Logik" zeigt KANT, daß es außer unserer Fähigkeit, Vorstellungen zu empfangen, eine zweite „Grundquelle" der Erkenntnis gibt, nämlich die Begriffe, mit deren Hilfe wir die Vorstellungen denken. Er nennt die „Rezeptivität" unseres „Gemüts", Vorstellungen zu empfangen, „Sinnlichkeit", und die „Spontaneität" der Erkenntnis, Vorstellungen hervorzubringen, „Verstand". Über die Beziehungen zwischen Sinnlichkeit und Verstand heißt es: „Keine dieser Eigenschaften ist der andern vorzuziehen. Ohne Sinnlichkeit würde uns kein Gegenstand gegeben, und ohne Verstand keiner gedacht werden. Gedanken ohne Inhalt sind leer, Anschauungen ohne Begriffe blind" (KrV A 51). Wiederum im Gegensatz zur thomistischen Auffassung entnehmen wir aber nicht den Dingen ihre Begriffe, sondern es gibt umgekehrt bestimmte Begriffe „a priori" in unserem Verstand, durch die wir die Dinge erkennen. Die „transzendentale Logik" zeigt, welche Begriffe „reine Verstandesbegriffe" bzw. „Kategorien des Verstandes" sind. Da diese nicht, wie die reinen Formen der Sinnlichkeit, Bedingungen der Gegenstände der Anschauung darstellen, ergibt sich die Frage, wie *„subjektive Bedingungen des Denkens" „objektive Gültigkeit"* haben sollen (KrV A 89). Denn es ist nicht ausgemacht, daß den reinen Verstandesbegriffen auch Gegenstände in der Erfahrung korrespondieren.

Die Fähigkeit, sinnliche Vorstellungen zu verbinden („Synthesis") bzw. aufzulösen („Analysis") ist für KANT ein „Actus der Spontaneität", und kann somit nicht der (passiven) Sinnlichkeit zugeschrieben werden, sondern sie ist eine „Verstandeshandlung". Diese Fähigkeit setzt die Annahme einer grundlegenden Einheit voraus, einer Art vorgegebene „Ursynthese", die KANT als „ursprüngliche-synthetische Einheit der Apperzeption" bezeichnet. Gemeint ist die Identität des Bewußtseins: „Das: *Ich denke*, muß alle meine Vorstellungen begleiten *können*" (KrV B 131). Wie ist das zu verstehen? Erst aufgrund der Einheit des „Ich denke" kann das „Mannigfaltige der Anschauung" in Beziehung zu einem Gegenstand eintreten. Um „irgend etwas im Raume zu erkennen, z. B. eine Linie, muß ich sie ziehen, und also eine bestimmte Verbindung des gegebenen Mannigfaltigen synthetisch zu Stande zu bringen, so, daß die Einheit der Handlung zugleich die Einheit des Bewußtseins (im Begriff einer Linie) ist" (KrV B 137).

Kurz gesagt, ohne einen „Bezugspunkt" kann man keine Beziehungen herstellen.

Bei aller Betonung der konstruktiven Tätigkeit des Subjekts hält KANT jedoch fest, daß das Mannigfaltige für die Anschauung „gegeben sein müsse", und zwar im Gegensatz zu einem göttlichen Verstand, „durch dessen Vorstellung die Gegenstände selbst zugleich gegeben, oder hervorgebracht würden" (KrV B 145). So gehört beim Menschen zum Denken der Begriff, zum Erkennen aber zugleich die Anschauung. Der Gebrauch der Verstandeskategorien wird dadurch auf die Gegenstände möglicher Erfahrung und somit auf „empirische Anschauung" eingeschränkt (KrV B 147).

3. Nun findet aber nach KANT, außer der eben beschriebenen Verstandesverbindung als Synthesis der Kategorien („synthesis intellectualis") eine weitere Synthesis statt, durch die das Mannigfaltige der sinnlichen Anschauung selbst zu einer Einheit gebracht wird. Es ist die Synthesis der Einbildungskraft („synthesis speciosa").

Die Einbildungskraft definiert KANT als „das Vermögen, einen Gegenstand auch ohne dessen Gegenwart in der Anschauung vorzustellen" (KrV B 151). Sie nimmt, ähnlich wie bei ARISTOTELES und THOMAS VON AQUIN, eine Mittelstellung zwischen Sinnlichkeit und Verstand ein. Sie ist bestimmbar und gehört damit zur Sinnlichkeit. Aber sie ist auch „spontan" oder bestimmend, und ist somit eine „Wirkung des Verstandes auf die Sinnlichkeit und die erste Anwendung desselben (zugleich der Grund aller übrigen) auf Gegenstände der uns möglichen Anschauung" (KrV B 151–152). Entsprechend läßt sich die Einbildungskraft in zwei Vermögen aufteilen: in die „reproduktive" und die „produktive" Einbildungskraft. Erstere leistet eine empirische Synthesis, letztere eine Synthesis aufgrund der „transzendentalen Einzeit der Apperzeption". Wie ist das im einzelnen zu verstehen?

Die reproduktive Einbildungkraft nimmt den Gegenstand in der Vorstellung auf und verknüpft diese nach einer Regel, der auch die Erscheinungen unterworfen sind. Denn würden die Erscheinungen keiner Regel folgen, würde also z. B. „ein Mensch bald in diese, bald in jene tierische Gestalt verändert werden (…) oder ein gewisses Wort bald diesem, bald jenem Dinge beigelegt werden" (KrV A 100–101), kurzum, wäre alles beliebig, dann könnte auch keine empirische Synthesis der Reproduktion stattfinden.

Voraussetzung dieser Reproduktion der Erscheinungen ist aber die transzendentale Synthesis der produktiven Einbildungskraft. Denn, wenn ich z. B. „eine Linie in Gedanken ziehe, oder die Zeit von einem Mittag zum andern denke, oder auch nur eine gewisse Zahl vorstellen will", dann muß ich „eine dieser mannigfaltigen Vorstellungen nach der andern in Gedanken" fassen. Andernfalls würde ich die vorhergehenden Teile der Linie oder der Zeit oder die nacheinander vorgestellten Einheiten aus den Gedanken verlieren, d. h. es ergäbe sich keine Synthesis (KrV A 102).

Wie hängen nun aber die Verstandesbegriffe mit der Einbildungskraft zusammen? Oder, anders gefragt, was tut die produktive Einbildungskraft, um diese mit den empirischen Anschauungen verbinden zu können? Sie produziert „Schemata". Im Gegensatz zu einem „Bild", das einen Begriff anschaulich repräsentiert, z. B. die Zahl fünf durch fünf Punkte, ist ein „Schema" eine Regel, nach der ich eine Gestalt zeichnen kann. So gibt es für den Begriff eines Dreiecks oder eines Hundes jeweils ein Schema, aber kein einzelnes Bild könnte zugleich alle möglichen Dreiecke oder Hunde darstellen. „Bilder" sind also Produkte der reproduktiven Ein bildungkraft, „Schemata" der produktiven. Von diesem „Schematismus der reinen Vernunft" schreibt KANT, daß er „eine verborgene Kunst in den Tiefen der menschlichen Seele" ist, „deren wahre Handgriffe wir der Natur schwerlich jemals abraten, und sie unverdeckt vor Augen legen werden" (KrV A 141).

In einer berühmten Interpretation dieses Schematismuskapitels hat HEIDEGGER hervorgehoben[4], daß KANT zunächst von den „zwei Grundquellen des Gemüts" spricht, aus denen unsere Erkenntnis entspringt, nämlich Sinnlichkeit und Verstand, daß er aber da, wo er seine Darstellung über die unterschiedliche Synthesis der Anschauung, der Einbildung und des Begriffs zusammenfaßt, drei Erkenntnisquellen nennt, nämlich „Sinn", „Einbildungskraft" und „Apperzeption" (KrV A 115). KANT faßt also die Einbildungskraft als ein drittes Grundvermögen auf. Er spricht von ihr als „einer blinden, obgleich unentbehrlichen Funktion der Seele, ohne die wir überall gar keine Erkenntnis haben würden, der wir uns aber selten nur einmal bewußt sind" (KrV A 78). Die Metapher der „Quelle" (und die der „Stämme") weist, so HEIDEGGER, darauf hin, daß die Einbildungskraft hier als gemeinsamer Ursprung von Sinnlichkeit und Verstand aufgefaßt ist. Denn die Schemata der reinen Verstandesbegriffe weisen auf die Zeit und somit auf die reinen Formen der Anschauung zurück. Die reinen Formen der Anschauung sind keine Gegenstände, die „angeschaut werden". Sie sind ein Produkt der Einbildungskraft. Darüber hinaus sei auch das „Ich denke" hinsichtlich seines Einbildungscharakters zu deuten, und zwar im Sinne „des frei bildenden und entwerfenden, obzwar nicht willkürlichen ‚Sichdenkens' von etwas", wozu auch der Charakter der reinen Rezeptivität gehört.[5]

So schreibt KANT in der ersten Auflage der „Kritik der reinen Vernunft", daß die „transzendentale Einheit der Apperzeption auf die reine Synthesis der Einbildungskraft" sich bezieht, ja sie sogar voraussetzt (KrV A 118). Vor der Annahme einer solchen „unbekannten Wurzel" beider Vermögen sei KANT freilich in der zweiten Auflage der „Kritik der reinen Vernunft" zugunsten des Verstandes „zurückgewichen".[6]

Wie bedeutsam die Einbildungskraft für Kants „pragmatische" Bestimmung des Menschen ist, zeigt ihre Behandlung in der „Anthropologie in pragmatischer Hinsicht" (KANT, 1975a) sowie in der „Kritik der Urteilskraft" (KANT 1974a).

KANT bestimmt die Einbildungskraft in der „Anthropologie" zunächst, wie in der „Kritik der reinen Vernunft", im Sinne eines produktiven und eines reproduktiven Vermögens. Diese beiden, die dem Verstand unterworfen sind, faßt er dann unter dem Begriff der „willkürlichen Einbildungskraft" zusammen und unterscheidet diese von der „unwillkürlichen Einbildungskraft", bei der der Verstand fehlt oder zumindest die Oberhand verloren hat (Anthr. A 67). Letztere nennt er auch Phantasie.

Zunächst behandelt KANT die beiden Möglichkeiten der „willkürlichen Einbildungskraft": Die produktive Einbildungskraft geht der Erfahrung voraus und betrifft die reinen Anschauungen von Raum und Zeit. Sie ist ein Vermögen der „ursprünglichen Darstellung" des Gegenstandes („exhibitio originaria"). Die reproduktive Einbildungskraft dagegen geht auf empirische Anschauungen zurück und ist somit eine „abgeleitete Darstellung" („exhibitio derivativa"). Werden die Hervorbringungen der reproduktiven Einbildungskraft mit der empirischen Anschauung und mit Begriffen verbunden, dann haben wir es mit „empirischer Erkenntnis" bzw. mit „Erfahrung" zu tun.

Wenn die produktive Einbildungskraft etwas hervorbringt, was „zu Begriffen zusammenstimmt", dann heißt sie „Genie", sonst „Schwärmerei".

Die Vereinigung von Einbildungskraft und Verstand „in gewissem Verhältnisse" macht das Genie aus (KdU A 195). In diesem Zusammenhang bemerkt KANT, daß in theoretischer Absicht die Einbildungskraft „unter dem Zwange des Verstandes steht und der Beschränkung unterworfen ist, dem Begriffe angemessen zu sein; in ästhetischer Absicht aber die Einbildungskraft frei ist" (KdU A 195). Mit Hilfe der „freien" oder ästhetischen Einbildungskraft können wir über die dem Verstand angemessenen Anschauungen hinausgehen. KANT bezeichnet sie als das „Vermögen der Darstellung *ästhetischer Ideen*" und als „belebendes Prinzip im Gemüte" (KdU A 190). Eine „ästhetische Idee" ist „diejenige Vorstellung der Einbildungskraft, die viel zu denken veranlaßt, ohne daß ihr doch irgend ein bestimmter Gedanke, d. i. Begriff adäquat sein kann, die folglich keine Sprache völlig erreicht und verständlich machen kann. – Man sieht leicht, daß sie das Gegenstück (Pendant) von einer *Vernunftidee* sei, welche umgekehrt, ein Begriff ist, dem keine *Anschauung* (Vorstellung der Einbildungskraft) adäquat sein kann" (KdU A 190). Vernunftideen sind zum Beispiel unsichtbare Wesen, das Reich der Seligen und die Ewigkeit, aber auch solche Ideen, für die wir zwar Beispiele in der Erfahrung finden, die aber über die „Schranken der Erfahrung" hinausgehen, wie der Tod, die Liebe oder der Ruhm. Durch die Synthesis mannigfaltiger Elemente läßt eine ästhetische Idee dagegen eine Vorstellung entstehen, für die „kein Ausdruck, der einen bestimmten Begriff bezeichnet, gefunden werden kann, der also zu einem Begriff viel Unnennbares hinzu denken läßt, dessen Gefühl die Erkenntnisvermögen belebt und mit der Sprache, als bloßem Buchstaben, Geist verbindet" (KdU A 195). Ästhetische Ideen sind eine Vorstellung der Einbildungskraft, die wir nicht auf den Begriff bringen, nicht „exponieren" können. Sie sind „inexponibel". Vernunftideen dagegen können wir nicht anschaulich zeigen, nicht „demonstrieren". Sie sind „indemonstrabel" (KdU A 237). Ursprung der „freien" Tätigkeit der Einbildungskraft ist also das „Unnennbare" und Undarstellbare, d. h. die „unbestimmte Idee des Übersinnlichen in uns" (KdU A 235).

Die zwei Grundmöglichkeiten der „unwillkürlichen", d. h. vom Verstand nicht geleiteten Tätigkeit der Einbildungskraft sind der Traum und krankhafte Erscheinungen, wie der Wahnsinn. Die Erörterung des Traumes liegt nach KANT außerhalb einer „pragmatischen Anthropologie", da diese mit dem zu tun hat, was der Mensch „als freihandelndes Wesen, aus sich selber macht, oder machen kann und soll" (Anthr. B III–IV). Dem Traum aber liegen „keine Regeln des Verhaltens", wie sie für den Wachenden gelten zugrunde (Anthr. B 104). Man kann niemanden bestrafen, weil er diesen oder jenen Traum gehabt hat. So ist also der Traum „das Spiel der Phantasie mit dem Menschen im Schlafe". Findet dieses „unwillkürliche" „Spiel" aber „im Wachen" statt, dann „verrät es einen krankhaften Zustand" (Anthr. B 81).

Beim Wahnsinn ist das, „was der Verrückte erzählt, zwar den formalen Gesetzen des Denkens zu der Möglichkeit einer Erfahrung gemäß", zugleich aber hält er „durch falsch dichtende Einbildungskraft selbstgemachte Vorstellungen für Wahrnehmungen" (Anthr. B 145). Dabei ist zu bemerken, daß KANT das „Feld unserer Sinnenanschauungen und Empfindungen, deren wir uns nicht bewußt sind, ob wir gleich unbezweifelt schließen können, daß wir sie haben, d. i. *dunkeler* Vorstellungen im Menschen (und so auch in Tieren)" für „unermeßlich" hält (Anthr. B 16–17). „Wir spielen oft mit dunkelen Vorstellungen", schreibt KANT anschließend, „und haben ein Interesse, beliebte und unbeliebte Gegenstände vor der Einbildungskraft in Schatten zu stellen; öfter aber noch sind wir selbst ein Spiel dunkeler Vorstellungen, und unser Verstand vermag nicht, sich wider die Ungereimtheiten zu retten, in die ihn der Einfluß derselben versetzt, ob er sie gleich als Täuschung anerkennt" (Anthr. B 18). So stellen uns Träume und Wahnsinn auf „unwillkürliche" Weise vor das, was die Sprache nicht sagen und der Begriff nicht begreifen kann.

Die Kantische Lehre von der Einbildungskraft läßt sich mit folgendem Zitat aus den „Prolegomena" zusammenfassen: „Es kann der Einbildungskraft verziehen werden, wenn sie bisweilen schwärmt, d. i. sich nicht behutsam innerhalb der Schranken der

Erfahrung hält, denn wenigstens wird sie durch einen solchen freien Schwung belebt und gestärkt, und es wird immer leichter sein, ihre Kühnheit zu mäßigen, als ihrer Mattigkeit aufzuhelfen. Da aber der Verstand, der denken soll, an dessen statt schwärmt, das kann ihm niemals verziehen werden; denn auf ihm beruht allein alle Hülfe, um der Schwärmerei der Einbildungskraft, wo es nötig ist, Grenzen zu setzen" (KANT 1975b, A 108).

Wir sahen, daß HEIDEGGER in seiner Kant-Interpretation die transzendentale Einbildungskraft als die Wurzel von Verstand und Sinnlichkeit auffaßt. Sie ist zugleich ein „freies Bilden" (Spontaneität) und ein „Hinnehmen von Sichgebendem" (Rezeptivität) (HEIDEGGER 1991, S. 153–154). Während für KANT die Endlichkeit menschlicher Vernunft darin gründet, daß sie auf Anschauung und somit auf Sinnlichkeit und Einbildungskraft angewiesen ist, hängt sie für HEIDEGGER mit der transzendentalen Einbildungskraft zusammen, sofern sie nämlich aus der „ursprünglichen Zeit", d. h. aus dem „dreifach-einigenden Bilden von Zukunft, Gewesenheit und Gegenwart" entspringt (HEIDEGGER 1991, S. 196). Diese Bestimmung menschlichen Seins von der Zeit her hat HEIDEGGER in „Sein und Zeit" mit dem Grundsatz entfaltet: *„Das „Wesen" des Daseins liegt in seiner Existenz"* (HEIDEGGER 1976, S. 42).

HEIDEGGER deutet die Begriffe „Dasein" bzw. „Existenz" im Sinne einer spezifischen Bestimmung menschlichen Seins um. Die Grundstruktur menschlichen Existierens faßt er in die berühmte Formel „das In-der-Welt-sein". Entscheidend ist dabei die Einsicht, daß der Mensch nicht zunächst „verkapselt" ist in einem Bewußtsein, aus dem heraus er die Außenwelt erkennt, sondern daß er „immer schon ‚draußen' bei einem begegnenden Seienden der je schon entdeckten Welt" ist (HEIDEGGER 1976, S. 62). Menschliches Sein hat den Charakter eines faktischen „Ek-sistierens" (wörtlich: „draußen-Stehens"), das es zu übernehmen und zu „entwerfen" gilt.

Die Einbildungskraft wird nun weder von der Dingwahrnehmung, wie in der Antike und im Mittelalter, noch vom Subjekt, wie bei KANT, sondern vom zeitlichen Entwurf der Existenz her gedeutet. Das menschliche Existieren selbst ist aufgrund seines zeitlichen Entwurfscharakters ursprünglich Einbildungskraft. Wie ist das zu verstehen?

Im Hinblick auf ihren Entwurfscharakter unterscheidet HEIDEGGER die Seinsweise des Menschen von derjenigen der übrigen belebten und unbelebten Natur und stellt die These auf: „Der Stein ist weltlos, das Tier ist weltarm, der Mensch ist weltbildend."[7] Menschliches Existieren ist ein zeitliches Offen- oder Erstrecktsein zwischen Geburt und Tod (HEIDEGGER 1976, S. 374). Dieses Offensein bedeutet zugleich auch ein Offensein für das jeweilige Seiende sowie für Seiendes überhaupt. Menschliches Sein geschieht als ein „Sich-binden-lassen" und als ein „Freisein für". Ersteres können wir nur aufgrund des Letzteren (HEIDEGGER 1983, S. 497). Der Mensch kann etwas als etwas auffassen und somit die Dinge unter einer bestimmten Perspektive sehen, nicht nur weil sie ihm zuvor, wie KANT sagt, „gegeben" sind, sondern weil er einem Horizont von Unbestimmtheit offen ist. Das gilt vor allem im Hinblick auf die eigene Faktizität im Sinne eines nicht von uns gesetzten offenen Geschehens zwischen Geburt und Tod (HEIDEGGER 1976, S. 374). Der Ursprung unseres Existierens ist im wörtlichen Sinne ein „Ur-Sprung" ins Dasein, d. h. in jenen offenen Bezug von Vergangenheit, Gegenwart und Zukunft, die HEIDEGGER als Ursprung der Einbildungskraft bei KANT deutete. Es ist „das Da-sein im Menschen", wie HEIDEGGER schreibt (HEIDEGGER 1983, S. 414), das ursprünglich weltbildend ist.

Die Einbildungskraft ist infolgedessen kein getrenntes Vermögen neben Wahrnehmen und Denken, sondern sie ist die Entfaltung jener Struktur menschlichen Existierens als eines zu „bildenden" und „auszuhaltenden" Bezuges zwischen dem Gewesenen, dem Gegenwärtigen und dem Zukünftigen.

Beide Momente, das „Bilden" und das „Aushalten", gehören ursprünglich zusammen. Der Mensch ist, in HEIDEGGERs Terminologie, „Geworfenheit" und „Entwurf". Er ist nicht Ursprung des „Da", als das er existiert, sondern sein Einbruch in dieses

„Da" vollzieht sich, anders als beim Tier oder beim Nichtlebendigen, als Auseinanderhalten des Offenen. Gäbe es diese Offenheit nicht, in der Vergangenes, Gegenwärtiges und Zukünftiges ursprünglich aufeinander bezogen sind, wie könnte der Mensch, der sie nicht selbst hervorbringt, sie jemals synthetisch verbinden? Jeder „imaginative" Entwurf unserer Existenz findet also auf der Basis eines Entwurfes statt, der den Entwerfenden „fortträgt", so daß jede Rückkehr zu sich, immer eine Rückkehr in sein Möglichsein ist. Wir sind ein „Lichtblick" ins Mögliche, wie HEIDEGGER in Anschluß an SCHELLING sagt, der „das Entwerfende offen für die Dimension des ‚entweder-oder', des ‚sowohl-als-auch', des ‚so' und des ‚anders', des ‚was', des ‚ist' und des ‚ist nicht'" macht, kurzum, der alle möglichen Formen unserer imaginativen Existenz ermöglicht (HEIDEGGER 1983, S. 529–530; dazu BOSS 1975, 1991).

Entscheidend ist, daß die imaginative Erstreckung unseres Existierens kein Aufbewahren, Hervorrufen und Synthetisieren von Vorstellungen ist, sondern daß wir sowohl bei der Erinnerung an abwesende Dinge als auch beim freien Einbilden uns zu den Dingen selbst verhalten, nicht zu ihren Abbildern im Innern eines Bewußtseins. So haben wir z. B. den Feldbergturm im Schwarzwald gesehen. Wenn wir uns später zu Hause daran erinnern, machen wir uns dabei kein Bild oder keine Vorstellung von ihm, sondern wir sind auf ihn selbst gerichtet. Er steht nicht leibhaftig vor uns, „sondern wir bringen uns zu ihm hin, ohne daß wir unseren faktischen Standort verlassen" (HEIDEGGER 1988, S. 298). Das, was wir mit Vorstellen im Gegensatz zu Wahrnehmen meinen, ist eine besondere Weise des „Gegenwärtigens", ein Vergegenwärtigen, und das Erinnern ist wiederum eine Weise, wie wir auf Abwesendes gerichtet sein können. So können wir uns sowohl zu Seiendem, das wir nicht (mehr) gegenwärtig und leibhaftig wahrnehmen, verhalten, als auch zu möglichen, eingebildeten Erscheinungsweisen von Seiendem (HEIDEGGER 1988, S. 295–302):

Bei der Vergegenwärtigung eines nicht mehr unmittelbar Wahrgenommenen geben wir unser Verhalten zu Seiendem nicht auf, sondern „halten zu ihm". Wir erweitern unsere Gegenwart in eigentümlicher Weise. HEIDEGGER unterscheidet verschiedene Möglichkeiten dieses „Behaltens", je nachdem, ob wir selbst den Bezug zum Abwesenden „lockern" bzw. verändern oder ob es das Seiende von sich aus tut.

Wir können unseren Bezug zu dem Vergegenwärtigten von uns aus allmählich lockern, so daß es schließlich vergessen, d. h. „für uns wieder verborgen wird und entschwindet". Wenn dasjenige, zu dem wir in dieser Weise „halten" sich von sich aus verändert, können wir davon erfahren und nun zu den Veränderungen „halten". Wenn wir uns dagegen weiterhin auf das Vorherige beziehen, verstellen wir uns die Sicht auf das, was inzwischen geworden ist.

Auch für das freie Einbilden betont HEIDEGGER, daß wir es dabei nicht mit Vorstellungen im Inneren eines Bewußtseins zu tun haben. Wenn wir uns in freier Gestaltung etwas „ein-bilden", z. B. einen See anstelle des Feldbergturms, so ist dies vielmehr ein „freies Umbilden des uns in der Gegenwärtigung und Vergegenwärtigung vertrauten Seienden".

Die Einbildungskraft ist also die Weise, wie wir uns zu nicht leibhaftig wahrgenommenem sowie zu möglichem Seienden verhalten. Sie ist eine Grundform menschlichen „In-der-Welt-seins".

In Auseinandersetzung mit NIETZSCHE deutet HEIDEGGER die spezifische Weise, wie der Menscch die Erstreckung seines sinnlich-leiblichen und weltbildenden Existierens vollzieht (HEIDEGGER 1961). Für NIETZSCHE hat die Vernunft einen „dichtenden" (nicht „dichterischen") Charakter. Was „dichtet" sie? Wenn wir zum Beispiel stets die gleiche Birke erkennen, trotz ihrer wechselnden Gestalt, dann ist diese „Gleichheit" ein Setzen unseres Denkens. Es war KANT, so HEIDEGGER, der den dichtenden Charakter der Vernunft „zum ersten Male in seiner Lehre von der transzendentalen Einbildungskraft eigens gesehen und durchdacht hat" (HEIDEGGER 1961, S. 584). Für NIETZSCHE freilich gehören die Horizontbildung bzw. die Schaffung von „Perspektiven" zum Wesen des Lebendigen. Das Festmachen eines Horizontes als Bedingung von Wahrheit, ist für NIETZSCHE ein lebensnotwendiger Schein.

Ein Kernpunkt von HEIDEGGERs Nietzsche-Deutung betrifft den Ursprung dieses „weltbildenden" Existierens selbst. Während NIETZSCHE diesen Ursprung an einem (kosmischen) Prozeß der „Ewigen Wiederkehr" letztlich festbindet, legt HEIDEGGER den „abgründigen" Grund menschlichen sinnlichgeistigen Entwerfens offen (CAPURRO 1993).

Von diesem abgründigen Grund menschlichen Seins schreibt WITTGENSTEIN: „Wovon man nicht sprechen kann, darüber muß man schweigen" (WITTGENSTEIN 1984, S. 85). Gemeint ist die Unfähigkeit der objektivierenden Sprache der Naturwissenschaft „über" das, was keine „Tatsache" ist, sich aber „zeigt", sinnvoll zu sprechen. Es wäre aber dann die Frage, ob sich bei anderen „Sprachspielen" (WITTGENSTEIN 1984b, S. 250), wenn nicht „*über*", so doch zumindest „*von*" diesem Ursprung sprechen läßt. Die Betonung liegt dann beim „lassen". Dieses „Sprechen von" kann die Form eine „Dia-logs" annehmen, bei dem die „Teil-*nehmer*" um das kreisen, was „zwischen" („dia") ihrem „logos" ist, indem sie, durch alle Anstrengungen des Sinnverstehens hindurch, das zum Vorschein kommen *lassen*, was ihr Sprechen selbst *sein* läßt. Es wird dann gewissermaßen „mehr geschwiegen als geredet", denn wir sind als die Sprechenden und Weltbildenden von dem entlassen, was die Sprache nicht sagen und der Begriff nicht begreifen kann (HEIDEGGER 1975, S. 152).

Literatur
ARISTOTELES: De Anima. Oxford ^{4}1974. Über die Seele. Übers. v. Willy Theiler. Darmstadt 1979.
ARISTOTELES: Metaphysica. Oxford ^{5}1973.
BALL, H.: Einführung zu: DIONYSIOS AREOPAGITA: Die Hierarchien der Engel und der Kirche. München 1955, S. 19–95.
BAUER, M.: Nachwort zu: Dionysiaca (Faksimile-Neudruck der zweibändigen Ausgabe Brügge 1937 in vier Bänden). Stuttgart-Bad Cannstatt 1989, S. 1667–1675.
BOSS, M.: Grundriss der Medizin und der Psychologie. Bern ^{2}1975.
BOSS, M.: „Es träumte mir vergangene Nacht, …". Bern ^{2}1991.

CAPURRO, R.: Information. München 1978.
CAPURRO, R.: Ein Grinsen ohne Katze. In: Zeitschrift für Philosophische Forschung 47(1993)1, S. 93–102.
CAPURRO, R.: „Herausdrehung aus dem Platonismus". Heideggers existentiale Erstreckung der Sinnlichkeit. In: Proceedings der Heidegger-Tagung. Messkirch 1993.
CAPURRO, R.: Martin Heidegger. In: NIDA-RÜMELIN, J. (Hrsg.): Philosophie der Gegenwart in Einzeldarstellungen. Stuttgart 1991, S. 229–247.
FREUD, S.: Die Traumdeutung. (Studienausgabe. Bd. II) Frankfurt/M. [7]1982.
HEIDEGGER, M.: Sein und Zeit. Tübingen [13]1976.
HEIDEGGER, M.: Kant und das Problem der Metaphysik. Frankfurt/M. [5]1991.
HEIDEGGER, M.: Die Grundbegriffe der Metaphysik. Frankfurt/M. 1983.
HEIDEGGER, M.: Nietzsche. 2 Bde. Pfullingen 1961.
HEIDEGGER, M.: Aus einem Gespräch von der Sprache. In: HEIDEGGER, M.: Unterwegs zur Sprache. Pfullingen [5]1975, S. 8–155.
HEIDEGGER, M.: Vom Wesen der Wahrheit. Gesamtausgabe Bd. 34, Frankfurt/M. 1988.
HOMANN, K.: Einbildung, Einbildungskraft (II). In: RITTER, J. (Hrsg.): Historisches Wörterbuch der Philosophie. Darmstadt 1972, Bd. 2, Sp. 348–358.
KAMPER, D.: Zur Geschichte der Einbildungskraft. Reinbek 1990.
KANT, I.: Kritik der reinen Vernunft. Frankfurt 1974. (a)
KANT, I.: Kritik der Urteilskraft. Frankfurt/M. 1974. (b)
KANT, I.: Träume eines Geistersehers. Hamburg 1975. (a)
KANT, I.: Anthropologie in pragmatischer Hinsicht. Frankfurt/M. [4]1975. (b)
KANT, I.: Prolegomena zu einer jeden künftigen Metaphysik, die als Wissenschaft wird auftreten können. Frankfurt/M. [4]1975. (c)
KLUXEN, W.: Analogie. In: RITTER, J. (Hrsg.): Historisches Wörterbuch der Philosophie. Darmstadt 1971, Bd. 1, Sp. 214–227.
LORENZ, K.: Individuum. In: MITTELSTRASS, J. (Hrsg.): Enzyklopädie Philosophie und Wissenschaftstheorie. Mannheim 1984, Bd. 2, S. 229–231.
OEING-HANHOFF, L.: Individuum, Individualität. II. Hoch- und Spätscholastik. In: RITTER, J. (Hrsg.): Historisches Wörterbuch der Philosophie. Darmstadt 1976, Bd. 4, Sp. 304–310.
PIEPER, J.: Philosophia negativa. München 1953.
PLATON: Theaitetos. Oxford 1967, Bd. 1. Übers. v. O. Appelt. Hamburg 1988, Bd. 4.
RAHNER, K.: Geist in Welt. Zur Metaphysik der endlichen Erkenntnis bei Thomas von Aquin. München [2]1957.
RÖTZER, F. (Hrsg.): Digitaler Schein. Ästhetik der elektronischen Medien. Frankfurt/M. 1991.
SCHÜTZ, L.: Thomas-Lexikon. Stuttgart-Bad Canstatt [2]1983.
SPECHT, R.: Leib-Seele-Verhältnis. In: RITTER, J. (Hrsg.): Historisches Wörterbuch der Philosophie. Darmstadt 1980, Bd. 5, Sp. 185–201.
THOMAS VON AQUIN: Summa Theologica. In: Opera omnia. Editio Leonina, Bd. 5. Rom 1889.
THOMAS VON AQUIN: Fünf Fragen über die intellektuelle Erkenntnis (Quaestio 84–88 des 1. Teils der Summa de theologia) Übers. v. E. Rolfes. Hamburg 1986.
TREDE, J. H.: Einbildung, Einbildungskraft (I). In: RITTER, J. (Hrsg.): Historisches Wörterbuch der Philosophie. Darmstadt 1972, Bd. 2, Sp. 346–348.

WITTGENSTEIN, L.: Tractatus logico-philosophicus. Werkausgabe, Bd. 1. Frankfurt/M. 1984. (a)
WITTGENSTEIN, L.: Philosophische Untersuchungen. Werkausgabe, Bd. 1. Frankfurt/M. 1984. (b)

Anmerkungen

[1] Dieser Satz wird der Scholastik zugeschrieben, läßt sich aber nicht nachweisen (OEING-HANHOFF 1976, Sp. 309).
[2] Vgl. dazu LORENZ 1984, außerdem CAPURRO 1993.
[3] Das Wort „Einbildungskraft" gibt den lateinischen Ausdruck „vis imaginationis" wieder. Er geht auf die in der Deutschen Mystik geprägte Wortbildung „inbildunge" zurück.
[4] HEIDEGGER 1991, S. 134–188. Diese in den Jahren 1925/26 entstandene und 1929 erschienene Interpretation wurde später von Heidegger selbst kritisiert und modifiziert (ebd.).
[5] ebd., S. 151–155.
[6] HEIDEGGER 1991, S. 160–161.
[7] HEIDEGGER 1983, S. 261–532. Die „Weltarmut" des Tieres bedeutet aber keine Abwertung: „Vielmehr ist das Leben ein Bereich, der einen Reichtum des Offenseins hat, wie ihn vielleicht die menschliche Welt gar nicht kennt" (ebd., S. 371–372).

LOTHAR ZAHN

Einbildungskraft und Erkenntnis

Zur Entstehung der Jenenser Romantik[1]

Einleitung: Bedeutung des Themas

In Jena begann vor genau 200 Jahren etwas Großes, auch Gefährliches, welches das ganze 19. Jahrhundert uns eher verdeckte als in seiner Bedeutung näherbrachte. Dieses Epochemachende möchte ich, da darüber bis heute zahlreiche, sich schon an den Begriff der Romantik knüpfende Mißverständnisse kursieren – auch in der Literaturwissenschaft – hier „vor Ort" wenigstens im Grundsätzlichen unter dem Titel „Einbildungskraft und Erkenntnis. Zur Entstehung der Jenenser Romantik" zu verdeutlichen suchen.

Einer der Hauptgründe für diese hartnäckig weitergegebenen Mißverständnisse war nämlich eben der Umstand, daß die Bewegung der Frühromantik, wie sie vor allem mit den Namen FRIEDRICH SCHLEGEL und NOVALIS verknüpft ist, das Verständnis der damaligen *Philosophie*, vor allem der Transzendentalphilosophie Kants und die der hier in Jena lehrenden Philosophen REINHOLD, FICHTE und SCHELLING, ebenso voraussetzt wie die Einsicht in das Neue der damaligen *Literatur*, wie es sich vor allem in dem damals soeben erschienenen Roman „Wilhelm Meister" von GOETHE bekundete, den man als revolutionär ansah und der für die Entstehung der romantischen Bewegung Epoche machte. Da man aber gemäß der sich immer mehr durchsetzenden Aufteilung des Studiums in „Fächer" – die gerade der Romantik völlig ungemäß war – meist entweder nur Germanist oder nur Philosoph war, ging dieser für das Verständnis der Romantik unerläßliche Zuammenhang „zwischen Poesie und Philosophie" vielfach verloren oder kam nur unzulänglich zum Tragen, mit der Folge gravierender Mißverständnisse.

So möchte ich in einer heute möglichen überschaubaren Perspektive zu zeigen versuchen, daß die Romantik hier nicht nur auf den poetischen Flügeln der Phantasie, der Sehnsucht oder überschwenglicher Gefühle zu ihrem hohen Flug aufbrach, sondern auch einer gedanklichen Konsequenz folgte, die, wenn wir sie auch nur im Grundsätzlichen verstehen, uns zu einem ganz anderen, viel bedeutenderen Begriff des Romantischen selbst kommen läßt. Während wir nämlich üblicherweise mit ihm doch etwas Schwärmerisches, die Vergangenheit Verklärendes, Nostalgisch-Idyllisches verbinden und etwa an alte romantische Städte, abgelegene „wildromantische" Landschaften denken, gilt es jetzt, die Romantik fast umgekehrt, nach vorn gerichtet, als den eigentlichen Sprung unseres geschichtlichen Bewußtseins hin zu einer bis heute reichenden Modernität zu verstehen, von dem her z. B. erst einsichtig wird, was die „moderne" Poesie gegenüber der früherer Zeiten eigentlich kennzeichnet. Damit eben wird das, was sich hier in Jena vor zwei Jahrhunderten ereignete, zu etwas Großem, über das sich, weit über bloße historische Reminiszenzen hinaus, heute noch zu sprechen und nachzudenken lohnt.

Der Ort Jena und seine Akteure

Die erste Annäherung an den genius loci leitet die Frage, warum, durch welche gegebenen Bedingungen die Romantik gerade hier in Jena entstand. Die erste Antwort darauf ist, daß es hier eine bedeutende Universität gab, die 1558 gegründet wurde, schon früher große Geister wie den Mathematiker WEIGEL, den Philosophen LEIBNIZ oder den Theologen MUSÄUS an sich gezogen hatte und die mit über 2000 Studenten gegen Ende des 17. Jahrhunderts sogar die größte Universität Deutschlands gewesen war. Jetzt aber, zum Ende des 18. Jahrhunderts, erlangte sie unter der Aufsicht Goethes stehend und unter dem maßgeblichen Einfluß SCHILLERS, der ja hier als Geschichtsprofessor lehrte und dessen Namen die Universität trägt, die Bedeutung eines gerade für die

Literatur maßgebenden Zentrums in Deutschland, das sich auch durch einige bedeutende Zeitschriften, wie die „Horen" oder die „Allgemeine Literaturzeitung", als solches bekannt machte.

Dies zog nun in einem glücklichen Zusammentreffen einige, aus vielen Gegenden Deutschlands kommende, hochbegabte Personen in Jena zusammen, die hier nicht nur, wie sonst üblich, je für sich entweder lehrten oder studierten, sondern in vielen einzelnen Freundschaften, Gesprächen und Zirkeln sich untereinander zu einer neuen, geselligen Kultur potenzierten. Nur aus dieser vielfach-wechselseitigen, sich gegenseitig steigernden Beziehung konnte die Größe einer Bewegung entstehen, die man später, je nach dem philosophischen oder literarischen Blickwinkel, mit den höchst problematischen oder zumindest mißverständlichen Namen „Deutscher Idealismus" oder eben „Jenaer Romantik" klassifizierte. Was sich hier in der Vielfalt des Gedankenaustausches begab und in dem Reichtum der Einzelbegegnungen nicht einmal angedeutet werden kann, mag im ganzen unter dem Bild einer Sternenkonstellation vorgestellt werden, in der zwar einige Zentralgestirne auszumachen sind, die aber doch bis zu den namenlos gebliebenen Randsternen hin ihre beeindruckende Größe erst durch die Kumulation oder Verdichtung ihrer vielen Einzelsterne und -sternchen gewinnt. Schiller schrieb in diesem Jahr 1795, in das wir nun gleich eintreten, dies: „Kein Ort in Deutschland würde mir das sein, was Jena und seine Nachbarschaft mir ist, denn ich bin überzeugt, daß man nirgends eine so wahre und vernünftige Freiheit genießt und in einem so kleinen Umfange so viel vorzügliche Menschen findet."

Die Zentralgestalten, welchen die „Romantik" genannte Bewegung vor allem ihre Entstehung verdankt, haben, wenn sie z. T. auch nur mehr selten gelesen werden, bis heute berühmte Namen. Um nicht gleich mit dem Geflecht ihrer Beziehungen untereinander zu verwirren, seien nun diese Hauptpersonen zunächst in der Reihenfolge ihres Eintreffens in Jena kurz einzeln vorgestellt, ehe ich dann entwickle, welches epochal Neue diese so verschiedenen Geister untereinander als das „Romantische" verband.

Da kam zunächst FICHTE, der arme Leineweberssohn aus Rammenau in der Lausitz, nach einem riesigen, geradezu abenteuerlichen Umweg zu Fuß über Warschau und Königsberg 1793 als Professor der Philosophie hierher und wohnte in der Unterlauengasse. Er, der damals 31jährige, war durch an ein Wunder grenzende Umstände quasi über Nacht vom unbekannten Hauslehrer zu einer berühmten Persönlichkeit aufgestiegen. Als er nämlich nach persönlichem Umgang mit seinem glühend verehrten Lehrer KANT in Königsberg hastig ein radikales Buch mit dem provokanten Titel „Versuch einer Kritik aller Offenbarung" niedergeschrieben und mit KANTs Hilfe anonym veröffentlicht hatte, war es irrtümlich für die lang erwartete Religionsphilosophie des längst berühmten Königsberger Denkers selbst gehalten, bewundert und diskutiert worden. Als KANT dann öffentlich diese Fehlmeinung berichtigte und FICHTE als Autor nannte, gelangte dieser damit selber auf einen Schlag zum Ruhm, der ihm nun hier in Jena, wohin er als Professor der Philosophie bald berufen worden war und wo er den Boden durch seinen Vorgänger, den ersten Kantianer KARL LEONHARD REINHOLD, schon bereitet fand, zu höchster Produktivität beflügelte. Er schnitt durch die begeisternde Unmittelbarkeit seiner Lehre die alten Zöpfe des akademischen Zeremoniells ab, wurde Vorbild und später auch erster Rektor der bis heute bestehenden deutschen Reformuniversität und veröffentlichte schon im ersten Jahr seines Hierseins eine ganze Reihe von Werken. Das wichtigste von ihnen war der erste Entwurf seiner sogenannten „Wissenschaftslehre", die ihn zeitlebens beschäftigen sollte und die als Versuch, die Kantische Lehre weiterzuentwickeln, zu einem bis heute noch viel zu wenig gewürdigten Hauptanstoß für die Entstehung der romantischen Bewegung wurde, wie zu zeigen sein wird. FICHTE fungierte in ihr, wie besonders die uns heute vorliegenden Notizen des jungen NOVALIS und des gleichaltrigen Freundes FRIEDRICH SCHLEGEL zeigen, geradezu als Gedankengeber – und diese beide sollten, so revolutionär-philosophisch inspiriert – schließlich zu den wichtigsten Theoretikern der Romantik werden. Wir werden verstehen lernen müssen, warum FRIEDRICH SCHLEGEL in dem berühmten Fragment 216 in FICHTEs Wissenschaftslehre die *philosophische* Tendenz eines ganzen neuen Zeitalters sich zusammenfassen sah und ihr eine entsprechende Bedeutung zuschrieb, wie sie die Französische Revolution auf *politischer* und GOETHES „Wilhelm Meister" auf *literarischer* Ebene hatten. Es ist somit durchaus sinnvoll, wenn sich die heutige Gedenkstätte der Frühromantik in FICHTEs ehemaligem Wohnhaus befindet, denn ihn müssen wir als einen der Initiatoren dieser sogenannten romantischen Bewegung begreifen.

Ein Jahr später wurde der zweite für sie wichtige Mann im Dezember 1795 durch SCHILLER nach Jena gerufen, der für die Entstehung der Romantik weniger als Gedankengeber oder Dichter, aber als Kritiker und gesellschaftlicher Anziehungspunkt größte Bedeutung erlangen sollte: AUGUST WILHELM SCHLEGEL. In seinem Haus, Löbdergraben 10, das auch durch seine schöne, skandalumwitterte Frau CAROLINE eine zusätzliche Anziehungskraft erhielt, versammelten sich nämlich meist die jungen Geister und bildeten, wie JAKOB MINOR sagt, „zum ersten Mal den gesellschaftlichen Charakter der Literatur aus", ohne den eben die Romantik nicht denkbar ist. A. W. SCHLEGEL, den wir heute noch als den genialen Übersetzer vor allem der Werke SHAKESPEARES kennen, hatte dabei eine Art Katalysatorfunktion, denn er selbst als Person war nicht nur wenig anregend, sondern vielen, z. B. FICHTE, in seiner „arroganten Seichtigkeit" unsympathisch. Ein heute unbekannter Zeitzeuge namens GUGITZ schildert uns diesen Mann, den HEINRICH HEINE immerhin den „Chorführer der neuen Schule" nannte, weil er mit seinem Bruder das „Athenäum" als das Hauptorgan der nun entstehenden romantischen Bewegung herausgeben sollte, in anschaulich-witziger Weise so: „durch Putzerei mit vielen Orden, mit Ringen an beiden Händen, in allem geschniegelt und gebügelt in stolzer Vornehmheit, gebrüstet, wie eine eitle Schöne, sah er gleichsam aus, als betrachte er es als einen Fehlgriff der Schöpfung, daß er nicht ein reizendes Weib geworden sei".

Die wichtigste Tat des älteren SCHLEGEL für die Entstehung der Jenenser Romantik war es zweifellos, daß er nach wiederum einem Jahr seinen jüngeren Bruder FRIEDRICH SCHLEGEL, damals gerade 24 Jahre alt, in diese Stadt zog, die er zwar nach seinem Zerwürfnis mit Schiller wieder verlassen mußte, der aber in der kurzen Zeit seines Hierseins neben seinem gleichaltrigen Freund FRIEDRICH VON HARDENBERG, genannt NOVALIS, zum eigentlichen Zentrum der gedanklichen Entwicklung der Romantik wurde. Er, ein eminent philosophischer Kopf, den man heute leider viel zu wenig kennt, hatte schon in Dresden seinen FICHTE aufmerksam gelesen, nun aber, wo er dessen mit schneidend scharfer Stimme vorgetragenen Vorlesungen selber hört und mit FICHTE in persönliche Beziehung tritt, geht ihm auf, welche Bedeutung dessen Lehre auch für ein neues Literaturverständnis hat. So steht FICHTE bei der romantischen Ästhetik, die die Freunde FRIEDRICH SCHLEGEL und NOVALIS nun in diesem Sommer und Winter 1796/97 in vielen Gesprächen erstmals entwerfen, gleichsam Pate. Noch kurz vor seinem Weggang nach Berlin seufzt SCHLEGEL zu dem Freund, der ebenfalls eine poetisch-philosophische Doppelbegabung ist: „Ach, könnten wir doch wieder einmal fichtisieren!" Und beide sind dabei bestrebt, jene Brücke „zwischen Poesie und Philosophie" zu schlagen, wie es z. B. SCHLEGEL mit diesen Worten klar ausspricht: „Die ganze Geschichte der modernen Poesie ist ein fortlaufender Kommentar zu dem kurzem Text der Philosophie: ... Poesie und Philosophie sollen vereinigt sein." Die geistige Basis dieser Vereinigung lag in dem schwierigen kantisch-fichtischen Begriff des „Transzendentalen", wie ich später verständlich machen muß, denn entsprechend der revolutionären *„Transzendentalphilosophie"* wurde auch die neue romantische Literatur von beiden als *„Transzendentalpoesie"* verstanden.

Übrigens muß hier zu FRIEDRICH SCHLEGEL, den wir heute fast nur noch als Programmatiker der Romantik und Theoretiker der Literatur kennen, angemerkt werden, daß er, wie NOVALIS, zu dieser Zeit auch selbst als Dichter hervortrat. Seine Gedichte waren damals weit verbreitet, 16 von ihnen wurden sogar von

SCHUBERT vertont, eines seiner Dramen – „Alarcos" – sogar an GOETHEs Weimarer Theater aufgeführt, fiel aber zu dessen Zorn unter Gelächter durch, und mit seinem Roman „Lucinde", dem wohl meistgelesenen Werk der Romantik, schockierte er die damalige gesittete Welt, erwarb sich aber auch einige Anhänger, zu denen erstaunlicherweise auch der Moralist FICHTE gehörte. Dieser Roman enthält ein fast unverschlüsseltes, vor allem auch erotisches Selbstportrait SCHLEGELS, und so seien zum Abschluß der kurzen Vorstellung dieses romantischen Hauptakteurs wenigstens zwei charakteristische Sätze daraus zitiert: „Eine Liebe ohne Gegenstand brannte in ihm und zerrüttete sein Inneres ... Es war ihm, als wolle er eine Welt umarmen und könne nichts greifen."

Und nun ist der letzte und größte Stern der frühen Romantik vorzustellen, der fast so etwas wie ihr Heiliger, ihr Genius oder Märtyrer ist und vor allem durch seinen Freund TIECK schon früh zur Legende wurde: FRIEDRICH VON HARDENBERG, der sich selbst seit 1798, als seine Fragmentsammlung „Blütenstaub" in Jena erschien, NOVALIS nannte, nach seinen Vorfahren, den de Novali des Mittelalters, die ihren Gutsnamen Großenrode latinisiert hatten. Diesen oft geschilderten schönen Menschen – groß, schlank, mit langen lichtbraunen gelockten Haaren, tiefen Augen mit ätherischer Glut, fröhlich, weich, ein kecker Reiter, unermüdlicher Wanderer, ein Virtuose des mitmenschlichen Umgangs, der dreimal so viel und so schnell sprach wie alle anderen, so etwa wird er beschrieben – ihn umschwebte etwas wie ein Nimbus: für TIECK kam sein Gesicht „sehr dem Evangelisten Johannes nahe", und VARNHAGEN VON ENSE schrieb sogar, daß er „unter allen neueren Heiligen den Heiligen NOVALIS für wahrhaft heilig anerkennen". Eine solche leibhaftige Inkarnation des Geistes brauchte die Romantik auch, damit sie in der Wirklichkeit ihrer kühnen Ideen gleichsam ansichtig wurde.

Nichtsdestoweniger hat der Kult gerade um NOVALIS uns das Romantische noch bis in die letzten Jahrzehnte hinein vernebelt und uns nicht nur diesen klardenkenden, naturwissenschaftlich hochgebildeten Mann verdeckt, sondern auch seine bahnbrechende Bedeutung für die moderne Literatur verkennen lassen, die erstmals Dichter wie THOMAS MANN oder GOTTFRIED BENN zu ahnen begannen und die ich wenigstens andeuten will. Daß NOVALIS, wie HANS-JOACHIM MÄHL 1971 schreibt, „erst in den letzten Jahrzehnten als ein Dichter und Theoretiker entdeckt wurde, der in überraschender Weise als Vorläufer der modernen Kunst und Dichtung gedeutet werden konnte", als welchen „initiateur de nouvelle poesie" ihn übrigens die französischen Symbolisten schon um 1890 begriffen, dies lag unter anderem daran, daß uns anderthalb Jahrhunderte sein philosophisch-fragmentarisches Werk nur in einer geradezu chaotischen und im übrigen sehr unvollständigen Gestalt vorlag, in die mit vollem Erfolg auch heute noch keine Ordnung hineingebracht werden konnte. So umfaßt NOVALIS` Auseinandersetzung mit FICHTE im Jahre 1795/96, die in unserem Zusammenhang der Beziehung zwischen Philosophie und Poesie so wichtig ist, allein nicht weniger als 400 Manuskriptseiten, denn der Dichter erblickte darin, wie er uns wörtlich mitteilt, „dringende Einleitungsstudien" oder „notwendige Übungen" für sein künftiges Werk.

Hier kommt nun immer wieder in auffallender Häufigkeit als Zielbestimmung der neuen romantischen Dichtung ein Ausdruck vor, der sowohl für NOVALIS wie für FRIEDRICH SCHLEGEL schlechthin zentral blieb und am klarsten das Hervorgehen der neuen Poesie aus dem Geist der Philosophie belegt. Dieser den neuen Sinn von Dichtung vorgebende Begriff ist der einer „Transzendentalpoesie", der auch äußerst schwierig ist und den ich deshalb in den folgenden Teilen vor allem erläutern will.

Diese Vorstellung der am Entstehungsprozeß der Romantik beteiligten Hauptpersonen sei damit schon beendet, obwohl die Szene in Jena natürlich noch von zahlreichen weiteren Akteuren belebt wurde, die bei der Entstehung der Romantik keineswegs nur Statisten waren, wie z. B. CAROLINE SCHLEGEL, SCHELLING, TIECK, BRENTANO oder selbst der Norweger STEFFENS. Aber dieses Beziehungsgeflecht im einzelnen zu entfalten ist mir weder hier möglich, noch entspricht es der ja nicht auf das historische

Detail, sondern auf das Grundsätzliche gerichteten Intention, die Entstehung der Romantik hier in Jena in ihrer Bedeutung für die Moderne zu würdigen.

Das Musikalischwerden der Kunst als Symptom der beginnenden Moderne

Es gilt nun zunächst, aus der heutigen überschauenden Sicht jenen epochalen Schritt zu verstehen, oder, mit HEGEL zu sprechen, den „Ruck", den in diesen Jahren der Geist getan – erst in der Philosophie, nun in der Literatur – der sich in dem neuen Begriff „transzendental" ausdrückt und den inneren Zusammenhang zwischen der „Transzendentalphilosophie" und der „Transzendentalpoesie" bezeichnet. Aber zu diesem enormen Sprung in das Neue, Moderne, müssen wir gleichsam erst einen Anlauf nehmen, uns auf ihn erst vorbereiten, wie denn auch die Romantiker ihn nicht so einfach aus dem Stand vollzogen, sondern, bevor sie zur geistigen Klarheit eines ästhetischen Programmes kamen, schon einen Weg, meist nur im Gefühl und oft sehr unbewußt, zurückgelegt hatten.

Dieser Weg, der erst an den schwierigen Begriff des Transzendentalen heranführt, ist in diesem Teil an dem neuen Verhältnis zur *Musik* zu erläutern, die ja in den vorangehenden Jahrzehnten mit Komponisten, wie HAYDN, MOZART und BEETHOVEN, einen glanzvollen Höhepunkt erreicht hatte. Von der Musik in ihrer auf nichts Besonderes, Gegenständliches zielenden spielerischen Geistigkeit gleichsam angesteckt, begann auch in Literatur und Malerei mit E. T. A. HOFFMANNs Worten ein neuer Typus des „tonvermählten Künstlers" zu entstehen. Nicht zufällig ist das erste, der Jenenser Entwicklung noch vorausliegende Buch der Romantik das WACKENRODER-*Tiecksche* über die „Herzensergießungen des Tonsetzers Joseph Berlinger", in welchem, noch ganz auf der Ebene des Gefühls, die lange Entwicklung beginnt, die man als das „Musikalischwerden der modernen Kunst" bezeichnet hat.

Ein neues, von der stofflichen Realität entschwertes, vergeistigtes Lebensgefühl meldet sich in melodischen Sätzen wie diesen zu Wort:

„Ehe die Musik anbrach, war er von leeren, irdischen Kleinigkeiten betäubt, aber indem nun der erste Ton der Instrumente mächtig und lang gezogen, gleich dem Wehen eines Windes vom Himmel über seinem Haupte daherzog – da war es ihm, als wenn auf einmal seiner Seele große Flügel ausgespannt, als wenn er von einer dürren Heide aufgehoben würde, der trübe Wolkenvorhang vor den sterblichen Augen verschwände und er zum lichten Himmel emporschwebte."

FRIEDRICH SCHLEGEL nennt WACKENRODER auch einen „Liebling des Himmels" und sagt von ihm: „Seine ewig bewegte Seele war ganz ein Spiel der Töne." Und so läßt denn auch WACKENRODER am Ende den sterbenden Tonkünstler – auch er selbst starb schon mit 25 Jahren – ausrufen: „Kommt ihr Töne, errettet mich aus diesem schmerzlichen irdischen Streben nach Worten, hebt mich hinauf in die alte Umarmung des alliebenden Himmels."

In dieser Wendung von einzelne Dinge bezeichnenden Worten hin zu einer sich über sie erhebenden allgemeinen Musik, wie wir sie überall bei den späteren Romantikern sich nicht nur in der Dichtung vollziehen, sondern auch als ästhetisches Programm ausgesprochen sehen, manifestiert sich nun, wie die Philosophen SCHOPENHAUER und vor allem HEGEL sehr bald klar erkannten, nicht allein eine temporäre Anwandlung des Gefühls, sondern ein viel umfassenderes geistesgeschichtliches Geschehen. Am besten können wir es vielleicht in der Malerei, etwa bei C. D. FRIEDRICH, wahrnehmen: Während frühere Zeiten die gegenständliche Welt immer perfekter, detailgenauer auf ihren anschaulichen, allen verständlichen Bildern, den Porträts oder Landschaften, wiedergegeben hatten, beginnt auf einmal das, was man das „Abbrennen des Stofflichen" genannt hat: Die realistischen Details verschwimmen in einem atmosphärischen Allgemeinen, die deckenden Farben werden zu transparenten „Farb-Tönen" für ein übersinnliches Geistiges, die Komposition, das freie Spiel mit den Elementen, wird herrschend, und die Bilder sind immer weniger bloße Nachahmungen der Natur als vielmehr die Seelenlandschaften des schöpferisch tätigen Subjektes selbst.

Dieser geschichtlichen Tendenz der „Auflösung der Mimesis", also der Naturnachahmung in der Kunst, wie man es später nannte, entspricht aber die Musik als Kunst in ganz besonderer Weise. Während ein Wort – nehmen wir zum Beispiel „Rose" – auf etwas bestimmtes Reales, also hier die besondere Blume, verweist, tun ein Ton, ein Akkord, eine Melodie dies nicht. Sie bleiben auch nicht als ein bewegter Ausdruck unseres Inneren vor uns in einer festen Gestalt stehen, sondern kehren, erklingend und gleich wieder verklingend, in unser Ohr zurück.

In der Musik begründet sich derart nichts uns Vorgegebenes, das nachgebildet würde, sie ist ganz und gar und von Anfang an unsere künstlerische „Schöpfung" (altgriechisch poiesis), ein Werk von uns und für uns. Denn selbst die Töne als seine Elemente sind ja keine der Natur entnommenen Laute, sondern oft durch komplizierte Instrumente künstlich erzeugte Klänge, die ihrerseits wieder untereinander durch von uns entwickelte Regeln der Akkorde, Intervalle, Tonleitern usw. verbunden sind, auch unseren festen Bewegungsgesetzen des Taktes und des Rhythmus gehorchen müssen und schließlich im großen als Gesamtwerk durch Melodik, Kompositorik, Kontrapunkt, Variationen, Satzaufteilung etc. unserem ordnenden Geist, unserem harmonischen Gefühl, unserem Bedürfnis, uns selbst innerlich gegenwärtig zu sein, entsprechen müssen. Gegenüber den das Äußere gestaltenden, abbildenden und beschreibenden Künsten, Architektur, Plastik, Malerei und auch der bisherigen Literatur, ist Musik, bei der wir die Augen schließen können, die reinste Selbstdarstellung unserer in sich bewegten und bewegenden entstofflichten Subjektivität.

Die nun anhebende, an zahllosen Belegen aufweisbare Entwicklung eines Dominantwerdens der Musik auch in den anderen Künsten – man beginnt jetzt in kühner Ablösung von einer vorgegebenen Realität auch mit Farb-Tönen und Wort-Klängen zu „komponieren" – dies bringt, zunächst eben nur gefühlt, einen großen geschichtlichen Erfahrungsprozeß in Erscheinung, der damals unser Bewußtsein über das alte gewohnte Leben hinauszuheben begann und dem wir gleich in der scharf reflektierten Form der Philosophie bei KANT und FICHTE wiederbegegnen werden. Es beginnt nun in den Köpfen zu dämmern, daß es mit den traditionalen, feudalen Gesellschaften zu Ende geht – die Französische Revolution war das Fanal –, die Kirche kaum mehr ein gemeinsames Dach ist – die Aufklärung hatte es zerfetzt – und der aus den herkömmlichen Bindungen entlassene Mensch sich nun ganz und gar als Schöpfer seiner Welt und auch seiner selbst zu verstehen hatte. „Es ist nicht draußen, da sucht es der Tor", hatte schon SCHILLER seinen Zeitgenossen zugerufen, „es ist in dir, du bringst es ewig selbst hervor". Selbst die gewachsene Natur trat uns jetzt, wie erstmals die domestizierten französischen Parklandschaften mit ihren geometrisch gestutzten Pflanzen in Erscheinung bringen, als ein Produkt unserer ordnenden Ratio entgegen, und die Umwandlung der gewordenen Welt zu der organisierten, zivilisierten Kunstlandschaft der Moderne begann nun in ersten, noch zögernden, aber sich ständig beschleunigenden, eine geistige Unruhe erzeugenden Schritten.

Hier in Jena wurde nun zuerst jene Wendung zur Moderne, die sich zunächst so harmlos scheinend im Gefühl und dem Musikalischwerden der Kunst angedeutet hatte, mit der Rationalität der neuen Erkenntnistheorie in Zusammenhang gebracht. Die „blaue Blume" der Romantik entwuchs dieser zweigeteilten Wurzel aus musikalisch-poetischer Gestimmtheit des Gefühls und der scharfen rationalen Einsicht in das Wesen unserer Erkenntnis. Das Großartig-Begeisternde dabei war, daß man, wie gleich darzulegen ist, in der sogenannten „produktiven Einbildungskraft" eine Verbindung von Musik und Erkenntnis, Poesie und Philosophie erblickte, die nun nicht mehr fern nebeneinander standen, sondern unmittelbar sich zu vollem Leben steigernd ineinander übergingen.

Dieser, die ganze frühromantische Bewegung tragende, emotional-rationale Zusammenhang ist nun in den folgenden Abschnitten verständlich zu machen, indem nach der eben geschilderten Musikalität nun die von KANT, FICHTE und SCHELLING vertretene neue Rationalität umrissen und gezeigt wird, wie die Romantik beide miteinander in eine schöpferische Beziehung setzten. Worin sie diese erblickten oder suchten, sei vorweg mit einem Wort angedeutet, das nun auffällig oft in den Dokumenten jener Zeit auftaucht und das den Verweis auf die Moderne enthält. Es ist der Begriff „Konstruieren". Inwiefern er damals das Verbindungsglied gibt zwischen Musik und Erkenntnis, Poesie und Philosophie, Mathematik und Wissenschaften, ja, dem ganzen Universum unseres geistigen Seins, dies noch zu entwickeln ist eine keinesfalls leichte Aufgabe.

Von KANTs Transzendentalphilosophie zur romantischen Transzendentalpoesie

Daß das Alte nicht mehr tragfähig sei und für das Neue nach sicheren Ausgangspunkten, methodischen Direktiven und klaren Zielen gesucht werden müsse, dieses zeitkritische Bewußtsein trieb Philosophen wie KANT, FICHTE oder SCHELLING an, gleichsam noch einmal ganz von vorne zu beginnen und in dem bodenlosen Meinungsgewirr, zu dem das Zeitalter des sich auflösenden Feudalismus herabgekommen war, neue Fundamente zu legen, damit das, wie KANT sagt „Herumtappen" aufhört und der sichere Weg der Wissenschaft zu einer breiten „Heerstraße" wird. So sind die bedeutendsten Werke dieser Zeit, wie vor allem KANTs „Kritik der reinen Vernunft" und FICHTEs „Wissenschaftslehre", einerseits kritische Bestandsaufnahmen des Bisherigen, andererseits neue „Grundlegungen" des „fundamentum inconcussum", des unerschütterlichen Bodens, auf dem die Zukunft zu bauen sei.

Bei dieser eindringenden Denkbemühung gelangte man zum Teil zu so revolutionären Resultaten, daß wir, da sie unserem gewohnten sogenannten „gesunden Menschenverstand" radikal widersprechen, bis heute große Mühe haben, sie zu verstehen, obwohl sie bei näherer Betrachtung von unabweisbarer Überzeugungskraft sind.

Dies trifft vor allem für die weitreichendste „Revolution der Denkungsart", die sogenannte „kopernikanische Wende" KANTs zu, die nicht nur über REINHOLD und FICHTE für die Entstehung der Jenenser Romantik entscheidend wurde, sondern die Wende zur Moderne überhaupt auf den Punkt bringt. Deshalb ist es hier nicht nur zum Verständnis der romantischen Theorie nötig, sondern es lohnt sich auch für unsere Erkenntnis, sich unter dieser umfassenden Perspektive wenigstens das Grundsätzliche in konzentriertem Mitdenken zu vergegenwärtigen.

KANT geht von der üblichen Ansicht der Erkenntnis aus, wonach wir von außen Eindrücke empfangen, die, wenn sie von uns genau registriert und angemessen wiedergegeben werden, wahr sind im Sinne der alten mittelalterlichen Definition von „Erkenntnis als „adaequatio ad rem" als Angemessenheit an die Sache. Diese Auffassung macht uns KANT mit einigen Argumenten brutal kaputt. Ich erwähne nur einige von ihnen:

– Eindrücke der Welt wechseln ständig, und auf dieser Basis könnte ich immer nur sagen, *jetzt* erscheint mir das so; eine die Zeiten überdauernde Erkenntnis, wie sie etwa der Satz des Pythagoras darstellt, ist, wie schon PLATON wußte, auf dieser Grundlage nicht möglich.
– Ein die Vernunft als bloßes „Vernehmen" interpretierendes Verständnis kann auch immer nur feststellen, *daß* etwas ist, aber nie erklären, *warum* es so ist, wie es ist, worin doch die eigentliche, Gründe aufdeckende Tätigkeit der Erkenntnis besteht.
– Wie soll es überhaupt bei den *vielen* Eindrücken möglich sein, zu Zusammenhängen oder Verknüpfungen – KANT nennt das *Synthesis* – zu kommen, die wir noch ständig in unserem Bewußtsein vollziehen, indem wir etwa alles außerhalb von uns Erscheinende in die eine *Welt* einordnen und unsere verschiedenen inne-

ren Zustände stets als *Ich* im Sinne eines einheitlichen Grundes, der alles in sich versammelt, verstehen?

– Und schließlich das Allerwichtigste, das uns erst auf die Spur jenes seltsamen Begriffes „transzendental" bringt, den KANT in seinem 800seitigen, höchst konzentriert geschriebenen Werk entfaltet und der niemals mit „transzendent" verwechselt werden darf:

Wie kommt es eigentlich, daß die Eindrücke, die da einfach so in uns hineinfallen sollen, uns wieder als Gegen-stände unseres erkennenden Bewußtseins gegenübertreten? Beruht nicht gerade darin die elementare, alle Erkenntnis erst ermöglichende Leistung der Vernunft, daß sie die impressiv-chaotisch auf uns eindringende Welt wieder in der Vor-Stellung in eine geordnete Distanz bringt, aus Empfindungen *Gegen-stände*, aus Einzelheiten Ganzheiten, aus Sinnesdaten Begründungen macht?

In der Tat! KANT kam zu dem unabweisbaren Ergebnis, das er gerade aus der Analyse der Mathematik gewann, daß wir für all diese Erkenntnisleistungen ein *produktives* – und nicht nur rezeptives – Vermögen in uns voraussetzen müssen, das er „reine Vernunft" nennt. Es beginnt seine Erkenntnisarbeit nicht erst – und dies war das eigentlich Revolutionär-Neue, nie bisher Gedachte – wenn eine gegenständliche Welt schon da ist, sondern der Akt der Vergegenständlichung, wie er in unserem Bewußtsein immer und überall vollzogen wird, daß wir nämlich uns als Subjekt, als Ich, die Welt als Objekt, als Gegenstand gegenübersetzen, hierin wird nun die originäre, alles Weitere erst ermöglichende Leistung der Vernunft gesehen.

Und nur von hier aus erfaßt man nun auch den Begriff „transzendental", der für die Entstehung der Romantik so entscheidend werden sollte. Er bezeichnet nämlich exakt diese neue Aufgabenstellung oder Dimension der kantischen Erkenntnistheorie, die man deshalb zu Recht auch „Transzendentalphilosophie" nennt. Transzendental ist eine Untersuchung, die nicht von schon gegebenen Gegenständen ausgeht, sondern sich vergewissert, wie diese durch die Leistungen der Vernunft allererst zu solchen werden. Oder mit KANTs eigenen präzisen Worten: die transzendentale Frage ist die nach den in uns von vornherein anzunehmenden „Bedingungen der Möglichkeit von Gegenständlichkeit überhaupt".

Was die Romantiker, die dieses staunend und schnell überzeugt lasen und durch FICHTE noch in einer hier nicht näher darzustellenden radikalisierten Form persönlich hörten, hieraus für Schlüsse – auch vor allem für das Literaturverständnis – zogen, läßt sich etwa so zusammenfassen:

Die Welt, die den vergangenen Zeiten von außen vorgegeben schien und in dieser Auffassung vielfach zu festen Verhältnissen, Dogmen, Gewohnheiten erstarrte, sie ist, vom Ursprung her erfahren, nur das schöpferische Produkt unseres Geistes. Wir müssen die Menschen wieder aus ihrem versteinerten Mißverständnis lösen, indem wir mit unserer produktiven Einbildungskraft kühn neue Welten entwerfen – das soll „Romantisieren" heißen – und bewußt in diesen profanen spießbürgerlichen Verhältnissen Konfusionen stiften – das sei die Funktion unserer „romantischen Ironie".

KANT, der gerade noch die radikalen Folgerungen FICHTEs aus seiner Philosophie ablehnte, ehe er, der um strenge Klarheit Bemühte, im Altersmarasmus versank und sehr bald starb, er hätte mit Verwunderung, ja wohl mit Entrüstung den jetzt in Jena anhebenden bunten Phantasie- und Gedankenspielen der Romantiker zugeschaut, die aus der Ehe der musikbewegten Gemüter mit einer durch KANT und FICHTE freigesetzten Erkenntnis entsprangen. Das gemeinsame Geheimnis der Musik, Mathematik, der Wissenschaften und der Erkenntnis überhaupt hatte sich für diese enthusiasmierten jungen Menschen, endlich Gefühl und Verstand übergreifend, enthüllt: Die Welt eine Konstruktion, Komposition, Synthesis und Schöpfung unseres Geistes, die sogenannten „Tat-Sachen" nichts uns Vorgegebenes, sondern von der Gegenständlichkeit erschaffenden Vernuft Erzeugtes. Dieses phantastische, überall an das Wunder rührende Bewußtsein von unserer alle Erscheinungen erschaffenden Produktivität eilte gleichsam, wie ein jugendlicher Rausch, dem modernen Zeitalter voraus, das nun, allerdings sehr prosaisch und nicht so poetisch, sich tatsächlich anschickte, die Welt als unsere Produktion zu verstehen und sie entsprechend zu der zivilisatorischen Kunstwelt unserer Tage umzuformen.

Die Romantik, so können wir also heute, auf die ganze Entwicklung zurückschauend, sagen, die hier in Jena anhob, ist der noch ganz märchenhafte Aufbruch des Geistes in eine vom Subjekt kommandierte Epoche, die ja nun wirklich in ihrer Umgestaltung der Erde auch Märchenhaftes, an Wunder Grenzendes geschaffen hat. Oder kürzer: Die Jenenser Romantik ist der poetische-spekulative Aufbruch zur Moderne. In ihm wird die Utopie einer ganz und gar auf den schöpferischen, den poetischen Menschen gestellten Welt entworfen. Hier wird das Poetische zum Universalen gesteigert.

Es beginnt damit im engeren Bereich des Poetischen ein neues *artistisches* Verständnis der Literatur, das bis zu uns reicht und das im nächsten Abschnitt an Fragmenten des NOVALIS und FRIEDRICH SCHLEGELs als etwas Großes, Bedeutsames gewürdigt werden soll. Es zeigen sich hier aber auch schon die Symptome der krankhaften Überspannung, des Unglück erzeugenden Wahns, der die Moderne als ihr Schatten begleitet. Darauf soll dann noch in einer kritischen Schlußbetrachtung dieses auch gefährlichen Jenenser Aufbruchs zur „Romantisierung" der Welt eingegangen werden.

Die romantische „Universalpoesie" und ihre Bedeutung für die Moderne

Was heißt nach allem nun eigentlich „romantisch" als der auch das neue Literaturverständnis bezeichnende Begriff? Diese einfach scheinende Frage, die auch die Literaturwissenschaftler so oft übersprangen, indem sie einen bekannten Begriff von Romantik voraussetzten, ist in Wahrheit äußerst schwierig zu beantworten. Als sie z. B. AUGUST WILHELM SCHLEGEL einmal an seinen Bruder Friedrich stellte, teilte ihm dieser mit, „eine Erklärung des Wortes romantisch kann ich Dir nicht schicken, weil sie 125 Bogen lang ist". Das muß hier in dem engen Rahmen auf alle Herleitungen des Wortes von Roman, insbesondere des „Wilhelm Meister", kürzer getan werden. Um es vorweg an das Vorige anknüpfend pauschal in einem einzigen Lexikonsatz zu sagen: Romantisch ist die Auffassung der Poesie, derzufolge sich in ihr, nun mit Bewußtsein, die geistige Weltschöpfung darstellt.

Also: Wir erdichten uns die Welt schon immer mit unserer produktiven Einbildungskraft, nun aber haben wir es endlich begriffen und lassen befreit den im Gegenständlichen stillgestellten Geist, die „versteinerte Zauberstadt", wie NOVALIS sagt, in ungehemmter Phantasie hinter uns.

Die Phantasie, das ist jetzt keine bloße Erdichtung mehr, wie doch wohl immer noch oder schon wieder für uns, sondern das Wirkendste-Wirkliche, und weil diese Umkehrung, diese Revolution von so wenigen in der Tiefe nachvollzogen wurde, gingen die meisten im Grunde verständnislos an diesem philosophisch-poetologischen Kern der romantischen Überzeugung vorbei, und sie war für sie letztlich doch nur eine Schwärmerei. Sätze wie diese blieben „unerhört" in dem doppelten Sinne des Nichtvernehmens und des Aus-dem-Rahmen-Springens, obwohl sie uns die beiden Theoretiker der Jenenser Romantik immer wieder mit neuen Wendungen einhämmern. FRIEDRICH SCHLEGEL: „Keine Poesie – keine Realität." NOVALIS: „Die Poesie ist das echt absolut Reelle. Dies ist der Kern meiner Philosophie. Je poetischer, je wahrer." Die Begründung für diese alles tragende, jedoch dem Üblichen ins Gesicht schlagende Überzeugung gibt FRIEDRICH SCHLEGEL als radikaler Schüler FICHTEs so: „Als die Grundfähigkeiten des Bewußtseins haben wir die Einbildungskraft, das innere Dichtungsvermögen gefunden; dies ist die universelle, objektive Kraft im menschlichen Geiste. Eine vollständige Geschichte des menschlichen Bewußtseins müßte nichts anderes sein als eine Geschichte der Einbildungskraft, eine Geschichte der Dichtkunst." Und ganz entsprechend stellt wieder Novalis fest: „Aus der produktiven Einbildungskraft müssen alle inneren und äußeren Vermögen und Kräfte deduziert werden." Dichtung wird so unter dem Einfluß der Philosophie mit dem Lieblingsausdruck der beiden zur „Transzendentalposie" erhöht: Sie ist der Akt der Schöpfung dieser gegenständlichen Welt, der alles Äußere mit innerer Bedeutsamkeit beseelt. Mit NOVALIS` berühmten Worten: „Die Welt ist ein Universaltropus (ein verwandelter Ausdruck, L. Z.) des Geistes, ein symbolisches Bild desselben."

Immer wieder wird, um die Welt als unsere in jedem wachen Augenblick neue Schöpfung verstehen zu lassen, auf die *Musik* verwiesen. Sie, die, wie wir hörten, nicht Nachahmung eines schon Gegebenen, nicht Widerspiegelung einer vergegenständlichten Außenwelt ist, sondern originäre schöpferische Konstruktion unseres Geistes, allein dazu bestimmt, uns selber in der Bewegung unserer ordnenden Kraft zu erfahren, diese so verstandene Musik wird jetzt zum Urprinzip aller Künste. „Jede Kunst", schreibt SCHLEGEL, „hat musikalische Prinzipien und wird vollendet selbst Musik". Die romantische Poesie soll sich so nach ihm als eine von allem Stofflichen möglichst entschwerte „geistige Musik" entfalten mit auf nichts Bestimmtes verweisenden allgemeinen Konfigurationen, die SCHLEGEL mit Blick auch auf die romantisierte Malerei „Arabesken" nennt. Entsprechend sagt NOVALIS: „Die eigentliche sichtbare Musik sind die Arabesken, Muster, Ornamente usw." und fordert ebenso wie sein Freund dazu auf, die Welt im Roman der Romantik wie eine „Instrumentalmusik" zu komponieren. Darin soll nichts zu einer festen Gegenständlichkeit gerinnen, denn, so schreibt TIECK, der als erster der Romantik dieses musikalische Selbstverständnis zuführte, „die Musik hat eben darum daran ihre rechte Freude", daß sie keine uns gegenüber sich bildende feste Dauer zuläßt, „denn mit einem hellen Klange zerspringt dann alles wieder, und neue Schöpfungen sind in der Zubereitung".

Die Konsequenzen dieser musikalischen Auffassung auch der Poesie und der übrigen Künste sind für deren *Form und Stil* enorm und reichen bis in unsere Gegenwart. Das artistische, um gegenständliche Weltzusammenhängen unbekümmerte Experimentieren mit den Worten, Klängen und Rhythmen einer verselbständigten Sprache hat hier seinen Ursprung. Ein tiefsinniges, „Monolog" überschriebenes, undatierbares Fragment des NOVALIS konnte geradezu als ein frühes Programm der modernen Lyrik interpretiert werden. Darin heißt es: „Der lächerliche Irrtum ist nur zu bewundern, daß die Leute meinen – sie sprächen um der Dinge willen. Gerade das Eigentümliche der Sprache, daß sie sich bloß um sich selber gekümmert, weiß keiner." Diese Sätze kommentiert ein Herausgeber der Historisch-Kritischen Ausgabe der Schriften des NOVALIS so (RICHARD SAMUEL): „Durch diese Theorie der Sprache als Welt für sich, in der sich ‚eben darum' das seltsame Verhältnisspiel der Dinge spiegelt, hat NOVALIS weit über sein Jahrhundert hinaus gewirkt und wesentliche Voraussetzungen für die moderne Lyrik geschaffen, die sich mit Recht auf ihn als einen ihrer Theoretiker beruft."

Aber die Modernität dieser transzendentalen Poesie, die sich in der Tat bei den Franzosen MALLARME, BAUDELAIRE, RIMBAUD, VALERY und APOLLINAIRE ebenso nachweisen läßt und von ihnen auch oft bestätigt wird wie ebenfalls von POUND, ELIOT und JOYCE oder den Deutschen BENN und THOMAS MANN – diese erstaunliche Modernität ist nicht einmal auf die Literatur beschränkt. NOVALIS, der ja auch ein gebildeter Naturwissenschaftler war, stellt vielmehr eine bewußte Konformität zu dem sich nun entwickelnden wissenschaftlich-technischen Zeitgeist her, die mit diesem Fragment von ihm belegt werden mag: „Experimentieren mit Bildern und Begriffen in Vorstellungsvermögen ganz auf eine den physikalischen Experimenten analoge Weise. Zusammensetzen, Entstehenlassen usw." Hier wird nach der Devise des NOVALIS „Wir wissen etwas nur, sofern wir es machen", das von HEIDEGGER sogenannte „herstellende Denken" als die eigentliche bewegende Kraft der Moderne erkannt.

Es geschieht also tatsächlich hier etwas Großes in dem noch idyllischen Jena vor 200 Jahren! Viel, viel Wichtiges und Grundsätzliches wäre gerade hier über die entstehende neue Richtung, die zum ersten Male in der Literaturgeschichte nach einem philosophischen Programm aufbrach, zu sagen – etwa über das *Fragment* als neuer Ausdrucksform, über den neuen Roman am Beispiel von SCHLEGELs „Lucinde" oder über die neue Metaphorik und Symbolik – aber hier kann nur noch etwas gesagt werden über das Gefährliche, das mit dieser hier angestoßenen Entwicklung zur Moderne auch schon sichtbar wurde und das uns die Grenzen zeigt, die dieser emphatischen, zum Maßlosen tendierenden romantischen Bewegung von Anfang an innewohnte.

Kritik und Würdigung der Romantik

Zeitgenössische Kritik

SCHILLER war der erste, der das, was sich hier in Jena, von ihm selbst in der Gestalt A. W. SCHLEGELs herbeigerufen, seit 1795 zusammenbraute, sofort mit Unmut und dann mit Verachtung betrachtete. Über sein in diesem Jahre erschienenes, gewiß sehr pathetisches Gedicht „Würde der Frauen", in welchem er das sanfte, bewahrende weibliche Geschlecht stark schematisierend gegen das schweifend-kriegerische männliche ausgespielt hatte, konnten sich die im Schlegelschen Haus am Löbdergraben versammelten Romantiker um die emanzipierte CAROLINE ihrerseits nur „zu Tode lachen", wie uns mehrfach in Briefen über diese Soiree berichtet wird. Diese kleine Begebenheit signalisiert eine problematische, nun entstehende Differenz im geistigen Leben der Moderne, die besonders THOMAS MANN immer wieder als die romantische Krankheit der bürgerlichen Gesellschaft in seinem Werk ironisch dargestellt hat. Es ist jener maßlose, gegen jede beschränkende Ordnung gerichtete anarchische, oft frivol-erotische Zug der modernen Intellektuellen und Literaten, die sich hier in Jena zum erstenmal in Opposition gegen alles Herkömmliche und Gewohnte zu dem verbinden, was vor allem gegen Ende des nun beginnenden 19. Jahrhunderts als die Antikultur der Boheme am Montmartre oder in Schwabing deutlich in Erscheinung tritt.

„Laffen" nennt SCHILLER verächtlich diesen neuen hochgestochenen, sich außerhalb jeder Moral stellenden ästhetisierenden Typus der Schlegels, zu dessen Mentalität jeder Hinsicht gehört „über ihre Verhältnisse zu leben": Man macht Schulden, gibt sich nach außen ein bedeutendes Aussehen, überspannt alles im Gefühl zur Schwärmerei, im spekulativen Denken zum Absoluten. Hier soll, wie der scharfsichtige HEGEL, der ja 1800 auch nach Jena kam, von FICHTE sagte „die Liederlichkeit zur Heiligkeit gemacht werden". HEGEL diagnostizierte denn auch als erster das Krankhafte der Jenenser Romantik mit einem Ausdruck, der auf den an Tuberkulose todkranken NOVALIS anspielte und den später HEINRICH HEINE von ihm zur Charakteristik dieser „romantischen Schule" übernahm. HEGEL nannte diese ansteckende Krankheit der Romantiker, die nun die Moderne befallen hatte, nämlich „Schwindsucht des Geistes" und beschrieb sie etwa so: Hier werde schnell etwas eingeatmet – „nach sechs Wochen war FRIEDRICH SCHLEGEL mit der Transzendentalphilosophie fertig", stellt HEGEL wörtlich fest – und dann sofort wieder flüchtig, aber mit höchster Emphase als eigene Neuheit ausgestoßen – HEGEL wieder wörtlich von SCHLEGEL: „Er hat immerfort darauf hingewiesen, auf dem höchsten Gipfel der Philosophie zu stehen, ohne in diese Wissenschaft eingedrungen zu sein." Dieser derart unsolide, das Sein mit violett geröteten Wangen hastig einatmende und fragmentarisch mit Blut vermischt wieder ausspeiende lebensgierige Geist war in der dünnen Luft seines vorgeblichen „Zauberberges" keinesfalls so befreit, schönheitserfüllt und glücklich, wie er so oft vorgab. Die zum absoluten gesteigerte romantische Idee einer gottähnlichen weltschöpferischen poetischen Produktivität des Subjekts brachte gerade, wie es der romantisch gefährdete Bürger THOMAS MANN an sich selbst psychologisch durchschaute, jenes krankhafte Leiden des modernen Menschen sich selbst hervor, immer mehr zu wollen, zu sollen, zu hoffen, als er einzulösen imstande war. Wer heute die mit sich selbst hadernden, zerquälten, hektisch unruhigen privaten Dokumente der meisten Romantiker liest – nur NOVALIS war die Ausnahme

–, der kann sich des Eindrucks kaum verschließen, daß hier auch das moderne Zeitalter in seiner sich selbst unter Druck setzenden Hektik, Nervosität, Flüchtigkeit und Schwankung zwischen Euphorie und Depression seinen Anfang nahm. Erstaunlich, mit welcher tiefen Schlichtheit das auf allem ruhig verweilende Auge GOETHES das auch mit der Romantik in Jena beginnende Unglück erschaute. Er hatte ja den ganzen Zauber aus der Nähe miterlebt, war öfter von seinem Freund SCHILLER gedrängt worden, ihm als für die Universität Verantwortlicher doch ein Ende zu machen, hatte sich aber, neugierig, was dort entstand, bis auf die Entlassung des besonders aggressiven FRIEDRICH SCHLEGEL weitgehend zurückgehalten. In seinem letzten Lebensjahr aber zog GOETHE in einem langen Brief an ZELTER über die romantische Jenenser Bewegung Bilanz und schrieb über ihre Häupter, die SCHLEGELs, dies: „Die Gebrüder Schlegel waren und sind bei so viel schönen Gaben, unglückliche Menschen ihr Leben lang; sie wollten mehr vorstellen, als ihnen von der Natur gegeben war, und mehr wirken, als sie vermochten; daher haben sie in Kunst und Literatur viel Unheil angerichtet. Von ihren falschen Ideen … haben sich die deutschen Künstler und Liebhaber noch nicht erholt."

**Größe und Gefahr der Romantik –
zu einem Novalis-Gedicht**

Im ersten Satz war versprochen worden, die Jenenser Romantik als etwas für die Moderne Gefährlich-Großes darzustellen. Worin also besteht es, und wie sollten wir uns heute, aus der Geschichte eine Lehre ziehend, zu ihm stellen? Sicher darf man mit einer Antwort nicht bevormunden, doch möchte ich abschließend mein eigenes philosophisches Hauptresümee zur Jenenser Romantik mitteilen dürfen.

Ihre *Größe* besteht darin, daß sie in extremer Konsequenz, der Moderne in Gedanken vorauseilend, dies Sein als unsere ureigenste Schöpfung entwarf und in diesem Enthusiasmus eines neuen poetisch-philosophischen Aufbruchs aus der dürr gewordenen alten Welt eine frühlingshafte Kultur oder in utopischen Traum eines universellen Lebens des Geistes hervorblühen ließ. Eines der letzten, wenig bekannten Gedichte des NOVALIS beschreibt dies:

> „Es quoll und trieb nun überall
> Mit Leben, Farben, Duft und Schall.
> Ich wußte nicht, wie mir geschah
> und wie das wurde, was ich sah.
>
> Vielleicht beginnt ein neues Reich –
> der lockere Staub wird zum Gesträuch,
> Der Baum nimmt tierische Gebärden,
> Das Tier will gar zum Menschen werden.
> Ich wußte nicht, wie mir geschah
> Und wie das wurde, was ich sah.
>
> Wie ich so stand und bei mir sann,
> Ein mächtiger Trieb *in mir* begann.
> Ein freundlich Mädchen kam gegangen
> Und nahm mir jeden Sinn gefangen.
> Ich mußte nicht, wie mir geschah
> Und wie das wurde, was ich sah.
>
> Uns barg der Wald vor Sonnenschein.
> Dies ist der Frühling, fiel mir ein.
> Kurzum, ich sah, daß jetzt auf Erden
> *Die Menschen sollten Götter werden.*
> Nun wußt ich wohl, wie mir geschah
> Und wie das wurde, was ich sah."

So sehr in unserer profan gewordenen Welt immer wieder eine Art Heimweh zu diesen frühlingshaften Träumen der Moderne zurückführt – denn eine Beseelung des Lebens brauchen wir Menschen eben – so deutet sich doch auch in der letzten Strophe des Gedichtes das Gefährliche, das Unheil dieser romantischen Bewegung an. Es liegt eben in dieser Konsequenz, das eigene Selbst zu vergotten, indem es sich zum Zentrum des Universums, zum Ausgangs- und Zielpunkt allen Seins erhebt. Nachdem wir nichts Vorgegebenes über und außerhalb von uns mehr anerkennen, fragt schon der „tolle Mensch" bei NIETZSCHE sich bang: „Ist nicht die Größe dieser Tat zu groß für uns? Müssen wir nicht selber zu Göttern werden?"

Daß uns dieser absolute Anspruch, dieser geistige und erst recht der reale Titanismus überfordert und ins Verderben stürzt, hat uns die neueste Geschichte grausam gelehrt. Wir müssen mit den Vermessenheiten, die da mit der Romantik auch in die Welten kamen, trotz aller Liebe zu schönen Träumen, menschlichen Gefühlen und melodischen Erdichtungen auch kritisch umgehen lernen, um uns als Menschen ein glückliches Maß zu bewahren. Deshalb darf nie die Poesie so unmittelbar in die Philosophie, jener distanzierten Hüterin der Vernunft, übergehen, wie es hier in Jena im Schwunge des Aufbruchs bei so vielen geschah.

Anmerkung
[1] Der Text geht auf einen Vortrag zurück, den der Verfasser am 24. Mai 1995 in der Friedrich-Schiller-Universität Jena gehalten hat.

FRIEDRICH SCHWEITZER

Sinn, Phantasie und Symbol

Religionspädagogische Annäherungen an den Zusammenhang von Lernen und Imagination

Ähnlich wie auch sonst in der Pädagogik ist die Rede von „imaginativem Lernen" in der Religionspädagogik nicht gebräuchlich. Auch „Imagination" gehört nicht zur eingeführten religionspädagogischen Begrifflichkeit – obwohl sich hier derzeit eine neue Interessenlage abzeichnet, die sich auch auf die Begrifflichkeit auszuwirken beginnt. Anders steht es freilich, wenn nicht der *Begriff*, sondern die – mit verwandten Begriffen bezeichnete – *Sache* in den Blick genommen wird. *Phantasie, Sinn* als besondere Form der Wahrnehmung und des Weltzugangs, *Symbol* – mit diesen Begriffen eröffnet sich ein Horizont, in dem die Frage nach dem Zusammenhang von Lernen und Imagination religionspädagogisch aufgenommen und in dem der Beitrag, den die Religionspädagogik zur Klärung dieses Zusammenhangs leistet, deutlich werden kann.

Die besondere Bedeutung eines religionspädagogischen Beitrags sehe ich darin, daß der Bereich von Imagination, Phantasie, Sinn und Symbol in der Neuzeit weithin mit der Religion zusammengesehen worden ist und daß beide dasselbe Schicksal erfahren haben.

In zunehmendem Maße wurden beide, Imagination und Religion, der nunmehr angestrebten kontrolliert-rationalen und in einem objektivierenden Sinne erfahrungsbezogenen Form des Weltzugangs nach- und untergeordnet. Gegen diese Ordnung der Welt und der Zugänge zu ihr haben sich Theologen seither immer wieder im Namen der Humanität gewendet. Bei dieser Frage möchte ich deshalb einsetzen und anschließend die Neubewertung des Symbolischen in der zeitgenössischen Religionspädagogik beleuchten.

1. Weltzugänge als Frage der Humanität – oder: Von den Grenzen akzeptierter Wirklichkeit

Von der damals noch nicht so genannten Religionspädagogik wird die Frage der Weltzugänge und der Grenzen philosophisch und pädagogisch akzeptierter Wirklichkeit vor allem im 18. Jahrhundert – dem „Jahrhundert der Aufklärung" und dem „Jahrhundert der Pädagogik" – zum Problem. Im Schnittpunkt einer neuen Sicht des Kindes und des Menschen überhaupt, einer neuen Psychologie und Philosophie sowie einer neuen Anthropologie, wird kritisch gefragt, ob das Kind durch Religion für die Vernunft nicht verdorben werde, und zwar nicht bloß als Kind, sondern auf Dauer. Der Einwand gegen Religion und religiöse Erziehung in der Kindheit fand berühmte Vertreter, die ihn zwar auf unterschiedliche Weise, aber doch mit demselben Ziel der Reinerhaltung rationaler Erkenntnis formulierten: JOHN LOCKE in England, JEAN-JACQUES ROUSSEAU in Frankreich und – weit weniger bekannt, aber immerhin Mitbegründer der Philanthropen – CARL FRIEDRICH BAHRDT in Deutschland (vgl. SCHWEITZER 1992).

Für die Frage nach dem Zusammenhang von Lernen und Imagination ist diese Wendung aus zwei Gründen von Interesse: Zum einen sprach diese Kritik im Namen einer Psychologie und Philosophie, die sich schon deshalb gegen religiöse Erziehung in der Kindheit wenden mußte, weil sie entweder allein auf die *für menschliche Sinne direkt zugängliche Erfahrung* oder auf die *dem menschlichen Geist innewohnende Rationalität* zu bauen bereit war. Im ersten Falle handelt es sich um den Sensualismus, im zweiten um die Kritische Philosophie als eine idealistische Theorie der Erkenntnis (SAHAKIAN 1975, BRENNAN 1982). In beiden Fällen *wird mit der Religion auch der Sinn produktiver Imagination bestritten* – was auch umgekehrt gilt: *Mit der Imagination wird auch die Religion fragwürdig*. Beide gemeinsam, Religion und Imagination, begegnen einem Denken, dem eine weder eindeutig an Sinnesdaten zu koppelnde noch vom Verstand zu kontrollierende innere Geistesbewegung zutiefst verdächtig erschien.

Die Lernvorstellungen, die etwa bei den Philanthropen detailliert beschrieben werden, sind wohl noch immer das klarste Gegenstück zu dem, was Lernen mit Hilfe von Phantasie bedeuten kann. Schritt für Schritt soll hier – wie heute bei einem Computer – der Geist des Kindes formatiert werden – nur durch schrittweise Aufnahme von Sinneserfahrungen und streng darauf aufbauende Verknüpfungen.

Die Abwehr des Imaginativen *und* zugleich des Religiösen besonders für die Kindheit ist also das eine, das uns hier an dieser Auseinandersetzung mit der Aufklärungszeit interessiert. Das andere bezieht sich auf die *Begriffsgeschichte*: Denn in der religionspädagogischen Auseinandersetzung mit den Einwänden gegen eine religiöse Erziehung in der Kindheit wird zumindest punktuell auf den Begriff der Imagination zurückgegriffen. Kinder seien „noch ganz ... Imagination", so schreibt JOHANN PETER MILLER in seiner weithin vergessenen „Anweisung zur Katechisirkunst oder zu Religionsgesprächen" von 1778 (MILLER 1780). Die Imagination oder die „ideale" Gegenwart kann demnach gerade beim Kind das Lernen dort befördern, wo Sinnesempfindungen oder Erfahrungen nicht zu Gebote stehen.

Wie kommt MILLER zu dieser damals religionspädagogisch neuen Sicht? MILLER ist zunächst ganz der sensualistischen Psychologie verpflichtet: „Alle menschliche Erkenntnis entsteht ... ursprünglich aus den sinnlichen Eindrücken und Empfindungen", so sieht es auch er (S. 118). Zugleich jedoch stellt er gegen das Denken seiner Zeit fest, daß das „Kindesalter – zu religiösen Eindrücken am fähigsten" sei. Auf religiöse Erziehung im Kindesalter könne daher nicht verzichtet werden. Beides bringt er dann zusammen, indem er beschreibt, daß Kinder sich zumindest bestimmte religiöse Inhalte *„sinnlich vorstellen"* können (S. 121 f.; Herv. von mir). Kinder seien „ganz Sinne ganz Imagination". Es komme darauf an, daß „ihre Imagination ... Feuer fangen" könne – durch die Unterstützung von Lehrern, die gelernt haben, „gewisse geistige Objekte selbst stark zu empfinden", und sie dann „vermittelst bildlicher Redensarten und Zeichnungen" entsprechend darbieten (S. 123 f.). Verallgemeinernd heißt es dann, daß dort, wo keine „wirkliche Gegenwart" vorhanden sei, eine „ideale" an deren Stelle treten könne (S. 175).

Was MILLER hier mit Hilfe des Imaginationsbegriffes formuliert, wird einige Jahre später, um die Wende zum 19. Jahrhundert, in weithin wirksamer Form von FRIEDRICH SCHLEIERMACHER und JEAN PAUL mit dem Hinweis auf „*Sinn*" und „*Phantasie*" des Kindes wiederholt und als Plädoyer für unverkürzte Humanität weiter ausgearbeitet. Insbesondere der aufklärungskritische Impuls der Romantik kommt dabei zum Tragen.[1]

Bei SCHLEIERMACHER steht, jedenfalls in seinen berühmten Reden über die Religion „an die Gebildeten unter ihren Verächtern" (1799/1967), auf die ich mich im folgenden konzentriere, die kritische Auseinandersetzung mit einem verengten Menschenbild ganz im Vordergrund. Die Aufklärung lasse dem Menschen nur Raum zur Ausbildung rationaler Erkenntnis und einer (utilitaristischen) Moral der Nützlichkeit. Alles andere erachte sie als wertlos, letztlich als schädlich. Deshalb wolle sie auch die Bildung zu Religion verhindern. Damit verfehle sie aber den Anspruch auf Humanität und humane Erziehung. Denn der Mensch gehe nicht auf in „Moral und Metaphysik", wie SCHLEIERMACHER in der Sprache der Zeit die (natur-)wissenschaftlichen Erkenntnisse bezeichnet – er sei angelegt auch für „Anschauung" und „Gefühl", so SCHLEIERMACHERs Umschreibung der Religion (S. 43, 49). Eine Erziehung, die Kinder nur rationales Erkennen und gesellschaftlich nützliches Handeln lehre, bringe sie um ihren „*Sinn*" (S. 108).

Was SCHLEIERMACHER hier als „Sinn" beschreibt und als Kriterium wahrhaft humaner Erziehung ansieht, hat noch wenig mit den heute so unklar als „Sinnfragen" apostrophierten Phänomenen zu tun (zur Entwicklung des Sinnbegriffs vgl. SAUTER 1982). Gemeint ist ein bestimmtes Vermögen, ein bestimmter Weltzugang, der dem Menschen zu eigen sei: Im Unterschied zum zergliedernden Verstehen, das sich in objektivierender Weise auf einzelne Dinge bezieht, suche sich der Sinn „Objekte, er geht ihnen entgegen und bietet sich ihren Umarmungen dar". – Der menschliche Sinn bedeutet für SCHLEIERMACHER also eine Art Liebesverhältnis zu den Dingen, die ihn umarmen wollen: Der Sinn wolle „finden und sich finden lassen". Er strebe „den ungeteilten Eindruck von etwas Ganzem zu fassen" (S. 108). Pädagogisch dürfe solcher Sinn nicht länger „gewaltsam unterdrückt" werden (S. 105 f.).

„Sinn" und „Imagination" sind nicht dasselbe, auch wenn SCHLEIERMACHER in diesem Zusammenhang durchaus von „Phantasie" sprechen kann. Beide Begriffe weisen aber deutlich in dieselbe Richtung: die Richtung einer Kritik an verengten rationalistischen Auffassungen des Menschen und des Lernens oder der Erziehung. Insofern besteht zwischen der Verteidigung des Sinns als eigenem Weltzugang und der Hervorhebung des Zusammenhangs von Imagination und Lernen zumindest eine deutliche Parallele.

Die Stichhaltigkeit dieser Behauptung wird in gewisser Weise durch den *angelsächsischen* Sprachgebrauch bestätigt. Denn dort spielt der Begriff *Imagination* in der Religionspädagogik eine hervorragende, dem deutschen Sinn- und Phantasiebegriff verwandte Rolle (vgl. PARKS 1986, HARRIS 1987, 1991). Hinter dieser Terminologie steht zum einen der englische Philosoph SAMUEL TAYLOR COLERIDGE, der im Anschluß an IMMANUEL KANT und zugleich im Unterschied zu diesem der Imagination eine weiterreichende, auch religiös gehaltvolle Bedeutung zu geben suchte. Zum anderen ist es der katholische Theologe JOHN HENRY NEWMAN, der – möglicherweise seinerseits von TAYLOR COLERIDGE angestoßen – eine Theorie der religiösen Einbildungskraft oder *Imagination* entwirft (vgl. KULD 1989, bes. S. 84 ff.). Diese Theorie eröffnete für Theologie und religiöse Erziehung ähnlich neue Wege unter den Voraussetzungen von Moderne und Aufklärung, wie dies in Deutschland für SCHLEIERMACHER gesagt werden kann.

Erwähnt werden muß schließlich JEAN PAUL, der als der *Poet unter den Pädagogen* für *Phantasiebildung* eintritt. Deren wichtigste

Zeit sieht er in der Kindheit (JEAN PAUL 1806/1963, S. 76 f.). Und ähnlich wie SCHLEIERMACHER plädiert auch er für eine religiöse Erziehung in der Kindheit, damit man „im Kinde den allmächtigen Sinn des Ganzen rege gegen den selbstischen Sinn der Teile" (S. 61). Nicht als „Sittlichkeit" sei Religion recht zu begreifen, sondern als „Herz des innern Menschen". Auf die „inneren Anschauungen", die „wir durch keine äußern vermitteln können", komme hier alles an. Das Kind aber könne sie verstehen, weil „eine ganze religiöse Metaphysik träumend schon" in ihm liege. Statt die Natur nur erkennend zu durchdringen, sollen die Kinder lernen, in ihr die „Symbole" des Heiligen wahrzunehmen (S. 56–58). – Wie weit sich die poetisch-pädagogische Ausrichtung auf die Innenwelt der Vorstellungen und sein Plädoyer für produktive Phantasie vom aufklärerischen Lob des rationalen Tages- und Wachbewußtseins abwendet, zeigt am Ende die Metapher von der „Nachtblume des Glaubens", die allein noch im „letzten Dunkel" grüne (S. 104). Die rationalistische Begrenzung auf die Tagwelt ist durchschaut und wird selbst poetisch – imaginativ also – überschritten.

Ich breche den Versuch einer systematisch-historischen religionspädagogischen Annäherung an den Zusammenhang von Imagination und Lernen an dieser Stelle ab und wende mich der zeitgenössischen Erneuerung des Streites um die Weltzugänge zu. Unter dem Aspekt der ambivalenten Rolle, die der Imaginationsbegriff im weiteren für das religionspädagogische Lernverständnis gespielt hat, werde ich dann den (begriffs-)geschichtlichen Faden noch einmal aufnehmen.

2. Die Neubewertung des Symbolischen in der zeitgenössischen Religionspädagogik

Zu den in gewisser Weise überraschenden Entwicklungen der letzten Jahre gehört die Neubewertung des Symbolischen in Religionspädagogik und Theologie. Diese Neubewertung kommt insofern überraschend, als noch bis vor kaum 20 Jahren alle Zeichen auf einen nicht mehr zu bremsenden Fortgang der *Entmythologisierung* zu stehen schienen sowie auf ein ganz allgemein „religionsloses Zeitalter" (DIETRICH BONHOEFFER), in dem die Menschen Mythologie und religiöse Fragen allesamt weit hinter sich lassen würden. Warum es nicht so gekommen ist, wäre allerdings ein eigenes Thema, das nur mit Hilfe einer weitgreifenden Analyse der kulturellen Entwicklung zu bearbeiten wäre. Ich begnüge mich mit einigen Hinweisen zur religionspädagogischen Diskussion.

Symboldidaktik

Die Neubewertung des Symbolischen steht nicht allein. Sie gehört in den Zusammenhang der Wiederentdeckung des Erzählens, der sog. narrativen Theologie (WACKER 1977, SANDERS/WEGENAST 1983). *Erzählung, Symbol* und *Metapher* umschreiben den Rahmen, in dem heute in der Religionspädagogik vom Zusammenhang zwischen Lernen und Imagination zu sprechen ist. Ich will dies am Beispiel der sog. Symboldidaktik verdeutlichen.

Die *Symboldidaktik* gehört zu den wichtigsten und auch mit am stärksten wahrgenommenen religionspädagogischen Entwicklungen seit den 80er Jahren (NIPKOW/SCHWEITZER 1994). Mit unterschiedlichen Akzenten ist sie auf katholischer und ebenso auf evangelischer Seite vertreten worden (HALBFAS 1982, BIEHL 1989, 1993). In ihrem Zentrum steht das *Lernen mit und durch Symbole*, denen nun eine grundlegende anthropologische Bedeutung beigemessen wird.

Das Lernen mit und durch Symbole soll sich durch eine möglichst erfahrungsbezogene – sei es wahrnehmende oder stärker eigenkreative – Begegnung und Beschäftigung mit Symbolen aus Geschichte und Gegenwart vollziehen. Das Symbol gilt als „Brücke des Verstehens" (OELKERS/WEGENAST 1991) – als Brücke, die Kindern und Jugendlichen heute einen Weg zu den Erfahrungsschätzen in den religiösen und kulturellen Traditionen eröffnen kann.

Ein Beispiel kann das Gemeinte am besten verdeutlichen. Ich wähle dazu einen Vorschlag von PETER BIEHL, zu dem auch Erfahrungsberichte aus der Praxis vorliegen (BIEHL 1989, S. 73 ff.): „Das Symbol ‚Haus'".

BIEHL beschreibt mehrere Varianten, wie mit diesem Symbol im Unterricht umgegangen werden kann. Ich greife zwei davon heraus, eine mehr konventionell unterrichtliche und eine stärker kreative:

„Die Schüler können

(1) sich in ein Haus (einen Garten) hineinversetzen, ihre Vorstellungen und Wünsche verbalisieren, Gründe dafür benennen (Spiel: „Wenn ich ein Haus/Garten wäre, wäre ich gern ..., weil ...";

(2) die *positive* Bedeutung des Hauses erkennen, indem sie eine Geschichte schreiben, die mit dem Satz endet: „... da sah ich plötzlich in der Ferne ein Haus mit einem erleuchteten Fenster und lief darauf zu";

(3) anhand eigener Bilder ihre *ambivalenten* Erfahrungen mit dem Haus und dem Nachhausekommen verbalisieren;

(4) erkennen, daß „Haus" ein Symbol für menschliches Leben ist, daß das Zuhausesein und Wohnen zu den Grunderfahrungen des Menschen gehört und etwas über seine Identität aussagt;

(5) in der Gestaltung eines Raumes/Hauses zum Ausdruck bringen, wie sie gerne wohnen möchten;

(6) anhand von (alten) Hausinschriften erkennen, daß Menschen mit dem Hausbau ihre religiöse Lebensperspektive zum Ausdruck bringen;

(7) die ‚Verheißung' eines Werbeplakats („Der Himmel auf Erden!") kritisch in Frage stellen und mit der Aussage konfrontieren: „Jesus hat das Reich Gottes vom Himmel auf die Erde geholt" (M. MACHOVEC);

(8) diese Behauptung anhand von Gleichnissen und Logien Jesu überprüfen.

Alternative Rahmenziele zum Symbol „Haus"
Die Schüler können
- sich in die Situation eines Embryos in der Gebärmutter versetzen und die bergende, schützende, aber zugleich einengende Bedeutung der Höhle verbalisieren;
- zu Photos eigene Erfahrungen mit dem Bau von Höhlen in der Kindheit erzählen;
- sich in die Geschichte eines alten Hauses versetzen und sie erzählen;
- markante Häuser in ihrer Stadt/ihrem Dorf photographieren und ihre Symbole/Inschriften interpretieren;
- geeignete Photos/Bilder zu Mt 7, 24–27 suchen (z. B. Haus zwischen Felsen in der Bretagne) und Wort und Bild im Dialog interpretieren ...;
- „Haus" und „Raum" als Symbole für die *bewohnbare* Erde verstehen und kreativ in Anspruch nehmen (z. B. Lied: „Komm, bau ein Haus ...");
- anhand von biblischen Texten ... erkennen: Gott hat den Menschen beauftragt, die Umwelt so zu gestalten, daß sie zur Heimat wird und daß auch künftige Generationen ein Recht auf Wohnung haben, sicher wohnen können;
- Symbole der Welt (z. B. Mutter Erde, die große Welt, Spiel, Tanz, Fest, das große Welttheater) verstehen und in einem kritischen Symbolvergleich mit messianischen Symbolen konfrontieren."

aus: BIEHL 1989, S. 81–83.

In diesen Entwurf sind verschiedene symboltheoretische Perspektiven eingegangen:
– *anthropologische und religionsgeschichtlich-theologische Perspektiven:*
Wohnen als grundlegendes anthropologisches Phänomen, das zum Menschsein in konstitutiver Weise mit hinzugehört; das Haus in religiöser Bedeutung in der Religionsgeschichte; der sakrale Charakter der Häuser; der Bau eines Hauses als Wiederholung der Schöpfung von Welt usw.;

– *Perspektiven der biblischen Überlieferung:*
„Religion des Weges" und „Religion des Ortes"; Gott als Gott des Landes (Israel); Inanspruchnahme und Relativierung des Hauses im Neuen Testament; Nachfolge als Aufgeben von Haus und Beruf; Heimat- und Familienlosigkeit der Jünger; Jesus als die Wohnstatt Gottes auf dieser Erde;

– *Perspektiven der gegenwärtigen theologischen Diskussion:*
die Welt als Haus Gottes; Einwohnung Gottes in der Welt als zentraler Gedanke der Schöpfungslehre; theologisch-ökologischer Begriff des Raumes (besonders des bewohnbaren Raumes); die Natur als Umwelt und Heimat des Menschen; das Haus als Symbol der von Gott bewohnten und von den Menschen bewohnbaren Welt;

– *gesellschaftliche, jugendpsychologische und didaktische Perspektiven:*
Vorerfahrungen der Jugendlichen; ältere Schüler, die aus der Naivität eines selbstverständlichen Geborgenseins im Haus herausgefallen sind; ambivalente Erfahrungen beim Nachhausekommen; die Forderung nach einem eigenen Zimmer; Gestaltung eigener Räume; die Frage nach dem Wohnen als Frage der eigenen Identität; gesellschaftlich wirksame ideologische Überhöhungen des Wohnens („Himmel auf Erden"); der „Zukunft ein Zuhause" geben; die ideologiekritische Aufgabe der Religionspädagogik.

Hintergründe
Für BIEHL spielt die kritische Verbindung zwischen biblisch-theologischen Symbolen und heutigen Symbolen, z. B. aus der Werbung, sowie die Arbeit mit Bildern auch in kreativen Projekten eine wichtige Rolle. Andere symboldidaktische Ansätze (vor allem HALBFAS 1982) verdanken sich stärker einem tiefenpsychologischen oder religionsgeschichtlichen Hintergrund. Das gemeinsame Bezugsfeld liegt im – unterschiedlich bestimmten - Schnittpunkt verschiedener Ansätze der wissenschaftlichen Sym-

bolforschung – von Theologie, Psychoanalyse und Entwicklungspsychologie, Ästhetik, Sprachphilosophie, Kultursoziologie, Religionsgeschichte oder Religionswissenschaft. Ähnlich wie an der Wende zum 19. Jahrhundert wird betont, daß Lernen nicht auf die enge Form einer rationalen Verarbeitung von Information begrenzt sein darf. Die ästhetischen und poetisch-expressiven Aspekte symbolischer Sprachformen werden durchweg in den Vordergrund gestellt, und sie werden im sprachphilosophisch-anthropologischen Horizont als Bedingung humanen Lebens und Lernens begreiflich gemacht.

Eine weitere Wurzel, die eigens hervorzuheben ist, liegt in der *therapeutischen Bedeutung* von Symbolen. Nachdem in der Psychoanalyse SIGMUND FREUDs dem Symbol eine solche Wirkung nicht zugetraut worden war, hat sich in der neueren Psychoanalyse – wie schon lange zuvor in der analytischen Psychologie CARL GUSTAV JUNGs – mehr und mehr die Einsicht in den anthropologischen Stellenwert und die therapeutische Kraft religiöser und anderer Symbole durchgesetzt (LORENZER 1970, 1981, SCHARFENBERG/KÄMPFER 1980). Einer der religionspädagogisch wichtigsten Gewährsleute ist dabei der englische Kinderanalytiker D. W. WINNICOTT (WINNICOTT 1979), der mit seiner Betonung des *Übergangsobjekts* auch die Bedeutung von Spiel, Kreativität, Kulturschaffen und Imagination ins Zentrum stellt.

Die Neubewertung der Symbole und deren zugleich theoretische und praktische Akzentuierung widerspricht einem auf diskursiv-rationale Vorgänge verengten Lernverständnis und Menschenbild. Ziel ist aber nicht ein neuer Irrationalismus, sondern ein erweitertes Lernverständnis, bei dem rationale und diskursive Prozesse in den weiteren Zusammenhang von Wahrnehmen und Vorstellen, von Handeln und Erfahren sowie allgemein des „Präsentativen" (Susanne K. Langer) eingerückt und nicht länger von diesen abgespalten werden. Steht damit der Gewinn eines solchen Lernverständnisses außer Frage, so ist im Blick auf die Imagination doch auch von einer anderen Seite zu berichten:

2. Das religionspädagogische Doppelgesicht der Imagination

Die Wiederentdeckung und Neubewertung des Symbolischen, wie sie sich gegenwärtig vollzieht, stellt für Schule und Religionspädagogik eine wichtige Bereicherung dar. Die angestrebte Wahrnehmung des Zusammenhangs von Lernen und Imagination kann nur begrüßt werden. In der Vergangenheit jedoch – und damit greife ich den (begriffs)geschichtlichen Faden noch einmal auf – sind auch Gefahren deutlich geworden, die ein Lernen mit Hilfe der Imagination in sich schließen kann.

Diejenige Richtung, die sich in der gesamten Geschichte der Religionspädagogik am stärksten auf Phantasie und Einbildungskraft berufen hat, ist ohne Zweifel die der Herbartianer. In der zweiten Hälfte des 19. Jahrhunderts sind sie – unter der Führung von TUISKON ZILLER – zur beherrschenden Schule nicht nur in der Religionspädagogik, sondern ganz allgemein im Volksschulwesen geworden. Im phantasiebetonten sog. Gesinnungsunterricht, wie er den Herbartianern vorschwebte, sollte die „sittlich-religiöse" Bildung das Zentrum von Schule und Lernen bilden.

Die Ambivalenz des Phantasieverständnisses der Herbartianer wird schon an dessen kritischer Spitze gegen den erfahrungs- und praxisbezogenen Anschauungsunterrichts JOHANN HEINRICH PESTALOZZIs deutlich. Diesem Anschauungsunterricht wird etwa von ZILLER (1869) vorgeworfen, daß er dem Gesinnungsunterricht geschadet habe. Der Fehler des Anschauungsunterrichts liegt nach ZILLER darin, daß „man *vorzugsweise an Vorstellungen der äußeren Welt,* an sinnliche Vorstellungen dachte" und daß „man Vorstellungen gänzlich ausschloß oder vernachlässigte, bei denen *ein unmittelbar sinnlicher Eindruck nicht möglich ist*". Eben solche Vorstellungen aber seien es, auf denen „die sittlichen, die religiösen und alle übrigen Vorstellungen, auf denen die Gesinnungen beruhen" (S. 18 f.). – Hier wiederholt sich also in gewisser Weise die schon fast 100 Jahre früher von J. P. MILLER geführte Auseinandersetzung mit einer sensualistischen Psychologie. Bei ZILLER und den Herbartianern tritt nun aber die Herbartsche Psychologie der Apperzeption[2] oder Assoziation an die Stelle des Sensualismus: Alles Lernen geschehe durch einen apperzeptionspsychologisch zu steuernden, streng geordneten Aufbau des „Gedankenkreises", so daß die im Kinde vorfindlichen „Gedankenmassen" einen stimmigen Zusammenhang bilden.

Das herbartianische Plädoyer für Phantasie und Einbildungskraft, das als solches durchaus überzeugend klingt und das auch heute noch gegen einen überzogenen Anschauungsunterricht kritisch bewußtgehalten werden sollte, wird durch seine apperzeptionspsychologischen Konsequenzen in hohem Maße fragwürdig. *Schultheoretisch* verdankt es sich einer grundlegenden, bis heute für das Schulverständnis folgenreichen – schon bei JOHANN FRIEDRICH HERBART selbst getroffenen – Option für eine Erziehung *nicht* durch Handeln im Sinne eines *praktischen Lernens*, sondern durch *Handeln in der Phantasie*. Bei HERBART selbst war dies so begründet, daß er eine Verbindung von Schule und praktischem Lernen nicht für möglich hielt und deshalb, ersatzweise also, Zuflucht zur Vorstellungswelt nahm. So gelangte er zu der Auffassung, der „Hauptsitz der Charakterbildung sei die Bildung des *Gedankenkreises*" (HERBART 1806/1982, S. 118). Bei den Herbartianern wird daraus dann vollends eine in dem Sinne wirksame Tendenz der Verschulung, daß nur noch dem Unterricht und also nicht mehr den praktischen Erfahrungen außerhalb der Schule zugetraut wird, die Bildung der Kinder in ausreichend systematischer Weise zu befördern.

Die Tendenz zur Verschulung hängt weiterhin mit den didaktischen Auffassungen der Herbartianer zusammen. Zwar soll das Lernen hier durchaus an phantasieanregenden Gegenständen wie Sagen oder Märchen voranschreiten – der Märchenunterricht ist sogar eine Spezialität der Herbartianer: Die „Sternthaler" bilden für sie den Eingang zur Schule (ZILLER u. a. 1869); aber auch für den Märchenunterricht soll allein der apperzeptionspsychologisch vorherbestimmte Weg der *Formalstufen* (Analyse, Synthese, Assoziation, System, Methode) gelten, was trotz aller (lern-)psychologischer Begründung de facto zu einer Monotonie des Unterrichts führen mußte.

Ausblick

Am Beispiel der Herbartianer wird deutlich, daß auch beim Zusammenhang von Lernen und Imagination zwischen verschiedenen, pädagogisch mehr oder weniger gelungenen Formen unterschieden werden muß. Die Betonung von Phantasie, Einbildungskraft und Imagination kann den Kindern nützen, wenn sie von einem verengten Lernverständnis befreit und wenn sie Weltzugänge jenseits rationalistischer Verengungen offenhält; aber sie kann auch als Legitimation für eine handlungsferne und in diesem Sinne abstrakte oder verschulte Arbeitsweise in Anspruch genommen werden.

Wo die Kind- oder Jugendgemäßheit endet und wo Verschulung und falsche Abstraktion beginnen, ist auch in der Religionspädagogik umstritten. So wird heute vor allem die angemessene Gestalt von Symboldidaktik in der Grundschule kritisch diskutiert und sind auch für das Jugendalter noch wichtige Problemstellungen offen (BUCHER 1990, SCHWEITZER 1994). Der von H. HALBFAS sog. „Symbolsinn" darf nicht als ein abstraktes Vermögen (HALBFAS spricht vom „dritten Auge") von der (religiösen) Entwicklung von Kindern und Jugendlichen (SCHWEITZER 1991) isoliert werden: Nicht der Bezug auf Symbol oder Phantasie als solcher gewährleistet eine produktive Form von Lernen und Erfahrung. Nur wenn die Kinder und Jugendlichen als selbsttätige Subjekte – mit den ihnen eigenen Weltzugängen – ernstgenommen werden, ist eine solche Form zu erreichen.

Zu den schon psychologisch und dann auch didaktisch ungeklärten Grundfragen gehört auch der für die Phantasietätigkeit so nachhaltig verlustreiche Übergang aus dem Vorschulalter in die Schulzeit. Sind die Ursachen für das mit diesem Übergang verbundene Zurücktreten der Imaginationskraft in kulturellen Bedingungen zu suchen – so daß es eigentlich die Schule ist, die den Kindern die Phantasie austreibt? Oder erwächst es aus einer entwicklungsbedingten Hinwendung zur sinnlich-wahrnehmbaren und mit anderen geteilten Realität? – Die Antwort auf diese Frage ist pädagogisch von erheblicher Tragweite: Müßte im ersten Falle in der Grundschule von Anfang an alles getan werden, um die Phantasie zu stützen, so wäre im zweiten Falle eher ein Warten darauf angebracht, daß die Kinder nach einer „realistisch" ausgerichteten Zeit der Phantasie mit neuer Offenheit begegnen.

Wenn solche Probleme heute (wieder) aufgeworfen werden, so liegt schon darin ein Gewinn für das Lernverständnis und die Schule. Wie die Grenzen akzeptierter Wirklichkeit bestimmt werden, ist auch heute noch eine Frage der Humanität. An der Offenheit für Weltzugänge, die weder im empirisch Objektivierbaren noch in der rationalen Konstruktion aufgehen, entscheidet sich, ob Schule nur dem halben Menschen dienen will.

Literatur

BRENNAN, J. F.: History and Systems of Psychology. Englewood Cliffs, N. Y. 1982.
BUCHER, A. A.: Symbol – Symbolbildung – Symbolerziehung. Philosophische und entwicklungspsychologische Grundlagen. St. Ottilien 1990.
HARRIS, M.: Teaching and Religious Imagination. San Francisco 1987.
HARRIS, M.: Die Welt wiederherstellen: Arbeit der Kunst – Arbeit durch die Kunst. In: Jahrbuch der Religionspädagogik 7 (1991), S. 121–140.
JEAN PAUL: Levana oder Erziehlehre (1806). Paderborn 1963.
KULD, L.: Lerntheorie des Glaubens. Religiöses Lehren und Lernen nach J. H. Newmans Phänomenologie des Glaubensakts. Sigmaringendorf 1989.
LORENZER, A.: Kritik des psychoanalytischen Symbolbegriffes. Frankfurt/M. 1970.
LORENZER, A.: Das Konzil der Buchhalter. Die Zerstörung der Sinnlichkeit. Eine Religionskritik. Frankfurt/M. 1981.
MILLER, J. P.: Anweisung zur Katechisirkunst oder zu Religionsgesprächen mit vielen Beyspielen. Frankfurt/Leipzig 1778/1780.
NIPKOW, K. E./SCHWEITZER, F.: Religionspädagogik. Texte zur evangelischen Erziehungs- und Bildungsverantwortung seit der Reformation. Bd. 2,2: 19. und 20. Jahrhundert. Gütersloh 1994.
OELKERS, J./WEGENAST, K. (Hrsg): Das Symbol, Brücke des Verstehens. Stuttgart u. a. 1991.

PARKS, S.: The Critical Years. The Young Adult Search for a Faith to Live By. San Francisco 1986.

RANG, M.: Rousseaus Lehre vom Menschen. Göttingen 1959.

SAHAKIAN, W. S.: History and Systems of Psychology. New York u. a. 1975.

SANDERS, W./WEGENAST, K. (Hrsg.): Erzählen für Kinder – Erzählen von Gott. Begegnung zwischen Sprachwissenschaft und Theologie. Stuttgart u. a. 1983.

SAUTER, G.: Was heißt: nach Sinn fragen? Eine theologisch-philosophische Orientierung. München 1982.

SCHARFENBERG, J./KÄMPFER, H.: Mit Symbolen leben. Soziologische, psychologische und religiöse Konfliktbearbeitung. Olten/Freiburg i. B. 1980.

SCHLEIERMACHER, F.: Über die Religion. Reden an die Gebildeten unter ihren Verächtern. (1799) Hgg. v. R. OTTO. Göttingen ^{6}1967.

SCHWEITZER, F.: Lebensgeschichte und Religion. Religiöse Entwicklung und Erziehung im Kindes- und Jugendalter. München ^{2}1991.

SCHWEITZER, F.: Die Religion des Kindes. Zur Problemgeschichte einer religionspädagogischen Grundfrage. Gütersloh 1992.

SCHWEITZER, F.: Symbole im Kindes- und Jugendalter: Mehr Fragen als Antworten. In: Der Evangelische Erzieher 46(1994), S. 16–23.

WACKER, B.: Narrative Theologie? München 1977.

WINNICOTT, D. W.: Vom Spiel zur Kreativität. Stuttgart ^{2}1979.

ZILLER, T.: Inwiefern hat der Pestalozzi'sche Anschauungsunterricht den Gesinnungsunterricht geschadet? In: Jahrbuch des Vereins für wissenschaftliche Pädagogik 1 (1869), S. 17–29.

ZILLER, T. u. a.: Gesinnungsunterricht der Sternthaler. In: Jahrbuch des Vereins für wissenschaftliche Pädagogik 1 (1869), S. 29–63.

Anmerkungen

[1] Zu den Auffassungen I. KANTs, von denen sich die Romantik ebenfalls sehr deutlich abhebt, vgl. den Beitrag von R. CAPURRO im vorliegenden Band.

[2] Im Rahmen der (damaligen) Vorstellungspsychologie bezeichnet Apperzeption die Eingliederung neuer Bewußtseinsinhalte in das System bereits vorhandener Vorstellungen. F. J. HERBART hebt hervor, daß (unterrichtliche) Aneignung ein aktiver Prozeß ist, bei dem früher erworbene Vorstellungen den Lernvorgang aktiv bestimmen.

EVA MADELUNG

Vorstellungen als Bausteine unserer Wirklichkeit

*Grundlegende Gedanken
zum Projekt „Imaginatives Lernen"*

1. Vorbemerkung

Dieser Aufsatz stellt Erfahrungen und Einsichten dar, die mich veranlaßt haben, die Schulung des Vorstellungsvermögens als Thema eines Förderschwerpunktes in unsere Stiftung einzubringen. Diese Erfahrungen und Einsichten stammen vorwiegend aus dem therapeutischen Bereich, sind jedoch nicht auf diesen Bereich beschränkt und auch nicht völlig neu. Es gibt pädagogische Ansätze, in denen sie berücksichtigt werden, wie zum Beispiel in der Reformpädagogik, in der Montessori-Pädagogik, in der Waldorf-Pädagogik und in der Neuro-Pädagogik, die sich in den letzten Jahren entwickelt hat. Im Gesamtbild der heutigen pädagogischen Landschaft spielen sie jedoch keine wesentliche Rolle.

Statt „Vorstellungsvermögen" oder „Vorstellungskraft" verwende ich häufig den Begriff „Vorstellungsdenken". Ich wähle dieses Wort bewußt, um zu betonen, daß diese mentale Fähigkeit dem logischen Denken gegenüber gleichrangig ist und nicht nur ein unwillkürlich und unbewußt ablaufender Vorgang, dem wir passiv ausgeliefert sind. Der Begriff „Vorstellungsdenken" soll das zentrale Anliegen des „imaginativen Lernens" unterstreichen, indem er darauf hinweist,

- daß es eine dem logischen Denken gleichwertige und gleichrangige Fähigkeit ist und es ergänzt,
- daß es eine wichtige Komponente kreativer Geistestätigkeit ist,
- daß es gefördert und geübt werden kann und muß.

Außerdem verwende ich die im allgemeinen Sprachgebrauch

üblichen Synonyma: Vorstellungskraft, Imagination, Visualisation und assoziatives oder analoges Denken im Gegensatz zum linearen oder digitalen Denken. Die Worte „Phantasie" und „Einbildungskraft"[1] benutze ich selten, denn sie werden im übliche Sprachgebrauch verwendet, um das Gegenteil eines gekonnten Vorstellungsdenkens zu bezeichnen: einen mentalen Vorgang nämlich, dessen Ergebnis eben „nur Einbildung" oder gar wahnhaft ist.

2. Überblick

Unsere Umwelt besteht – in einem Ausmaß, das man sich nur selten bewußt macht – aus einer von der Technik hergestellten Wirklichkeit. In der Geschichte der Philosophie taucht der Mensch als das seine Umwelt konstruierende Subjekt schon mit der Erkenntnistheorie von Immanuel KANT auf.[2] Wenn man gewillt ist, den technischen Menschen als eine Art Inkarnation dieses „konstruierenden Subjekts" zu verstehen, so muß man feststellen, daß er sich in einem zu KANTs Zeiten nicht vorhersehbaren Maß verwirklicht und Großartiges erreicht hat. Dabei scheint er jedoch im Begriff zu sein, die Grenze gegenüber einem Unsagbaren und Unfaßbaren, die KANT zu ziehen bemüht war, zu überschreiten. Damit gefährdet er seine Umwelt und sich selbst in einem nicht vorhersehbaren Ausmaß.

Die erkenntnistheoretischen Einsichten KANTs erschütterten die dem technisch-naturwissenschaftlichen Denken zugrunde liegende Überzeugung, daß eine objektive, d. h. vom Beobachter unabhängige Erkenntnis möglich sei. Denn das „Ding an sich" ist für uns nicht zugänglich[3], d. h. wir sind in unseren Erkenntniskategorien gefangen.

Diese Sicht bedeutete eine Revolution in der Geistesgeschichte, und überwindet das DESCARTESsche Aufklärungsdenken. Heutzutage werden die KANTschen Einsichten durch die naturwissenschaftliche Forschung in vieler Hinsicht bestätigt. Denn in der Physik stellt die Quantentheorie die Möglichkeit des Zugangs zu einer vom Beobachter unabhängigen, objektiven Erkenntnis selbst infrage; und neurophysiologische Forschungen weisen darauf hin, daß wir sowohl auf der neuronalen, wie auf der kognitiven Ebene unsere Umwelt weitgehend selbst „herstellen"[4], – in einem Wechselwirkungsprozeß zwischen Perzeption und Imagination. Der sogenannte „Konstruktivismus"[5] ist dabei, diese naturwissenschaftlichen Erkenntnisse zu interpretieren und philosophisch einzuordnen.

Auf KANT geht jedoch auch die Erkenntnis der zentralen Rolle zurück, die die Vorstellungs- oder Einbildungskraft sowohl für unsere Wahrnehmung, wie auch für unser Denken – spielt[6], d. h. ohne sie können wir weder etwas wahrnehmen noch etwas denken. Diese geistige Tätigkeit, die – vorbewußt oder bewußt – Vorstellungen produziert, ist also offensichtlich die Grundlage des mentalen Prozesses. Und damit gleichzeitig der Stoff, aus dem unsere Welt gemacht ist.

Es ist jedoch nicht so, daß wir unsere Welt nur von innen nach außen „produzieren". Zwischen Wahrnehmung und Vorstellung – den Stimuli und den Verarbeitungsprozessen – findet eine Wechselwirkung statt. Einerseits gäbe es ohne unser Gehirn, das sie wahrnimmt, die Dinge, die wir wahrnehmen, nicht, jedenfalls nicht so, wie wir sie wahrnehmen. Man muß z. B. annehmen, daß für eine Fliege, die sich mit uns zusammen in einem Zimmer befindet, die Dingwelt dieses Zimmers eine sehr andere ist als für uns. Andererseits werden neuronale wie kognitive Ordnungsmuster durch Erfahrungen sowohl gebildet als auch verändert. Versuche mit vollständigem Reizentzug bei Menschen haben gezeigt, daß nicht nur nach erstaunlich kurzer Zeit ein psychotischer Zustand mit vehementen Halluzinationen eintritt, sondern daß auch das Blut beginnt sich aufzulösen.[7] Unsere Umwelt ist also nicht nur unserer Werk, sondern wir sind auch ihr Werk. Wir leben in einer „Wechselwirkungswirklichkeit".

In den letzten Jahrzehnten müssen wir feststellen, daß zwischen dem Menschen und seiner Umwelt etwas aus dem Gleichgewicht geraten ist. Denn die umwälzenden Neuerungen des technischen Zeitalters wurden dadurch möglich, daß das linear-schließende auf Kosten des assoziativ-vorstellenden Denkens einseitig entwickelt wurde. Das heißt das vorstellende Denken – das noch im Mittelalter einen breiten Raum einnahm, wurde vernachlässigt und in seiner grundlegenden Funktion verkannt, und im wesentlichen ist dies heute noch so. Diese Entwicklung hat riesige Potentiale zutage gefördert und beeindruckende Ergebnisse gezeitigt, gleichzeitig jedoch große Gefahren heraufbeschworen.

3. Die Rolle der Vorstellungskraft im therapeutischen und im spirituellen Bereich

Die Psychotherapie ist einer der wenigen Bereiche, in denen man die zentrale Rolle berücksichtigt, die die Vorstellungskraft sowohl für unsere Weltsicht als auch für unser Befinden und unser Verhalten spielt. Meine Erfahrungen in diesem Bereich veranlaßten mich vor einigen Jahren, mich mit der Beziehung zwischen „logischem und analogischem Denken" – wie ich es damals nannte – zu befassen.[8]

Diese Beziehung soll hier etwas detaillierter dargestellt werden: Ein wesentliches Element des psychoanalytischen Zweiges moderner Psychotherapie ist es, die Bildbotschaften des Unbewußten ernstzunehmen, sie in ihrer Realitäten erzeugenden Eigenschaft zu erkennen und mit ihnen zu arbeiten, um Veränderungen zum Besseren zu erzielen. Für diese Richtung steht der Traum im Mittelpunkt, in dem unsere Vorstellungskraft, von äußeren Einflüssen abgeschirmt, selbsttätig am Werke ist. Wer sich dieser Methode bedient, stellt sich darauf ein, die Botschaften des Unbewußten zu empfangen und – angeleitet vom Therapeuten – mit ihnen umzugehen. Dagegen ignoriert die lerntheoretisch fundierte Verhaltenstherapie – als der andere wichtige Therapiezweig – die Vorstellungswelt und die innere Erfahrung des Menschen und setzt, wie der Name besagt, bei seinem äußeren Verhalten an. Verstärken durch Belohnung oder Konditionieren ist hier das Mittel der Wahl. Dieses Konzept fußt auf der behavioristischen Lerntheorie, die auch die Pädagogik beeinflußt hat.

Anders als das analytische und das behavioristische Konzept, geht die „systemische Therapie" – eine auf den amerikanischen Psychiater und Psychotherapeuten MILTON H. ERICKSON zurückgehende Richtung – von der Tatsache aus, daß es möglich sei, in ein Gespräch mit dem Unbewußten einzutreten, d. h. seine Botschaften nicht nur zu empfangen, sondern auch Bildbotschaften zu senden und in einen Dialog mit ihm einzutreten.[9] Das heute vielfach empfohlene Visualisieren positiver Zustände oder Ziele z. B. gehört zu diesen bewußten „Innenhandlungen"[10]. Es gibt z. B. auf der Körperebene wahre Künstler, die die Fähigkeit, die Selbstheilungskräfte über Visualisationen anzuregen, zu einer staunenswerten Kunst entwickelt haben.[11] Wenn man sich selbst beobachtet, bemerkt man, wie man das eigene Befinden – häufig unbewußt – ständig durch Vorstellungen manipuliert, im positiven wie im negativen Sinn.

Auch die in vielen Religionen übliche Bild- oder Lautmeditation, die im ständigen Vergegenwärtigen von Bild- oder Lautsymbolen besteht, ist ein „Gespräch mit dem Unbewußten".[12] Die visuelle oder auditive oder kinästhetische Vorstellung, die willentlich angeschaut, angehört oder innerlich erzeugt wird, ist die Bildbotschaft oder Wirkeinheit, die von einer inneren Instanz – wie immer man sie nennen mag – angenommen oder zurückgewiesen wird. Es kann Resonanz entstehen oder Ablehnung.

4. Ausdruck und Eindruck.
Vorstellungen als „Wirk-Einheiten"

Es wurde schon erwähnt, daß in der Psychoanalyse Traumbilder und spontane Phantasien als aus dem Unbewußten stammende Ausdrucksbilder ernstgenommen und ermutigt werden. Unsere Wirklichkeit ist jedoch auch geprägt durch Vorstellungsbilder, die von außen an uns herangetragen werden und sich uns einprägen, wie z. B. die Bilder der Reklame und der politischen Propaganda, aber auch Bilder aus dem spirituellen Bereich. Denn auch solche Vorstellungen wirken als Botschaften an das Unbewußte, und es ist möglich, Menschen auf diese Weise stark zu beeinflussen[13], ja umzuformen. Die jüngere und ältere Geschichte ist voll solcher Beispiele des manipulativen Gebrauchs von Vorstellungen. Es ist aber auch möglich, der Fremd-Bestimmung eine Selbst-Bestimmung entgegenzusetzen. Denn man kann lernen, eigene oder übernommene Vorstellungen bewußt als „Wirk-Einheiten" zu benutzen, um über sie in einen Dialog mit dem eigenen Unbewußten einzutreten oder auch, um ihm eine Ausrichtung zu geben. Jeder, der sich ein Ziel setzt und es auch erreicht, versteht etwas von dieser Lebenskunst, bei der es unter anderem darauf ankommt, zu finden, was wirklich stimmt und gemäß ist.

5. Der Bereich der Möglichkeit „imaginativen Lernens"

Ehe ich im nächsten Abschnitt das Vorstellungsdenken näher charakterisiere, schicke ich eine gedankliche Skizze voraus, in der die Grenze der Möglichkeit des bewußten Umgangs mit Vorstellungen gezogen und der Bereich imaginativen Lernens abgesteckt wird.

Dazu ist es hilfreich, sich die Wirklichkeit als ein Gebäude vorzustellen, dessen Fundament die neuronale Ebene darstellt. Die Tatsache, daß wir alle ein menschliches Nerven- und Sinnessystem besitzen, begrenzt einerseits unser Welterleben. Andererseits verbindet es uns: Wir leben – in diesem elementaren Bereich – in einer von uns gemeinsam „hergestellten" Welt.

Darüber kommen, als Bausteine des „Erdgeschosses", die allen Menschen gemeinsamen archetypischen Grundvorstellungen, wie etwa Raum und Zeit, Himmel und Erde, Vater und Mutter.

Die Bausteine, die den ersten Stock des Hauses bilden, bestehen aus Grundvorstellungen, die Menschen bestimmter Kulturkreise gemeinsam haben. Sie können zwar durch Überwechseln in einen anderen Kulturkreis verändert werden. Meist erweist sich jedoch ein erheblicher Teil der Prägungen als unveränderlich. Als Beispiel das heutzutage immer wieder auftretende Phänomen, daß sich Menschen unseres Kulturkreises von der Reinkarnationslehre angesprochen fühlen und sie als hilfreiche Vorstellung erfahren. Umgekehrt sind aus dem buddhistisch-hinduistischen Kulturkreis stammende Menschen von der abendländischen Musik fasziniert und scheinen diese auditive Vorstellungswelt als große Bereicherung zu erleben. Trotz allem bleibt der Einzelne tief geprägt von der Kultur, in die er hineingeboren wurde.

Den zweiten Stock bilden Bausteine, die von allen Mitgliedern eines bestimmten Volkes verwendet werden. Hier erweitern sich die Spielräume der Modifikation. Man kann aus einer anderen Kultur oder Volk stammende „Bausteine" in sein Weltbild einbauen, und dies kann ein sehr kreativer Prozeß sein. Es gibt jedoch Grenzen, jenseits derer das Gebäude Schaden nimmt.

Noch einen Stock höher findet man die Vorstellungseinheiten, die aus dem Beziehungszusammenhang der Ursprungsfamilie stammen (Weltsicht, Werte), die ebenfalls bei den meisten Menschen unbewußt wirken.

Den obersten, vierten Stock bilden Bausteine, die der eigenen Biographie entstammen und die individuellen Besonderheiten unserer Vorstellungswelt sind. So können zwei Mitglieder derselben Familie in sehr verschiedenen Welten leben. Sie bleiben jedoch immer durch eine gemeinsame Basis der „unteren Stockwerke" verbunden.

Bleibt man in diesem Bild, so beginnt die Möglichkeit einer Veränderung von Wirklichkeit – gleichgültig ob sie sich bewußt oder unbewußt abspielt – auf der Ebene des ersten Stockwerks und wird nach oben größer. Das heißt im Übergang zwischen kulturell, national und familiär bedingter Zugehörigkeit beginnt sich der Spielraum der Möglichkeit eines aktiven Umgangs mit den „Bausteinen unserer Wirklichkeit" zu erweitern. Aufgrund der oben erwähnten gemeinsamen Basis bleibt er jedoch immer begrenzt.

6. Verschiedene Aspekte des Vorstellungsdenkens

Der nun folgende Versuch, das Vorstellungsdenken zu charakterisieren, soll zum Nachdenken anregen und Erfahrungsanstöße vermitteln. Er erhebt keinen Anspruch auf Vollständigkeit.

(1) Das Kriterium eines gekonnten Vorstellungsdenken ist Wirksamkeit, nicht Richtigkeit im Sinne eines nach den Regeln korrekt gezogenen Schlusses. Allein das Ergebnis zeigt, ob „richtig" gedacht wurde, d. h. ob eine bestimmte Vorstellung zu dieser Zeit, an diesem Ort, für diese Person wirksam war. Keine Vorstellung ist unter allen Umständen für alle und immer gleich „richtig", wie das für einen logischen Schluß der Fall ist.

(2) Vorstellungsdenken ist kontextgebunden, sowohl was die äußeren Umstände, als auch was die Personen oder die Gruppe von Personen angeht, zu der man gehört. Niemand kann sich in völliger Ungebundenheit eine ihm angenehme Umwelt konstruieren, jeder befindet sich in einer „Wechselwirkungsabhängigkeit" mit seiner Umwelt, und ist damit zeit- und situationsabhängig. So gestalten wir in paradoxer Weise einerseits die Welt, in der wir leben, selbst; gleichzeitig müssen wir aber auch immer wieder erfahren, wie wir – eng verbunden mit unserem Beziehungszusammenhang – der Umwelt oder einem Schicksal ausgeliefert sind.

(3) Im Vorstellungsdenken geht es nicht um entscheidbare Alternativen, sondern um Multidimensionalität und Multikausalität. Das wissenschaftliche Denken strebt danach, eindeutige Aussagen zu machen und eindeutige Begriffe zu gebrauchen. Dagegen ist das Vorstellungsdenken ein Denken in Zusammenhängen und Bezügen: Bei einem Bild gibt es immer mehrere Perspektiven, aus denen es betrachtet werden kann.

(4) Vorstellungsdenken ist sprunghaft. Es geht nicht Schritt für Schritt vor, wie das logische Denken. Die Vision, wie etwas sein oder werden könnte, stellt sich meist plötzlich ein. Logik und Analogik können sich fruchtbringend ergänzen: Die Analogik zeigt die Richtung, und die Logik findet den Weg, baut aus und überprüft.

(5) Das Vorstellungsdenken kann mit Paradoxien umgehen. Es muß sie nicht ausschließen wie das lineare Denken, sondern es bezieht aus ihnen den Anstoß, neue Wege zu finden. Dies ergibt sich aus seiner paradoxen Struktur.

(6) Vorstellungsdenken ist sinnengestützt statt von den Sinnen abstrahierend; geerdet, nicht schwebend. Es benutzt die Sinne und bildet einen „inneren Sinn" aus, im visuellen, akustischen und kinästhetischen Bereich. Dies bedeutet, daß es sowohl visuelle als auch akustische und kinästhetische Vorstellungen gibt. Wenn mehrere Sinnesbereiche an einer Vorstellung beteiligt sind, ergibt sich eine sogenannte Synästhesie, die besonders stark auf unser Befinden einwirkt, wie das von der Multi-Media-Kunst bekannt ist. Auch der „innere Sinn" kann mit Synästhesien arbeiten und dadurch besonders wirksam werden.[14] Aber auch das logische Denken wird sicherer, wenn es von Körperempfindung[15] oder Vorstellungsbildern begleitet ist.

(7) Vorstellungsdenken ist körperorientiert. Es benutzt den Körper als Quelle der Intuition, und es hat mit Entspannung zu tun. Angespannte Konzentration – die häufig logisches Denken begleitet – behindert lebhafte Vorstellungen. Man muß sie „kommen lassen". Das bedeutet, daß die Fähigkeit zur Tiefenentspannung gleichzeitig geübt werden muß.[16]

Sinnengestütztes Denken wird häufig spontan durch Bewegungen ergänzt. Zum Beispiel führen Kinder, die sich einen bestimmten Sachverhalt klarmachen wollen, unwillkürlich diesen Sachverhalt durch symbolisierende Bewegungen aus. Sie „fühlen sich ein". So sind Vorstellungen – wie schon bemerkt – nicht nur im visuellen, sondern auch im kinästhetischen und akustischen Bereich zuhause.[17]

(8) Analoges Denken[18] ist „dialogisches Denken": Es besteht aus bewußter Aktivität und Geschehenlassen. Man kann diesen Vorgang als Feedback-Prozeß sehen, als Kommunikation zwischen Bewußtem und Unbewußtem oder als Gespräch zwischen verschieden möglichen Teilen des Organismus Mensch, wie etwa Geist und Körper.

(9) Analoges Denken ist Erfahrungsdenken, d. h. es entwickelt sich durch die Praxis. Jeder, der auf diesem Gebiet bewußter vorgehen möchte, muß sich einen ihm gemäßen Umgang durch Erfahrung erarbeiten: Jeder hat seinen eigenen Weg, positive Wirkungen zu stärken und negative zu verringern; und jeder hat einen anderen Weg, bestimmte Sachverhalte zu „visualisieren".

(10) Vorstellungsdenken ist „Innenhandlung", d. h. innere Aktivität in einem doppelten Sinn: Durch eine gelungene Visualisierung können beispielsweise Sachverhalte häufig differenzierter dargestellt werden und schwer Begreifbares deutlicher gemacht werden.

Von einer „Innenhandlung" kann man jedoch auch sprechen, wenn man sich ein stimmiges Ziel- oder Ressourcen-Bild erarbeitet und durch Wiederholung ständig neu wachruft, so daß zum Erreichen dieses Zieles notwendige Energien und Fähigkeiten sich entwickeln oder bestimmte Zustände vermehrt eintreten, wie das in manchen therapeutischen Verfahren heute empfohlen wird.[19] Dies wird vor allem auf der Körperebene deutlich, wo die Wirksamkeit einer Vorstellung physiologisch deutlich wahrnehmbar ist.[20]

(11) Vorstellungsdenken ist Symboldenken.[21] Die Verwendung von Symbolen im religiösen Bereich – ebenso wie im politischen und im Bereich des Marketing – zeugt von einem Wissen um die Tatsache, daß die Motivation des Menschen nur zum kleineren Teil durch logische Argumente, im wesentlichen jedoch durch visuelle, akustische oder kinästhetische Vorstellungen oder Symbole geschieht; und wenn Vorstellungen zu diesem Zweck eingesetzt werden, so muß man die Frage nach der Integrität oder den manipulativen Anteilen dieses Vorgehens aufwerfen. Im

Schulunterricht könnten junge Erwachsene durch eigene Erfahrung mit diesen Aspekten vertraut gemacht werden.

(12) Vorstellungsdenken ist das „Mittel der Wahl" im psychischen Bereich. Daher wurde es in der Psychotherapie sozusagen wiederentdeckt.[22] Die Psychotherapie gleicht einer „ökologischen Nische", in der sich das durch die cartesianische Aufklärung und den Behaviorismus bei uns in Verruf geratene Vorstellungsdenken wieder ausbilden und weiterentwickeln konnte und kann.

(13) Vorstellungsdenken hat – im Gegensatz zum logischen Denken – einen engen Bezug zur Emotion, und in dieser engen Kopplung zwischen Emotion und Kognition[23] liegt die Stärke – aber auch die Gefahr – dieses Denkens, denn es bezieht den ganzen Menschen ein. Damit wird es – wie schon gesagt – notwendig, bei seiner Schulung und Anwendung immer nach der Integrität zu fragen.[24] Werte sind „Wert-Vorstellungen"! Sie sind zum geringeren Teil rational, sondern vielmehr durch Vorstellungen in uns verankert.[25]

7. Die paradoxe Struktur des Vorstellungsdenkens

Eine echte Paradoxie ist gegeben, wenn zwei Behauptungen, die sich widersprechen, beide gleichermaßen wahr sind.

Dies trifft für das Vorstellungsvermögen zu, denn die Vorstellungskraft ist einerseits ein spontan tätiges, von einem Unbewußten gesteuertes, Vermögen. Wer großes Gewicht darauf legt, festzustellen, daß diese Instanz keine Einflußnahme duldet, wie dies z. B. die Psychoanalytiker tun, und betont, daß es sogar gefährlich sein kann, sie manipulieren zu wollen[26], der hat damit recht.

In der analytischen Methode wird jedoch durch die Deutung von Trauminhalten und spontanen Einfällen ein nicht zu unterschätzender Einfluß ausgeübt; sie enthält stark manipulative Elemente. Andererseits gibt es aber auch die Möglichkeit des Klar-Träumens: Man kann lernen, durch einen vor dem Einschlafen gefaßten Entschluß den Verlauf des Traumes zu beeinflussen oder sich träumend bewußt zu werden, daß man träumt. Eine Beeinflussung des Traumgeschehens ist also möglich, findet aber auch statt, wenn dies gar nicht beabsichtigt ist. Trotz allem ist es sinnvoll, die Warnung der Analytikern nicht zu überhören.

Demgegenüber ist jedoch die Fähigkeit, das Vorstellungsvermögen zu benutzen, um sich Gegenstände, Inhalte und Abläufe innerlich zu vergegenwärtigen, tatsächlich bewußt schulbar. Das zeigt unter anderem der Erfolg des heute immer üblicher werdenden Mentaltrainings im Sport [27] und des im therapeutischen Bereich immer häufiger angewandten Visualisierens. Darüber hinaus ist – wie schon erwähnt – diese Fähigkeit auch für innovatives Denken wichtig, und es ist bei kreativ denkenden und tätigen Menschen in hohem Maße vorhanden, entweder als Anlage oder als Ergebnis einer gezielten Schulung.

Das Vorstellungsvermögen steht im Spannungsfeld zwischen den beiden Polen Autonomie und Manipulation: Es ist sowohl selbsttätig als auch beeinflußbar. Diese Paradoxie ist vom gleichen Typ wie der sogenannte „paradoxe Befehl"[28]: „Sei spontan!" oder „Werde selbständig!" – eine Aufforderung, die in therapeutischen, aber auch in pädagogischen Beziehungen eine wesentliche Rolle spielt und der sowohl KlientInnen als auch SchülerInnen immer wieder ausgesetzt sind; und schon manchen Lehrer und manchen Therapeuten hat die Notwendigkeit, diese Aufforderung zu stellen, mit dem double-bind: „Wie man's macht, ist es falsch" konfrontiert.[29] Diese „doppelt gebundene" Situation ist jedoch auch die Grundlage, auf der Neues entstehen und Eigenständigkeit wachsen kann.[30]

Therapeutische Erfahrungen weisen darauf hin, daß bei Menschen, die aus dem Unbewußten spontan aufsteigende Bilder ständig übergehen und sich bemühen, aus rein rationalen Beweggründen zu handeln, die Vorstellungs- oder Phantasiewelt destruktiv wird. Je mehr diese Welt jedoch einbezogen wird und je häufiger es gelingt, einen Dialog zwischen logischem und analogischem Vermögen herzustellen, desto mehr fühlt sich der

Mensch einheitlich und ganz und desto fähiger wird er, komplexe Aufgaben zu lösen.

8. Die Bild- und Ton-Wirklichkeit der Medien

Wie oben ausgeführt, weist das Ausmaß der modernen Technisierung und die dadurch bedingten Veränderungen unserer Umwelt darauf hin, wie richtig die KANTsche These vom „konstruierenden Subjekt" ist: Der moderne Mensch ist dabei, seine Umwelt auf einer ganz realen Ebene zu „konstruieren".

Hinzu kommt, daß sich in den vergangenen Jahrzehnten eine Medien-Technologie entwickelt hat, die – zusätzlich zu den konkreten Veränderungen der Außenwelt – „imaginäre Wirklichkeiten" herstellt und dadurch in die innere Bild-Welt jedes Einzelnen massiv hineinwirkt. Denn sie bietet die Möglichkeit, die visuelle und die akustische Wahrnehmungswelt multi-medial zu manipulieren.[31] Um ein Gegengewicht gegen die totale Manipulation der Vorstellungswelt durch die Medien zu schaffen, ist es dringend notwendig, Erfahrungen zu sammeln und sich Gedanken zu machen, wie man bewußter mit den Möglichkeiten der Medientechnologie umgehen kann, in denen ein riesiges Potential an Kreativität, aber auch an Selbstzerstörung liegt.

Manipulation durch kommunizierte Vorstellungen ist niemals ausgeschlossen. Sie hat zu allen Zeiten – im positiven wie im negativen Sinn – im menschlichen Zusammenleben eine wichtige Rolle gespielt. Und – wie gesagt – wird nicht nur in den unterhaltenden Medien, sondern auch in Politik und Marketing das Wissen um die manipulative Macht von Bildvorstellungen, Schlagwörtern oder Parolen in hohem Maße genutzt.

Ganz anders steht es mit einem emanzipativen Gebrauch: Im Bereich der Lebensgestaltung und Gesundheit fehlt den meisten von uns sowohl Praxis wie Theorie. Was davon in früheren Jahrhunderten vorhanden war, ist einem „aufgeklärten" oder „kritischen" Denken zum Opfer gefallen. – In der letzten Zeit scheint sich allerdings bei einigen das Bewußtsein der Einseitigkeit dieser Entwicklung zu verstärken.

9. Zusammenfassung:
Notwendigkeit und Verantwortung des Vorstellungsdenkens

Die Erkenntnis KANTs, daß es „Objektivität" im klassisch naturwissenschaftlichen Sinne nicht gibt, wird von der modernen Physik und Neurophysiologie bestätigt. Dadurch hat die Vorstellungs- oder Einbildungskraft neue Bedeutung erlangt. Dieses Vermögen, das in den vergangenen Jahrtausenden im Vordergrund stand, in welchen mythologische Weltbilder die Menschheit bestimmten, wurde in den Hintergrund gedrängt, seitdem die westliche Naturwissenschaft das logische Vermögen in den Vordergrund rückte. In der Hoffnung, dadurch sowohl der Wahrheit näherzukommen als auch die Probleme des Alltags besser zu bewältigen und Leiden und Unsicherheit zu vermindern, hat sie die Ratio der Imaginatio vorgezogen.

Neuerdings mehren sich jedoch die Hinweise – die teilweise von Naturwissenschaftlern selbst kommen –, daß die Interpretation gemessener oder errechneter Daten nicht selten auf dem Hintergrund mythologisch geprägter Vorstellungen geschieht (z. B. Urknall, schwarze Löcher, Entropie). Psychologie und die Philosophie weisen darauf hin, daß unsere Wirklichkeit sich innerhalb eines Leib-Seele-Geist-Apriorios[32] gestaltet. So wird es notwendig, sich über den Stellenwert und die Funktion der Vorstellungskraft neue Gedanken zu machen, Erfahrungen zu sammeln und eine Praxis des Vorstellungsdenkens zu erarbeiten. Denn die Einsicht, daß Beobachter und Beobachtetes nicht zu trennen sind, bedeutet, daß die Wechselwirkung zwischen Wahrnehmung und Vorstellung den Kern dessen bildet, was wir Wirklichkeit nennen.

Auf der psychosozialen Ebene bedeutet dies, daß wir uns stets auch in Wechselwirkung mit anderen Wirklichkeiten psychischer oder physischer Natur befinden. Das heißt, daß wir zwar durch den bewußten Umgang mit unserer Vorstellungswelt manches positiv beeinflussen können, daß Glaube tatsächlich – in manchen Fällen – Berge versetzt. Es heißt aber andererseits auch, daß wir nicht frei sind, uns eine für uns selbst angenehme Wirklichkeit zu erdenken. Im Gegenteil: Aus der Erkenntnis, daß unsere Wirklichkeit eine Wechselwirkungs-Wirklichkeit ist, ergibt sich, daß wir mit unseren Vorstellungen nicht nur unser eigenes Leben bestimmen, sondern daß wir auch auf das der anderen einwirken und daß andere auf uns einwirken. Ein Blick auf die Probleme unserer menschlichen wie auf die Schäden in unserer natürlichen Umwelt zeigt uns, daß wir – in paradoxer Weise – einerseits volle Verantwortung tragen. Andererseits kann jeder an sich und anderen feststellen, daß wir alle in einen über den Einzelnen hinausgehenden, größeren Zusammenhang einbezogen sind. Das Vorstellungsdenken ist diejenige unserer geistigen Fähigkeiten, die mit paradoxen Situationen umzugehen versteht. Deshalb ist es notwendig, seine Rolle zu erkennen, es auszubilden und die Wirkung zu erfahren. Dies könnte ein wichtiges Feld der Schulpädagogik und der Hochschul-Didaktik sein.

Literatur
ARENDT, H.: Das Urteilen. Texte zu Kants politischer Philosophie, hrsgg. v. Roland Beiner. München 1985.
APEL, O.: Das Leibapriori der Erkenntnis. In: PETZOLD, H. (Hrsg.): Leiblichkeit. Paderborn 1986.
BATESON, G.: Ökologie des Geistes. Frankfurt/M. 1985.
BITTNER, G.: Die imaginären Szenarien. In: SCHÖPF, A. (Hrsg.): Phantasie als anthropologisches Problem. Würzburg 1981, S. 95 ff.
ERICKSON, M. H.: Gesammelte Schriften. Heidelberg 1994.
ERICKSON, M. H./ROSSI, E. L./ROSSI, Sh. L.: Hypnose. München 1982.
FREUD, S.: Traumdeutung. Gesammelte Werke Bd. II. Frankfurt/M. 1964.
GREEN, A./GREEN, E.: Biofeedback. Freiburg 1977.
HEINONEN, R.: Imagination and value-education. Unveröff. MS eines Vortrags der ATEE-18th annual conference Lisboa im September 1993.
KANT, I.: Kritik der reinen Vernunft. Werksausgabe Bd.3, hrsgg. v. W. Weischedel, Frankfurt/M. 1974. B. 151.
KÜKELHAUS, H.: Organismus und Technik. Frankfurt/M. 1993.
MADELUNG, E.: Trotz – zwischen Kreativität und Selbstzerstörung. Menschliches Verhalten im Widerspruch. München 1986.

MADELUNG, E.: Botschaften an das Unbewußte. In: Werkstatt der Seele. Psychologie Heute. Weinheim 1988, S. 127 ff.
SACKS, O.: Der Tag an dem mein Bein fortging. Reinbek 1989.
SCHMIDT, J. S. (Hrsg.): Der Diskurs des radikalen Konstruktivismus. Frankfurt/M. ³1990.
SIMONTON, O. C. u. a.: Wieder gesund werden. Reinbek 1982.
STENGEL, K.: Das Problem der Einbildungskraft in der „Kritik der reinen Vernunft". Unveröff. Magisterarbeit der Philosophischen Fakultät an der Ludwig-Maximilians-Universität München. 1993.
ROTH, G.: Das reale Gehirn und seine Wirklichkeit. In: SCHMIDT, J. S. (Hrsg.) 1991, S. 229 ff.

Anmerkungen

[1] KANT dagegen wählt den Begriff „Einbildungskraft" für „das Vermögen, einen Gegenstand ohne dessen Gegenwart in der Anschauung vorzustellen" (KANT, I. WA Bd. 3, B 151), also genau für das geistige Vermögen, das ich hier als „Vorstellungsdenken" bezeichne. Er vertritt die Ansicht, daß es das zentrale geistige Vermögen ist, das Wahrnehmung und Denken verbindet.

[2] S. den Beitrag von R. CAPURRO in diesem Band.

[3] „Was die Dinge an sich sind weiß ich nicht, und brauche ich auch nicht zu wissen, weil mir auch niemals ein Ding anders als in der Erscheinung vorkommen kann" (KANT, I. WA Bd. 3. B 333, 334).

[4] S. z. B. ROTH 1981; SACKS 1989, S. 141–143.

[5] S. z. B. SCHMIDT 1981.

[6] „Die Rolle, die die Einbildungskraft bei unseren erkennenden Fähigkeiten spielt, ist vielleicht die größte Entdeckung, die Kant in der Kritik der reinen Vernunft gemacht hat" (ARENDT 1985, S. 106, zit. nach STENGEL 1993, S. 0).

[7] KÜKELHAUS 1993, S. 42.

[8] MADELUNG 1988.

[9] Zur näheren Information s. ERICKSON 1994; ERICKSON/ROSSI/ROSSI 1982.

[10] Übersetzung des Sanskrit-Begriffs „Antakarana", der sich weitgehend mit dem deckt, was mit „Vorstellungsdenken" gemeint ist.

[11] Z. B. GREEN/GREEN 1977, bes. das Kapitel „Selbstregulierung in Ost und West", S. 219 ff.

[12] S. dazu MADELUNG 1988.

[13] Z. B. durch Reklamebilder, die so kurz in einen Film eingestreut werden, daß man sie nicht bewußt wahrnehmen kann – eine Reklame-Methode, die sehr wirksam ist, aber verboten wurde.

[14] Aus diesem Grund wird z. B. im Neurolinguistischen Programmieren (NLP) Wert darauf gelegt, daß in einem therapeutischen Veränderungsprozeß immer alle „Sinneskanäle" angesprochen sind. Auch in der Didaktik wird dies zunehmend berücksichtigt (s. u.).

[14] Z. B. erwähnt EINSTEIN in einem Brief an MAX BORN, daß ihm zur Verteidigung einer bestimmten Überzeugung jedes logische Element fehle und daß er sich nur auf eine „zutiefst in seiner Haut verankerte Ansicht" berufen könne (zit. nach KÜKELHAUS 1993, S. 30).

[16] Z. B. durch Stille-Übungen, autogenes Training oder auch Feldenkrais-Übungen.

[17] Die Suggestopädie z. B. unterstützt das Sprachenlernen nicht nur visuell durch das Zeigen bestimmter Gegenstände, sondern auch durch rhythmische Bewegung und Musik.

[18] Im folgenden wird der Begriff „analoges" oder „analogisches" Denken – im Gegensatz zum logischen oder „digitalen" (WATZLAWICK) Denken – als Synonym für Vorstellungsdenken gebraucht.

[19] Z. B. das Visualisieren zur Stärkung des Immunsystems, wie es Carl SIMONTON (1982) empfiehlt.

[20] Als Beispiel auch die durch autogenes Training hervorgerufene Körperreaktion, wie warme Füße, Schwere der Gliedmaßen.

[21] Hier sind mythologisch-archetypische Symbole gemeint, nicht die Abstraktions-Symbolik der Logik und Mathematik.

[22] FREUD 1964.

[23] Die „Kognitions-Emotions-Kopplung" ist zu einem stehenden Begriff in der heutigen neurophysiologischen Forschung geworden.

[24] S. die Ziffer (11) „Symboldenken".

[25] „One of the most important tasks of value-education ... is, to guide the children to understand the multi-dimensionality of the religious-poetic language ... (and to develop) an imaginativ faculty within the student-teachers" (HEINONEN 1993, S. 1).

[26] Dazu z. B. BITTNER 1981.

[27] Ein bekannter Trainer schätzt den mentalen Anteil an Hochleistung im Sport auf 90 %.

[28] Vgl. BATESON 1985, S. 353 ff.

[29] Über paradoxe Kommunikation in schizogenen Familien und über double-bind vgl. BATESON 1985, S. 353 ff. und MADELUNG 1986, S. 45 ff.

[30] BATESON über die Geschichte vom Delphin, der – mit einem double-bind konfrontiert – völlig neue Verhaltensweisen erfand (1986, S. 359 ff.).

[31] Die Frage „Wie mit Medien leben?", die R. CAPURRO so eindringlich auf der 2. Murrhardter Tagung gestellt hat, ist eine äußerst ernsthafte Frage, der sich die Schulpädagogik immer wieder wird stellen müssen.

[32] APEL: „Leibapriori der Erkenntnis", in: APEL 1986, S. 47 ff.

LUTZ FIESSER

Science-Zentren

*Interaktive Erfahrungsfelder
mit naturwissenschaftlich-technischer Grundlage*

Dieser Bericht stellt die geschichtliche Entwicklung außerschulischer Erfahrungsfelder dar. Er ist durch die Arbeit an der PHÄNOMENTA geprägt, dem ersten Science-Zentrum (Erlebnismuseum) dieser Art in Deutschland. Die PHÄNOMENTA entstand 1985 an der damaligen Pädagogischen Hochschule Flensburg und befindet sich heute, 10 Jahre später, in einem eigenen Gebäudekomplex im Herzen der Stadt Flensburg, wird von etwa 100.000 Menschen jährlich besucht und gibt an ca. 200 Stationen die Möglichkeit, handelnd und experimentierend – interaktiv also – Phänomene der Natur und der Technik zu erschließen.

Anlaß für die Entwicklung interaktiver Lernfelder war das Scheitern des naturwissenschaftlichen, besonders des physikalischen, Unterrichts der Schulen. Die meisten Schüler haben als Erwachsene ebenso verschwommene Vorstellungen von den Erscheinungen der Natur, ihrer Erklärung und Anwendung in der Technik wie Menschen, die nie Chemie- und Physikunterricht hatten. Im Verlauf der Arbeit wurde auch bald deutlich, daß das Defizit unmittelbarer Wahrnehmung und der Verlust eigener Wirklichkeit keinesfalls auf die Naturwissenschaften beschränkt ist. Vielmehr deutete sich in der Entwicklung von PHÄNOMENTA an, daß mit diesem Verlust ein wichtiges Potential rationalen Denkens verloren geht.

In der heutigen Gesellschaft verkümmern die menschlichen Sinnesorgane. Damit geht auch das Vertrauen in die eigene Wahrnehmung verloren. Die Folge ist ein zunehmender Verfall der tragfähigen und für das Denken notwendigen Erfahrungen. Es verschwindet das Potential, aus dem kreatives und rationales Denken entwickelt werden könnte.

Wahrnehmung als Quelle der Erkenntnis – keine ganz neue Idee

FRANCIS BACON (1561–1626), Wegbereiter der Moderne, vertrat engagiert die Auffassung, daß allein die induktive Methode dem einzelnen Menschen ein tragfähiges Weltbild vermitteln kann. In seinen Aphorismen stellt er in sehr prägnanter Form die Vorteile, ja die Unumgänglichkeit, heraus, die die unmittelbare Wahrnehmung bei der Erkenntnisgewinnung hat. Danach kann nur eine Methode zu verläßlicher Erkenntnis führen, die schrittweise aufbauend sich auf die sinnliche Wahrnehmung stützt. Hier sei stellvertretend einer seiner Sätze zitiert:

„– Zwei Wege zur Erforschung und Entdeckung der Wahrheit sind möglich. Auf dem einen fliegt man von den Sinnen und dem Einzelnen gleich zu den allgemeinsten Sätzen hinauf und bildet und ermittelt aus diesen obersten Sätzen, als der unerschütterlichen Wahrheit, die mittleren Sätze. Dieser Weg ist jetzt im Gebrauch. Der zweite zieht aus dem Sinnlichen und Einzelnen Sätze, steigt stetig und allmählich in die Höhe und gelangt erst zuletzt zu dem Allgemeinsten. Dies ist der wahre, aber unbetretene Weg" (Zit. nach SAMBURSKY 1975, S. 266 f.).

Im Zusammenhang mit seinen Bemühungen, diese Überlegungen zu einer induktiven Methode für eine breitere Öffentlichkeit fruchtbar werden zu lassen, ist sein Roman „New Atlantis" interessant. Er beschreibt hier das „Haus des Salomon", ein frühes Beispiel für ein Erfahrungsfeld:

In diesem Haus findet man Räume des Sehens, wo alle Arten von Demonstrationen des Lichts und der Strahlung stattfinden; Farben sind zu sehen, Aufspaltungen und Bündelungen, die Abbildung von Figuren in unterschiedlicher Größe, Bewegung und Farbe. Es finden sich Räume des Klangs. Dort werden alle Arten von Tönen erzeugt, Resonanzen und ungewöhnliche Tierlaute sind vernehmbar. Es gibt dort Hilfsmittel, die ungeahnte Klangerlebnisse möglich machen. Das Haus umfaßt auch Räume der mechanischen Maschinen. Neben verschiedenem Feuerwerk wird dort der Vogelflug demonstriert. Es sind Schiffe vorhanden, die unter Wasser fahren können, ebenso Fahrzeuge, die sich in die Luft erheben können. Es gibt dort die kuriosesten Uhren; auch andere zyklische Bewegungen werden gezeigt. Ferner ist ein Raum der Mathematik vorhanden, in dem die besten Instrumente für Geometrie und Astronomie gesammelt sind. Besonders interessant sind die Räume der Sinnestäuschung. Alle Arten von Irreführung können dort erlebt werden. Die Beschreibung BACONS liest sich wie der Führer eines modernen Science-Zentrums, z. B. der des Exploratoriums in San Francisco (vgl. BACON 1981).

Wohl kein Pädagoge hat so sehr die Entwicklung des allgemeinbildenden Schulwesens beeinflußt wie COMENIUS (1592–1670). Er hat der „natürlichen" Bildung außerordentliche Bedeutung zugemessen. „Nicht der Schatten der Dinge, sondern die Dinge selbst, welche aus die Sinne und die Einbildungskraft Eindruck machen, sind der Jugend nahezubringen. Mit realer Anschauung, nicht mit verbaler Beschreibung der Dinge muß der Unterricht beginnen. Aus solcher Anschauung entwickelt sich ein sicheres Wissen" (Zit. nach SCHÖLER 1970, S. 23).

Solche Gedanken stehen im Einklang mit der Entwicklung eines geistig unabhängigen Bürgertums. Sie wurden im Zusammenhang mit der Aufklärung entscheidend wichtig und beeinflußten Erziehungs- und Bildungseinrichtungen. 1668 beschreibt BECHER eine „Mechanische Realschule", der er ein „Theatrum naturae et artis" angliedern will. Dort sollen alle Geräte und Modelle vorhanden sein, die der Veranschaulichung dienen können. Neben ausgestopften Tieren und Mineralien soll es dort vor allem Werkzeuge und Instrumente der Mechanik geben (vgl. SCHÖLER 1970, S. 27). Auch REYHERS konkretisiert die Gedanken von COMENIUS. Er schlägt vor, „zur Demonstration und Treibung der natürlichen und anderen Wissenschaften ein *Inventario*" (SCHÖLER 1970, S. 30) einzurichten: „Was auf dem Augenschein bestehet, soll sobald bey vorhandener materia wo man es gegenwärtig haben kan, den Kindern gezeigt werden."

So ist also schon im 17. Jahrhundert in eindrucksvoller Weise einem erfahrungsfördernden, auf konkreter Anschauung beruhenden Unterricht das Wort geredet worden (vgl. dazu auch FIESSER 1986). Einen Höhepunkt fand diese Entwicklung mit PESTALOZZI, für den die Anschauung das jeder menschlichen Erfahrung zugrunde liegende, das absolute Fundament allen Erkennens ist.

Die Forderung nach unmittelbarer Anschauung ist also immer wieder für den Schulunterricht erhoben worden, immer wieder von einzelnen Pädagogen in bemerkenswerter Form eingeklagt und realisiert worden – und immer wieder ist sie durch die realen Verhältnisse in den Schulen zunichte gemacht worden. Den Wettlauf mit dem Wort als Repräsentant von Wissen, dem leeren Begriff, der in einer Klassenarbeit zum Notenerfolg führt und dem unverstandenen Anwenden von Mustern und Formeln kann das Plädoyer für ein anschauungs- und erfahrungsgestütztes Lernen, für ein geistiges Durchdringen in der Schule kaum gewinnen. Die Welt der Bildschirme, die zweidimensionale Reduktion der Wirklichkeit, die immer intensiveren Reize einer nicht mehr durchschaubaren Welt blockieren die menschliche Entwicklung. (vgl. besonders v. HENTIG 1984, Das allmähliche Verschwinden der Wirklichkeit, und R. zur LIPPE 1982, Am eigenen Leibe. Zur Ökonomie des Lebens). Im folgenden sollen dazu die Analysen und Perspektiven von KÜKELHAUS kurz dargestellt werden.

Die Schule der Sinne, HUGO KÜKELHAUS

KÜKELHAUS (1900–1984) hat in einem umfangreichen Lebenswerk die Folgen beschrieben, die mit der Verkümmerung sinnlicher Erfahrung verbunden sind (vgl. auch AK für organgesetzliche Lebensgestaltung 1987). Er führt die heute erkennbaren individuellen und gesellschaftlichen Probleme zu großen Teilen auf eine im wahrsten Sinn des Wortes unmenschliche Schule, unmenschliche Wohnung, unmenschliche Stadt und unmenschliche Welt zurück.

In seinem genetischen Ansatz (1979) geht KÜKELHAUS von der Notwendigkeit einer nachgeburtlichen Entwicklung der Sinne aus. Nach seiner Auffassung, die in weiten Teilen mit den heutigen Erkenntnissen der Entwicklungspsychologie in Übereinstimmung steht, braucht der heranwachsende Mensch Erfahrungsmöglichkeiten für alle Sinne, um zu einem reifen Individuum werden zu können. KÜKELHAUS spricht von der Gesellschaft als Mutterschoß dieser Sinnenentwicklung. Wenn die unmittelbare Umwelt reizarm wird, wenn das Kind nicht zu Tast-, Riech-, Seh-, Schmeck- und Hörerlebnissen angeleitet wird, verkümmert es. Im übertragenen Sinne handelt es sich dann um eine nachgeburtliche Abtreibung, die den Menschen lebensunfähig macht.

Das Kind kann sich seine Welt nur durch unmittelbare, sinnliche Auseinandersetzung aneignen. Die wichtigste Form dafür ist das Spiel und ein ihm entsprechendes beiläufig-funktionales Lernen, im Unterschied zu einem rationalen oder kognitiven Lernen. Einem solchen Lernen steht die heutige Welt allerdings entgegen, denn diese ist durch Gleichförmigkeit geprägt. Gleichmäßige Helligkeit, ausgeglichenes Klima in den Wohnräumen, dauernde Beschallung, gleichförmige Architektur und die kontrastlose Angleichung an ein einförmiges Leben lassen die Fähigkeit zur Differenzierung, zur Entfaltung und zur Kreativität verkümmern. Auch die Schule paralysiert, worauf es im Leben eigentlich ankommt: Kontakt zu haben mit der gegenständlichen Welt. Für KÜKELHAUS ist insbesondere der moderne Städtebau eine Form des Krieges gegen den Menschen. Er macht die daraus resultierenden Sehnsüchte für die Zerstörung der Menschlichkeit verantwortlich. Wenn der Bezug zum Wesentlichen verloren geht, entstehen aus gesellschaftlichen Erwartungen heraus Wünsche. Und wenn diese Wünsche nicht mehr mit biologischen Bedürfnissen verknüpft sind, werden sie zu „Wunschkarzinomen": Sie verselbständigen sich, wuchern und zerstören.

Gegen diese Zerstörung setzt KÜKELHAUS die Idee von Erfahrungsfeldern, die der Entfaltung der Sinne dienen sollen. Exemplarisch realisiert hat er diese Idee erstmals auf der Weltausstellung 1967 in Montreal, wo er im deutschen Pavillon Stationen mit naturkundlichen Geräten einrichtete. 1975 gestaltete er ein Erfahrungsfeld in München mit dem Namen EXEMPLA; als Wanderausstellung wurde die EXEMPLA dann noch einige Male an anderen Orten gezeigt. KÜKELHAUS hat maßgeblich an der Entwicklung der Ausstellung PHAENOMENA in Zürich mitgewirkt, den Einbezug solcher naturwissenschaftlichen Stationen in die Lehrerausbildung gefordert (und in Luzern konkret geplant), und schließlich die Einrichtung eines Erfahrungsfeldes in einem Schloßpark in Kappenberg vorgeschlagen (KÜKELHAUS/R. ZUR LIPPE 1984). Erstaunlich ist, daß seine Vorschläge vielfach in den heute entwickelten Science-Zentren aufgegriffen worden sind, sein Name aber weitgehend verschwiegen wird. Sein „Erfahrungsfeld der Sinne" ist aber auch heute noch zu sehen. Eine „Erfahrungsfeld GmbH" baut die Stationen in der Regel für jeweils 1/2 Jahr in verschiedenen Städten Deutschlands auf.

MARTIN WAGENSCHEIN hat KÜKELHAUS darin bestärkt, außerschulisch zu wirken. Er hatte erfahren, wie wenig Möglichkeiten es gibt, den von ihm entwickelten genetischen Unterricht zu praktizieren. „Wenn man so das wirkliche Verstehen verschwinden sieht, und skeptisch geworden, weiß wie lang und hartnäckig öffentliche Torheit sich halten (und ahnt, was der Computer noch alles zum Schweigen bringen wird) , wenn man das weiß, dann kann man zu dem vermittelnden Vorschlag kommen, dem Verstehenlehren in den Schulen eigene Räume und Zeiten zu sichern" (WAGENSCHEIN 1985, nach: BUCK/MEYER, Forum Pädagogik, 2/88, S. 55). Resignation den Schulfächern gegenüber!

Museen und Science-Zentren

Bereits im Jahr 1675 schlug GOTTFRIED WILHELM LEIBNIZ ein Museum vor, in dem Maschinen und andere Erfindungen dem Publikum zugänglich gemacht werden sollten. Eine ganze Reihe von Details, die er in diesem Zusammenhang ausführt, entspricht dem, was heute in naturwissenschaftlichen Museen betrieben wird. Seine Vorstellungen waren aber schon insofern revolutionär, als es zu seiner Zeit überhaupt keine Museen gab. Zwar sind im 17. Jahrhundert vereinzelte Sammlungen von Kunstgegenständen oder wissenschaftlich technischen Geräten zu finden, sie waren aber dem allgemeinen Publikum nicht zugänglich. Erst nach der Französischen Revolution begann man damit, dem Volk Kollektionen zu zeigen, die aus Beschlagnahmungen stammten. Berühmt ist heute das „Conservatoire des Arts" in Paris, das sich im 19. Jahrhundert enorm entwickelte und das physikalische Kabinett von CHARLES sowie die Geräte von LAVOISIER aufnahm. Es ist heute zu einer einzigartigen Sammlung von 80.000 historischen Objekten geworden.

Eine große Bedeutung kommt in diesem Zusammenhang auch den Weltausstellungen zu. Die erste internationale Ausstellung technisch-naturwissenschaftlicher Exponate lief 1851 in London unter dem Namen „*The Exhibition of Industry of all Nations*", die später unter dem Namen „*Cristal Palace Exhibition*" bekannt wurde. Die gute Resonanz führte dazu, daß man 1857 in London eine Ausstellung mit dem Namen „*South Kensington Museum of Industrial Arts*" eröffnete, die später den Namen „Victoria and Albert Museum" bekam. Das heutige Science Museum in London ist hiervon eine Absplitterung. Rückblickend hat die erste Weltausstellung 1851 die Augen dafür geöffnet, daß es in der Öffentlichkeit ein großes Interesse an naturwissenschaftlichen und technischen Dingen gibt.

Das zeigte auch Wirkung in Deutschland. An der Königlichen Sternwarte am Enkeplatz in Berlin entstand 1886 ein bemerkenswertes Projekt, das der naturwissenschaftlichen Bildung breiter Bevölkerungsgruppen dienen sollte. WILHELM FOERSTER, Direktor der Sternwarte, und MAX WILHELM MEYER, der Astronom und Wissenschaftsredakteur war, machten „Vorschläge betreffend die Begründung einer öffentlichen teleskopischen, spektroskopischen und mikroskopischen Schaustätte, zugleich zur Vorführung optischer und elektrischer Experimente sowie zu mannigfachen naturwissenschaftlichen Erläuterungen durch Wort und Bild, endlich als Ausstellungsort für einschlägige Instrumente und Apparate dienend" (zit. nach LÜHRS 1987, S. 4). In privater Initiative entstand mit Hilfe der Förderung durch die Regierung ein Experimentiersaal, der den Namen der Vereinigung trug: URANIA. Die Urania war in sieben Abteilungen gegliedert. Die ersten fünf waren der Astronomie, Physik, Mikroskopie, den Meßinstrumenten und dem wissenschaftlichen Theater gewidmet. Sie waren für das Publikum zugänglich und stellten ein Novum dar, für das EUGEN GOLDSTEIN die Ehre gebührt. Gezeigt wurde eine Kombination von Experimenten, die selbst ingang gesetzt werden konnten, und dazugehörige Anleitungstafeln. GOLDSTEIN war dann auch derjenige, der in München bei der Errichtung des Deutschen Museums die Physik-Abteilung ausstattete, wo noch heute Versuchsstationen in der Art vorhanden sind, wie sie vor 100 Jahren in Berlin außerordentlichen Zuspruch fanden (LÜHRS 1987, S. 6).

Mit der Gründung des Deutschen Museums durch OSKAR VON MILLER konzentrierte sich in Deutschland die Darstellung naturwissenschaftlicher Phänomene und technischer Zusammenhänge ab 1906 in München. Bedingt durch den Ersten Weltkrieg dauerte es dann aber bis 1925, ehe das Museum auf dem heutigen Platz, der Museumsinsel in der Isar, seine endgültige Form fand. Bereits im ersten Jahr kamen 780.000 Besucher in das Museum. Heute kann man sagen, daß das Deutsche Museum die Vorbildrolle für viele andere Museen in der Welt gespielt hat. Es ist verblüffend, wie sehr z. B. das Franklin-Institut in Philadelphia oder das technische Museum in Pittsburgh dem Deutschen Museum architektonisch ähneln. Auch das Museum of Science and Industry in Chicago, das 1933 eröffnet wurde, und das seitdem 4 Millionen Besucher im Jahr anzieht, sowie die Museen in Wien und Prag sind Beispiele für die Ausstrahlung des Deutschen Museums.

Folgt man der Kategorisierung von SLUIJTER (1987), der die ersten naturwissenschaftlichen Sammlungen als erste und die

Wissenschaftsmuseen wie das Deutsche Museum als zweite Generation beschreibt, dann kann das 1937 in Paris eröffnete Palais de la Découverte als Prototyp eines Museums der dritten Generation betrachtet werden. Dieses Palais entstand als Teil der ehemaligen Weltausstellung in Paris. Die wissenschaftlichen Exponate und Demonstrationen wurden unter der Leitung des Physikers JEAN PERRIN zusammengebracht. Diese Kollektion im Palais de la Découverte war so erfolgreich, daß sie für weitere 50 Jahre die Basis des Museums bildete. Es bildete sich hier eine neue Generation von Ausstellungen heraus, die nur noch Objekte präsentierte, die speziell für die Demonstration und Vermittlung entworfen waren; es fehlten die historischen Objekte.

Ein ganz neuer Impuls für die naturwissenschaftlich-technischen Museen wurde durch die Eröffnung des „EXPLORATORIUMS" in San Francisco 1968 gegeben. Hier ist die Idee des Physikers FRANK OPPENHEIMER (1968, 1978) realisiert, der ein Zentrum aufbauen wollte, das Wissenschaft und Technik einem breiten Publikum darstellen kann. Erstes Ziel dieses neuen Konzepts ist die interaktive Teilnahme der Besucher. Er soll dazu angeregt werden, an einer Station (andere Namen dafür sind Experiment, Exponat, „plore") eigenständig zu handeln. Stimmt der vermutete Ablauf nicht mit dem beobachteten überein, können die Handlungen wiederholt, modifiziert und in Einzelschritte zerlegt werden. Dabei soll vor allem das Wahrnehmungsvermögen der Besucher stimuliert werden, denn der Besucher soll das Experiment nicht nur bedienen, er soll in eine tatsächliche Wechselwirkung treten.

Das Exploratorium wurde in der Folgezeit schnell zum Vorbild für eine ganze Reihe von anderen Science-Zentren (vgl. hierzu auch FIESSER 1990). In den Vereinigten Staaten wurde eine große Anzahl neu gegründet bzw. durch Modifikation vorhandener Museen eingerichtet, die unter der gemeinsamen Leitung einer „Association of Science-Technology Centers" den Einfluß noch festigen konnten. Der amerikanische Erfolg strahlte auf die ganze Welt aus. So öffnete im Jahr 1986 im Science Museum in

London der sogenannte „Launch Pad", in dem in interaktiver Weise vorrangig technische Prinzipien erlebbar werden sollen. Die interaktiven Ausstellungsstücke im „Exploratory" in Bristol sind weitgehend Kopien des Exploratoriums. Andere Zentren werden in vielen Städten der Welt errichtet. Interessant ist auch die Entwicklung in Indien, wo inzwischen den Science-Zentren die wesentliche Aufgabe bei der Vermittlung elementarer Kenntnisse der Naturwissenschaft und Technik zukommt (vgl. National Council of Science Museums 1987). Die Entwicklung in Europa ist überwiegend von Großbritannien aus bestimmt worden. Durch die Anfangsförderung der Nuffield-Foundation konnte sich eine europäische Gesellschaft der Science-Zentren entwickeln: ECSITE, European Collaborative for Science, Industry and Technology Exhibitions. Die Geschäftsführung liegt momentan bei dem „Museu de la Sciència", Barcelona. Als Mitglied werden aktuell 100 Museen/Erfahrungsfelder geführt, wobei allein 29 in Großbritannien liegen.

Ein Konflikt, der fast in allen diesen Einrichtungen aufbricht, ist der zwischen pädagogischen Ideen und kommerziellen Interessen.

Science-Zentren – eine Abgrenzung gegenüber den klassischen Museen einerseits und den Erlebnisparks andererseits

In die Ideen der Science-Zentren geht ein Element des Erlebens ein, wie wir es von Vergnügungsparks kennen. Man kann in Science-Zentren daher sowohl Elemente klassischer Museen als auch Teile von Erlebnisparks finden.

Ein Museum hat primär die Aufgabe, originale Gegenstände zu bewahren und zu ordnen, die der Nachwelt einen konkreten Eindruck von der wissenschaftlichen oder künstlerischen Entwicklung geben können. Dieses Tun ist einerseits zukunftsgerichtet, nämlich insofern, als es sich auf zukünftige Generationen bezieht. Andererseits, nämlich inhaltlich, ist der Blick in die Vergangenheit gerichtet. Die zentrale Aufgabe besteht darin, die bedeutenden Gegenstände herauszufinden, ihnen einen angemessenen Platz zuzuweisen und sie in ihrer Unversehrtheit zu bewahren. Die Originale stehen daher in Glaskästen und Vitrinen, zu besonderen Gelegenheiten ist eine Demonstration durch das Personal möglich. Eine ganze Anzahl von Abteilungen in verschiedenen Museen gibt Beispiele für diese Art Sammlung und Präsentation.

Besucher finden in klassischen Museen systematisch organisierte Sammlungen vor, die im besten Fall eingehend betrachtet werden. Der Mensch bleibt passiv, rezipierend und in der Distanz.

Dagegen fördern Vergnügungsparks die Distanzlosigkeit. Erlebnisparks, Rummel, Kirmes, Jahrmarkt sind Einrichtungen, die sich seit langer Zeit darum bemühen, den Besuchern ungewöhnliche Erlebnisse zu erschließen und sie vollständig zu absorbieren. Sie sollen die Alltagswelt für eine Weile vergessen, sich als Raumfahrer oder Cowboy fühlen, in einem Rausch von Bewegung, Gefühl, Farbe und Lärm untergehen. Die Stimulation steht im Vordergrund. Die Realität wird durch eine Scheinwelt abgelöst, die um so wirkungsvoller (und damit natürlich auch geschäftsfördernder) ist, je betäubender die Eindrücke werden. Aus der Passivität wird der Besucher in eine Pseudo-Aktivität geschleudert, denn er tut ja nichts selbst, sondern es geschieht alles um ihn herum. Immer neue Beschleunigungsmaschinen (Karussells) mit immer phantastischeren Namen führen die Besucher an die Grenzen der physischen und psychischen Belastbarkeit. Neue Maßstäbe wurden dabei durch „EPCOT" (Florida), das letzte von Walt Disney geplante Vergnügungszentrum, gesetzt. „Bei Disney kann man noch etwas dazulernen: Es gibt offensichtlich die Faszination des Surrogats – will sagen: Das Nachgemachte wird der Wirklichkeit vorgezogen, weil es verständlicher ist, zwar scheinbar naturgetreu, aber reduziert auf das Geläufige, Vertraute, das niemanden ängstigt. Es sieht aus, als ob es echt wäre, ist aber garantiert falsch – und genau darin liegt der Reiz" (SCHREIBER 1982, S. 128).

So ähnlich diese Vergnügungszentren in manchem den Science-Zentren zu sein scheinen – ihnen fehlt der ausdrückliche Bezug zur Realität. Sie tun daher genau das Gegenteil von diesen: Sie betäuben statt zum Nachdenken anzuregen.

Zwischen den Polen des klassischen naturwissenschaftlichen Museums, das von dem Besucher passives und ehrfürchtiges Verhalten erwartet, und dem Vergnügungszentrum, wo die Teilnahme und Betroffenheit an einer Scheinwelt im Vordergrund steht, ist ein Science-Zentrum anzusiedeln. Es sollte ein Feld des unmittelbaren Erlebens von Realität sein, eine Schule der Sinne.

Fragen der Lernwirksamkeit

Die positiven Ergebnisse interaktiver Erfahrungsfelder, die nicht zuletzt durch hohe Besucherzahlen Ausdruck finden, haben inzwischen zu einer Veränderung auch klassischer Museen geführt. So schreiben WESCHENFELDER/ZACHARIAS (1992): „Gegenständliche Tätigkeiten sind Handlungen, die die Ebene des Kognitiven, der Begriffe und Abstraktionen mit der Ebene des Materiellen, der Objekte und des sinnlich Wahrnehmbaren verbinden. Für wünschenswerte und komplexe Aneignungsprozesse gerade für Kinder und Jugendliche im Museum sollten gegenständliche Tätigkeiten unverzichtbar sein" (S. 220). In welchem Umfang Menschen an interaktiven Stationen wirklich lernen, ist im Zusammenhang mit der Entwicklung der PHÄNOMENTA untersucht worden (FIESSER 1990).

Dabei hat sich eine Aufteilung der Stationen in folgende Kategorien bewährt:
1. Schule der Sinne, Förderung von Wahrnehmungsmöglichkeiten, Experimente im Sinne von KÜKELHAUS.
2. Spielzeuge mit ästhetischer Qualität, die der Ruhe und Besinnung dienen. Das Nachdenken über einen Prozeß steht dabei im Hintergrund.
3. Quantifizieren des eigenen Körpers und der Sinneswahrnehmung.

4. Täuschungen der Wahrnehmung.
5. Experimente, die einen physikalischen Begriff materialisieren, die naturwissenschaftliche Zusammenhänge darstellen und bei denen Parameter verändert werden können. Kurz: Schule des Denkens.
6. Exponate, die nicht interaktiv sind. Sie dienen der Darstellung seltsamer Effekte, ohne vom Besucher beeinflußt werden zu können.
7. Sonstige Stationen.

Zahlenmäßig überwiegen in der PHÄNOMENTA Stationen des Typs 5. In anderen Science-Zentren werden ähnliche Schwerpunkte gesetzt. Wichtig für die Lernwirksamkeit ist eine angemessene Mischung der Stationen. Das eigene „Forschen", die ernsthafte Auseinandersetzung mit dem Phänomen, fordert Besucher ganz außerordentlich. Nur in ruhiger Atmosphäre und bei einem Minimum an Störungen wird ein Mensch die Möglichkeit haben, selbst Fragen zu entwickeln, gezielt zu beobachten, Parameter zu ändern und zur Erkenntnis zu kommen. Schon zu ausführliche Texttafeln behindern den Zugang zu einer Station. In der PHÄNOMENTA sind sie auf eine kurze Fragestellung beschränkt. Widmet sich der Besucher dieser Frage und kommt es zu der gewünschten Auseinandersetzung mit dem Phänomen, kann zweifelsfrei von einem fruchtbaren Lernprozeß gesprochen werden. Er dauert in der Regel annähernd 30 Minuten, eine Zeitspanne, die von Diskussionen mit anderen Besuchern geprägt ist, in der experimentiert, nachgedacht, überprüft und gestaunt wird. Danach ist ein Besucher erschöpft. Mit hoher Wahrscheinlichkeit wird er sich auf dem weiteren Rundgang eher Stationen zuwenden, die unterhaltsam, spielerisch und entspannend sind.

Ob es bei jeder tätigen (oder auch stillen) Auseinandersetzung mit den Experimenten zum Lernen im eigentlichen Sinn kommt, ist eher fraglich. Bewußtloses Anstoßen eines Pendels im Vorübergehen macht es unwahrscheinlich, daß der Besucher „gelernt" hat – aber nicht unmöglich! Für einen Beobachter ist es sehr schwer, den Erfahrungszuwachs eines Besuchers zu bewerten. In jedem Fall aber nehmen Menschen aus einem Science-Zentrum Erinnerungen mit, die in anderem Zusammenhang fruchtbar werden können.

Als Beispiel soll hier das PHÄNOMENTA-Objekt „Sandbild" genannt sein, bei dem es eigentlich um den Schüttwinkel und das Mischungsverhalten von Sand unterschiedlicher Korngröße geht. In einer runden Doppelglasscheibe mit 1 m Durchmesser rieselt Sand über Glasstege, wenn der Besucher an der Antriebskurbel dreht. Fast alle Besucher betrachten es als eine Art Geschicklichkeitsspiel, bei dem es darum geht, allen Sand in eines der vorhandenen Fächer zu praktizieren. Alle Benutzer dieses Objektes erreichen das Ziel und können auch exakt beschreiben, was sie dazu unternehmen müssen. Dabei wird das Mischungsverhalten, die Fallkurve, der Schüttwinkel und die wellenartige Bewegung der Oberfläche eher unbewußt wahrgenommen – und damit ist auch dieses Objekt in einem Sinne lernwirksam!

Lernen in der PHÄNOMENTA kann nicht bedeuten, daß Menschen ein wissenschaftliches Begriffssystem anlegen und füllen können. Vielmehr handelt es sich um ein elementares grundlegendes Lernen auf der Erfahrungsebene, das zukünfiges Begriffslernen wahrscheinlicher und möglich macht. Für die PHÄNOMENTA wurde eine erste Antwort auf die Frage der Lernwirksamkeit so gegeben: Ein Objekt ist in der Regel dann lernwirksam, wenn es eigenes Tun zuläßt, das aus einer sinnvollen Reihe und angemessenen Anzahl von Einzelschritten besteht. Der Besucher soll weder überfordert noch gelangweilt sein. Er muß die Möglichkeit haben, unmittelbar über den Ablauf seines Tuns nachzudenken, und darf dabei das Ziel nicht aus den Augen verlieren.

Erfahrungen als Grundlage formalen Lernens

„Physik erleben und begreifen" war das Motto, unter dem sich die PHÄNOMENTA an der Pädagogischen Hochschule Flensburg entwickelt hat. Allerdings kann es in keiner Weise das ausdrücken, was sich tatsächlich an den Stationen ereignet. Es suggeriert nämlich, daß „Physik" betrieben wird, was ja nur bei einer sehr weiten Definition dieses Wortes stimmt. Man kann aber das Erfahrungsfeld PHÄNOMENTA ebensogut den Disziplinen Mathematik, Biologie, Kunst, Musik, Technik usw. zuordnen – offensichtlich also ist die Einengung und Festschreibung auf Physik unangemessen. Das Erfahrungsfeld PHÄNOMENTA setzt vor einer fachlichen Differenzierung an. In der aktiven Auseinandersetzung mit elementaren natürlichen und technischen Phänomenen kommt es zu Erfahrungen, die zur Grundlage fachspezifischer Begriffsysteme werden können. An dieser Stelle sei an die Vorstellung von WAGENSCHEIN erinnert, der die Welt als Relief beschreibt. Die verschiedenen Schulfächer stellen in diesem Bild Scheinwerfer dar, die das Relief beleuchten. Die Betrachter sehen durch die jeweils andere Ausleuchtung, die die von verschiedener Seite her strahlenden Lampen hervorrufen, ganz unterschiedliche Bilder. Diese Aspekte konsistent zu entwickeln ist Aufgabe der Schule. Im kontinuierlichen Lernprozeß müssen Erscheinungen mit angemessenen Worten zum Begriff werden, der dann intellektuell verbunden zum geistigen Eigentum des Menschen wird.

Um in diesem Sinne eines Ausleuchtens aber sinnvoll Fachunterricht betreiben zu können, muß den Schülern das Material (mit WAGENSCHEIN: Das Relief) gegeben sein: Um die Welt in unterschiedlichen Begriffsystemen fassen zu können, muß es Erfahrungen über die Welt geben! Ehe aus wissenschaftlicher Distanz heraus generalisierende Betrachtungsweisen entwickelt werden, muß die unmittelbare, hautnahe, manchmal auch unbewußte Konfrontation mit Phänomenen der Welt stattgefunden haben. Es fehlt sonst der Stoff, der geistig geformt werden kann. Die Begriffe bleiben dann Worthülsen, das vermeintliche Denken bleibt auswendig gelerntes Nachplappern, das Verständnis bleibt Glauben.

Hierin besteht eine Hauptaufgabe von Science-Zentren: Defizite in der allgemeinen sinnlichen Erfahrung auszugleichen, die das Lernen im formalen Sinn blockieren. Daß sich damit auch die Einstellung zum Lernen überhaupt ändern soll, ist eine weiterreichende pädagogische Aufgabe.

In diesem Zusammenhang soll auf die Entwicklungstheorie PIAGETs hingewiesen werden, die er „Äquilibrationstheorie" nennt. Grundlage seiner Vorstellungen über das Lernen ist die Annahme einer kognitiven Struktur beim Lernenden. Es handelt sich um eine geistige Abbildung der Erfahrungswelt, die in sich als widerspruchsfrei erscheint. Der Lernende wird nun mit einer neuen Information konfrontiert, die nach Piaget entweder zu seiner kognitiven Struktur paßt oder im Widerspruch zu der bisherigen Struktur steht. Kann die Information in das vorhandene Weltbild eingebaut werden, geschieht das ohne größere Probleme. Die kognitive Struktur hat sich bewährt und wird nun durch das neue Wissen noch mächtiger. Man nennt diesen Prozeß Assimilation.

Kann die Information nicht in die Struktur eingefügt werden, dann setzt ein Prozeß ein, den PIAGET Akkomodation nennt. Er setzt dann ein, wenn der Mensch die neue Information nicht widerspruchsfrei in Zusammenhang mit dem bisherigen Wissen bringen kann. Das dann vorhandene kognitive Ungleichgewicht soll den Lernenden dazu bringen, das eigene Weltbild zu korrigieren. Der eigentliche Lernschritt ist die Ausbildung einer neuen kognitiven Struktur.

Leider wird bei der Organisation von Lernen häufig übersehen, daß der Prozeß der Akkomodation mühevoll, zeitaufwendig und schwierig ist. Es ist keineswegs so, daß ein Mensch schon aufgrund eines Lehrervortrags oder einer Fernsehsendung seine Vorstellungen über die Welt korrigiert. Das wäre allein angesichts der nicht versiegenden Informationsflut unmöglich. Der Mensch lernt heute, mit einem gewissen kognitiven Ungleichgewicht zu leben. Er akzeptiert, daß er nicht alles versteht, was an Information in vielfältigster Weise an ihn herangetragen wird.

Ein deutliches Beispiel dafür ist das Konzept von Fernsehsendungen. Die Autoren wenden sich an eine große Zahl von Menschen, die außerordentlich unterschiedliche kognitive Strukturen haben. Damit stehen sie vor der Aufgabe, ein Programm anzubieten, das so vielfältig ist, daß allen Zuschauern etwas Interessantes geboten wird. In der „Knoff-Hoff-Show", die vom ZDF sonntags von 19.30 bis 20.15 Uhr ausgestrahlt wird, werden in diesen 45 Minuten etwa 50 Themen bearbeitet. Die daraus resultierende Geschwindigkeit in der Abfolge von Gags und Beschreibungen wirkt munter, ist unterhaltend und führt zu Einschaltquoten zwischen 25 und 30 %. Kann ein Zuschauer dabei lernen? Wenn er eine Information erhält, die er kennt und die daher problemlos (durch Assimilation) der eigenen Vorstellungswelt angegliedert wird, tritt kein Lernfortschritt auf. Bestünde die Sendung zu größeren Teilen aus solchen Informationen, würden Zuschauer sie langweilig finden.

Kommt aber eine mit den bisherigen Vorstellungen nicht zu vereinbarende Information, müßte der Zuschauer stutzen, „seinen Augen nicht trauen" und würde nachdenken. Er würde nach der PIAGETschen Theorie die Information auf ihren Wahrheitsgehalt überprüfen, und wenn kein Zweifel möglich ist, damit beginnen, die eigene kognitive Struktur zu verändern. Es käme schließlich zum „Aha-Effekt". Beim Fernsehen ist aus vielen Gründen ein solcher Ablauf nicht wahrscheinlich. Dazu ist die Informationsdichte zu groß. Die Sendung läuft weiter, und die nächsten erstaunlichen Effekte werden dargestellt, verdrängen den durch Verständnislosigkeit gestarteten kognitiven Prozeß und führen zu der Gewöhnung daran, daß man ja nicht alles verstehen muß.

Solange das tägliche Leben hinreichend viele Informationen bereitstellt, die wirklich verarbeitet, also zum geistigen Eigentum gemacht werden können, ist das bewußtlose Baden in unterhaltenden Informationsströmen nicht weiter gefährlich. Wenn aber Wirklichkeit und Schein ineinander übergehen, wenn elektronisch erzeugte Töne und Bilder als eigenes Erleben suggeriert werden, ist die geistige Entwicklung des Menschen ernsthaft gefährdet. Er wird geistig abhängig und unfähig, seine eigene Position in der

Welt zu erkennen. Er kann formales, abstraktes und hypothetisches Denken nicht entwickeln und wird in die Irrationalität geworfen. Er ist intellektuell im Prinzip abhängig von anderen, die er als Spezialisten ansieht und denen er glaubt.

Die seit der Aufklärung bekannte Forderung nach Erfahrungsfeldern ist bisher nicht ernst genommen worden. Der heutige Schulunterricht negiert die Notwendigkeit sinnlicher Erfahrung als Grundlage von Denken, geht überwiegend verbal vor und erschöpft sich in der Vermittlung von (leeren) Worten. Damit aber wird dem Menschen der Zugang zu einem angemessenen Weltverständnis versperrt.

Die Einrichtung von Erfahrungsfeldern ist in der modernen Informationsgesellschaft überfällig geworden, sie ist notwendig für die Bildung des einzelnen Menschen und für die Weiterentwicklung der europäischen Kultur.

Literatur

BACON, FRANCIS: Neu-Atlantis, z. B. Reclam 6645, Ditzingen 1981.
FIESSER, L.: „Warum ist es so schwer…", 40 Jahre Pädagogische Hochschule, Flensburg 1986.
FIESSER, L.: Anstiften zum Denken, Flensburg 1990.
KÜKELHAUS, H.: Organismus und Technik, Frankfurt 1979.
KÜKELHAUS, H. und ZUR LIPPE, R.: Entfaltung der Sinne, Frankfurt 1984.
LÜHRS, O.: Das „Versuchsfeld des Museums für Verkehr und Technik", Berlin 1983.
NATIONAL COUNCIL OF SCIENCE MUSEUMS: Zeitschrift Capsule.
OPPENHEIMER, F.: A Rationale for a Science Museum, Curator Nov. 1968.
OPPENHEIMER, F.: The Exploratorium: A Playful Museum Combines Perception and Art in Science Education, Vortrag abgedruckt in: AJP 40. Jhrg. Juli 1978.
ORGANISMUS UND TECHNIK, Hrsg.: Arbeitskreis für organgesetzliche Lebensgestaltung, Essen 1987.
SAMBURSKY, S.: Der Weg der Physik, Zürich 1975, S. 266 f.
SCHÖLER, W.: Geschichte des naturwissenschaftlichen Unterrichts, Berlin 1970.
SCHREIBER, H.: Disneys schöne neue Welt, in GEO 11/82.
SLUIJTER, C. G.: Science Centres, een nieuwe Idee?, Nederlands Tijdschrift voor Natuurkunde, A53(4) 1987.
WAGENSCHEIN, M.: Erinnerungen für morgen, Weinheim 1989.
WENSCHENFELDER, K. und ZACHARIAS, W.: Handbuch Museumspädagogik, Düsseldorf 1992.

HEINRICH BAUERSFELD

Imagination und Lernprozeß

*Bemerkungen zum Unterricht
in Mathematik und Naturwissenschaften*

1. Aufschlußreiche Fehler

Eine englische Untersuchung mit 11- bis 15jährigen Schülern hatte u. a. folgende Aufgabe zum Gegenstand, *Abb. 1* (HART 1981, S. 94 f.):

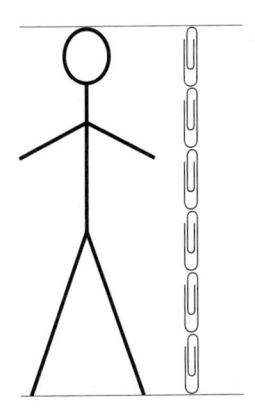

Abb. 1: So groß ist Herr Kurz, wenn man ihn mit Heftklammern mißt. Mit Streichhölzern gemessen ist Herr Kurz 4 Streichhölzer groß. Sein Freund Herr Lang aber ist 6 Streichhölzer groß. Wieviel Heftklammern mißt Herr Lang?

Von den 2257 Schülern haben durch alle Klassen durchgehend 30 % eine *Additions*strategie benutzt: „Für Herrn Lang braucht man 2 Klammern mehr als für Herrn Kurz, also ist Herr Lang auch 2 Streichhölzer größer als Herr Kurz. Antwort: 8!"

Von besonderem Interesse ist, daß diese Fehlstrategie keineswegs von den schwächsten Schülern benutzt wird, wie der Vergleich mit den anderen gelösten Aufgaben zeigt.

Warum ist das so? Was geht hier schief, und das trotz möglicher bzw. erlaubter Manipulation mit dem Material selbst?

Nach klassischen Lernvorstellungen richtet sich der Blick des sachverständigen Lehrers zuerst auf die Gegenstandsstruktur: Es wird übersehen, so läßt sich leicht feststellen, daß ein multiplikativer und nicht ein additiver Zusammenhang vorliegt. Es wird nicht erkannt, daß es um ein Verhältnis geht.

Aber woran soll ein Schüler erkennen, daß es um Multiplikation geht und nicht um Addition? Woran sieht man, daß die Aufgabe in die Schachtel „Verhältnisrechnung" gehört, wenn ein entsprechender Marker oder Hinweis fehlt? Leider erfährt man als Schüler in der Schule doch allzuoft, daß die üblichen Übungsaufgaben sich auf den unmittelbar vorher behandelten Stoff beziehen, sofern diese im Schulbuch nicht ohnehin schon unter der „richtigen" Kapitelüberschrift zusammengestellt worden sind, so daß man das Nachdenken über einen brauchbaren Ansatz sparen kann.

Die Rechnung selbst, sagt der Fachmann zudem, ist doch simpel! In Streichhölzern gemessen ist Herr Lang offenbar um die Hälfte größer als Kurz, also schließt man, mißt Herr Lang auch um die Hälfte mehr Heftklammern, mithin 9! Daß schon das nicht ganz so einfach ist, merkt man, wenn man diesen Schluß in den gegebenen konkreten Zahlen ausdrücken will: 6 ist um die Hälfte von 4 größer als 4, also braucht man auch bei Messen mit Streichhölzern um die Hälfte mehr. Das dürfte im Unterricht selten so formuliert werden. Eher schon, daß 4 = 2 + 2 und 6 = 2 + 2 + 2 ist, – und das legt freilich die *Differenz* „2" nahe. Wogegen das Operationsmodell mit Multiplikation 4 = 2 x 2 und 6 = 3 x 2 leichter zu dem Schluß führen kann: Dreimal liefert um die Hälfte mehr als zweimal.

Wenn die Rechnung selbst, also die technische Seite der Lösung, nicht die entscheidende Hürde darstellt, wo soll man dann die Schwierigkeiten suchen? Offenbar liegt sie im *Erkennen* einer angemessenen Operation, also im Herstellen des Zusammenhanges zwischen dem konkreten Sachverhalt der Aufgabe und geeigneten mathematischen Begriffen oder Strukturen. Wie erkennen Schüler solche Zusammenhänge? Was ist es, das sie zu der spontanen Zuordnung führt?

Hier kann ein weiterer Befund aus der umfangreichen Untersuchung helfen (ebda., S. 95): Die Schüler wurden ergänzend aufgefordert, das mit der *Abbildung 2* gegebene Rechteck so – d. h. ähnlich – zu vergrößern, daß die neue Grundseite 12 cm mißt. Ein entsprechender Prozentsatz der Schüler benutzte dazu die gleiche Additionsstrategie: „5 + 7 = 12, also 3 + 7 = 10." Antwort: „10 cm!" Freilich läßt dies Ergebnis die neue Figur eher wie ein Quadrat aussehen, was einige Schüler veranlaßte, die „zu lange" Seite durch eine „verbesserte" – in der Tat dieselbe – Strategie anzupassen: „Ich nehme zweimal 3 cm und die extra zwei." Antwort: „8 cm!" (Nebenbei: Offenbar ist niemand auf die Idee gekommen, das Rechteck auf die andere Seite als „Grundseite" zu stellen, dann hätte man mit dem Vierfachen arbeiten können! Die Fixiertheit auf die gegebene Orientierung – siehe unten 2.3. „Gedächtnis und Speicherorte" – verhindert also zudem eine flexiblere Lösung.)

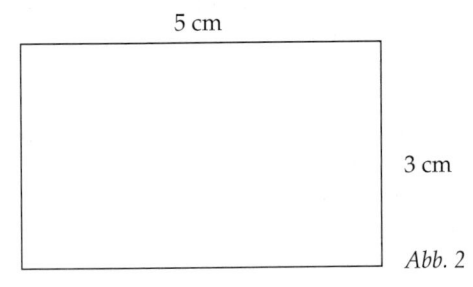

5 cm

3 cm

Abb. 2

Hier kommt erkennbar so etwas ins Spiel, was umgangssprachlich zumeist mit Intuition beschrieben wird. Genauer gesagt, ist es der Vergleich der aktuellen Wahrnehmung des Produktes mit einer vagen inneren Vorstellung vom „richtigen" Aussehen des erwarteten Ergebnisses. Etwas stimmt nicht, also werden geeignete Veränderungen bzw. Verbesserungen gesucht. Dies spielt sich weitgehend vorbewußt ab, d. h. es ereignet sich in unserem Denken, stellt sich wie von selbst ein, ist plötzlich einfach vorhanden, uns gegenwärtig, und braucht keine Sprache.

Das gleiche Phänomen findet sich auch bei Beteiligung von Sprache. Vielfach belegt ist das Verhalten der Schüler gegenüber „eingekleideten" (Text-)Aufgaben: Schon beim Lesen des Textes verknüpfen sich im Kopf die nacheinander auftretenden Zahlen durch als passend sich einstellende Operationen. „Da muß ich die 9 Tage mit den 28 Arbeitern malnehmen und das durch eine Woche teilen!" Das rechnerische Ergebnis erscheint als Hauptsache, kaum aber seine Dimension. Und nur wenn das Ergebnis auffällig wird und als sinnwidrig erscheint, wird es einer nachträglichen Korrektur unterzogen.

Wichtig ist bei diesen riskanten Findeprozessen: Es findet keine Kontrolle der Operations*entscheidung* bzw. allgemeiner der Ansatz*findung* statt. „Was man da machen muß", das ist plötzlich zuhanden, ist einfach da. Man kann das häufig an der sinnwidrigen Wiederkehr der Reihenfolge der im Text gegebenen Größen rekonstruieren, aber auch erkennen an der umfassenden Hilflosigkeit, wenn sich spontan nichts einstellen will: „Ich weiß nicht, was ich rechnen soll!" Oder: „Ich weiß nicht, ob ich malnehmen oder teilen soll?!" Wenn ich als Schüler allein meinen ungepflegten natürwüchsigen Einfällen ausgeliefert bin, so muß ich hilflos werden, wenn nichts oder nur Widersprüchliches zuhanden ist. Das uns hier interessierende, zugrundeliegende Vermögen ist offenbar sprachunabhängig, schließt aber sprachlich geformte Erfahrungen mit ein und steuert unsere kognitiven Entscheidungen sozusagen „von weiter unten," d. h. vorbewußt.

Rückblickend läßt sich nun sagen, daß offenbar auch dasselbe Vermögen am Werke war, als es bei der ursprünglichen Aufgabe mit Kurz und Lang um die Entscheidung für die angemessene Rechenoperation ging. Das spontane Ergreifen der Additionsstrategie hat im Kopf dieselbe Basis, den fixen vorbewußten Vergleich sich einstellender Bilder und Beziehungen, wie das Gespür für die Unstimmigkeit des neuen Rechtecks. Das eine wie das andere ist plötzlich zuhanden, verfügbar, wird bewußt weiterverarbeitet und in Handlungen umgesetzt. Erneut: Was funktioniert hier? Wie formt sich dieses Vermögen? Und wie läßt es sich möglicherweise entwickeln, fördern oder gar bilden? Ein kurzer Blick auf die Neurophysiologie unseres Wahrnehmens kann etwas mehr Klarheit bringen und uns zugleich von einigen gängigen Illusionen befreien.

2. „Wahrnehmungen sind Hypothesen über die Umwelt" (G. ROTH)[1]

Die Vorstellung, daß die visuelle Welt vermöge unserer Augen im Innern des Gehirns abgebildet werde, hat sich bis in unsere Tage hinein gehalten. Leonardo da Vinci (um 1500) glaubte noch an eine getreue Abbildung der Welt im Hirn wie auf einer Leinwand. Das gegenwärtig weithin akzeptierte Modell geht dagegen von einem System teils hierarchisch gegliederter, aber mehrheitlich parallel funktionierender Nervenzellen – „Neuronen" – aus, die untereinander weitgehend vernetzt sind, „über spezifische elektrische Impulse ... miteinander kommunizieren" (S. 228) und die uns nur „Wirklichkeiten" vorstellen, d. h. subjektive Modelle einer uns nicht unmittelbar zugänglichen „Realität": „Wahrnehmungen sind immer nur Hypothesen über die Umwelt" (S. 73). Einen ersten Überblick über das visuelle System gibt *Abb. 3*.

Jedes Auge nimmt durch seine rund 130 Mill. Lichtrezeptoren, „Stäbchen" und „Zäpfchen," Lichtwellen auf und wandelt diese in elektrische Impulse um. „Erregende und hemmende Verarbeitungsneuronen" reduzieren diese Flut drastisch auf weniger als ein Prozent, denn von den retinalen Ganglienzellen besitzt jedes Auge nur etwa 1 Mill. Die ersten Schritte des Wahrnehmens, die im Auge stattfindende erste Verarbeitung der aufgenommenen Lichtreize, bewirken also eine sehr erhebliche Filterung und zugleich Verstärkung. Dieser gänzlich unbewußt verlaufende Prozeß macht elementare Eigenschaften wie Helligkeit, Intensität und Ort, sowie Größe, Farbe (Wellenlängendifferenzen) und Bewegung (Ortsänderungen) für die weitere Verarbeitung verfügbar.

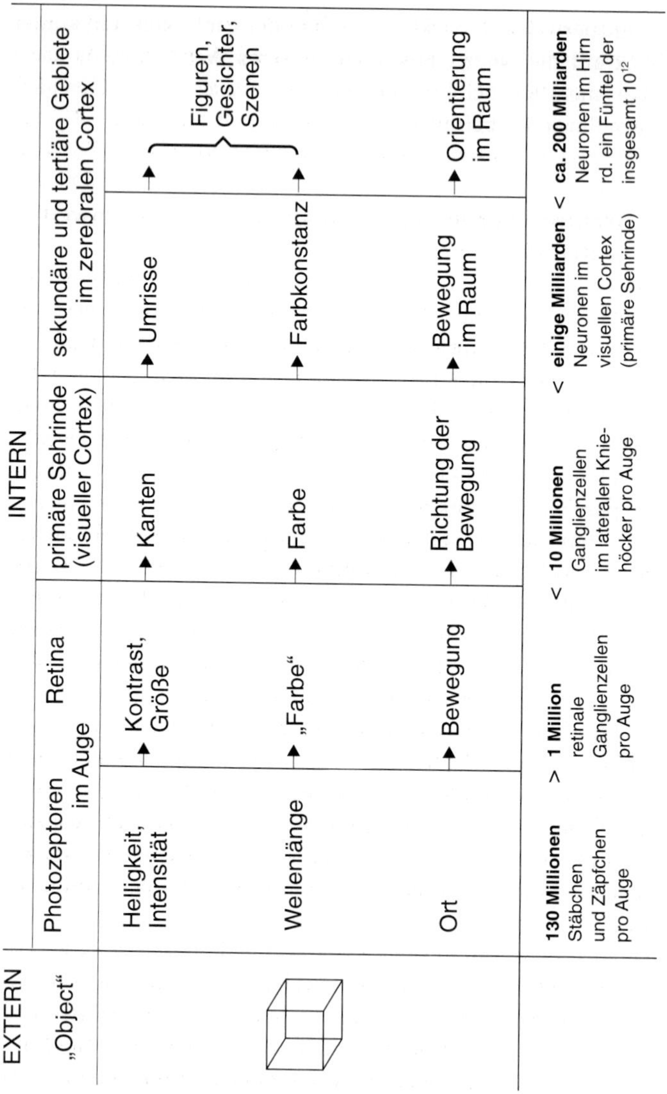

EXTERN "Object"	INTERN				
	Photozeptoren im Auge	Retina	primäre Sehrinde (visueller Cortex)	sekundäre und tertiäre Gebiete im zerebralen Cortex	
	Helligkeit, Intensität	▲ Kontrast, Größe	▲ Kanten	▲ Umrisse	▲ } Figuren, Gesichter, Szenen
	Wellenlänge	▲ „Farbe"	▲ Farbe	▲ Farbkonstanz	▲
	Ort	▲ Bewegung	▲ Richtung der Bewegung	▲ Bewegung im Raum	▲ Orientierung im Raum
	130 Millionen Stäbchen und Zäpfchen pro Auge	> **1 Million** retinale Ganglienzellen pro Auge	< **10 Millionen** Ganglienzellen im lateralen Kniehöcker pro Auge	< **einige Milliarden** Neuronen im visuellen Cortex (primäre Sehrinde)	< **ca. 200 Milliarden** Neuronen im Hirn rd. ein Fünftel der insgesamt 10^{12}

Abb. 3: Die neurophysiologische Funktion der Wahrnehmung

Von den Retinaganglienzellen führen dann – gekreuzt – erheblich mehr Fortsätze, „Sehnerven," ins Zwischenhirn (in die „seitlichen Kniehöcker" des Thalamus) und ins Mittelhirn (Tectum). Dabei antworten je etwa 10 Mill. Neuronen pro Auge auf Farbe und einfache Formeigenschaften, Kanten und Ecken z. B., sowie auf Richtung und Geschwindigkeit von Bewegungen und von Formen. Die Auffächerung der beteiligten Neuronen auf das rund Zehnfache intensiviert die Verarbeitung der von der Retina kommenden Erregung mit rücklaufenden cortikalen Deutungen. Hier beginnt gewissermaßen der „Kreisverkehr" im Gehirn, genauer: die vorwärts und rückwärts gerichtete, rasch anwachsende Vernetzung der verschiedenen Bereiche des Gehirns, deren intensive Wechselbeziehung ein Deuten, Vergleichen, schärferes Hinsehen (Fokussieren mit der fovea), erneutes Deuten und Vergleichen usw. ermöglicht.

Die Weiterleitung in die primäre Sehrinde, den „visuellen Cortex", führt dann bereits zur Beteiligung von einigen Milliarden Neuronen, die u. a. Bewegungen im Raum und die Deutung von Umrissen bzw. Gestalten leisten. Im cerebralen Cortex schließlich hat man etwa 30–40 sekundäre und tertiäre Gebiete identifiziert, die der komplexeren Bewegungswahrnehmung und räumlichen Orientierung dienen sowie der Verarbeitung zu Gesichtern, Figuren und Szenen. Die wechselseitige Vernetzung nimmt dabei ständig zu, so daß an diesen Prozessen am Ende rund ein Fünftel aller im Gehirn arbeitenden Neuronen beteiligt ist, d. h. etwa 200 Milliarden. Jeder Retinaganglienzelle im Auge stehen daher rund hunderttausend zentrale Neuronen zur Auswertung gegenüber, ein Verhältnis von 1 : 105 zwischen Reiz- und Deutungskapazität (S. 111).

An unserem Gehör läßt sich die ausdeutend-konstruktive Macht unseres Gehirns im Verhältnis zu der bescheidenen Reizaufnahme noch „weit dramatischer" verdeutlichen: Den zweimal dreitausend „inneren Haarzellen" in den Ohren stehen etwa hundert Milliarden Neuronen zur Verarbeitung gegenüber: Ein Verhältnis von 1 zu 17 Mill. zwischen reizaufnehmenden Sinnesrezeptoren und verarbeitenden Nervenzellen (S. 111), das sowohl der Entfaltung von Sprache(n) wie auch dem Hören einer Beethoven-Symphonie zugrunde liegt.

Im weiteren sollen nur die uns interessierenden Merkmale dieses Modells der visuellen Wahrnehmung hervorgehoben werden sowie mögliche Folgerungen zu den Bedingtheiten und Fördermöglichkeiten der Imagination.

2.1. Parallel-distributive Organisation

Die Tabelle (*Abb. 3*) vermittelt insofern ein falsches Bild[2], als sie die Verarbeitung in aufeinanderfolgenden Stufen nahezulegen scheint, also eine lineare, hierarchisch aufsteigende Verarbeitung. In der Tat läßt sich empirisch nachweisen, daß die Vernetzung weitgehend wechselseitig ist. Es findet ein ständiges konkurrierendes Aktivieren und Deaktivieren statt, und zwar parallel und auf verschiedene Bereiche verteilt, weshalb man von einer *„parallel-distributiven" Organisation* des Gehirns spricht. Dieses Aktivieren und Deaktivieren funktioniert wie ein Vergleichen. In jedem Moment sind nur *relativ* wenig Neuronen aktiviert, allerdings verteilt auf sehr viele verschiedenen Gehirnbereiche. Aber diese jeweiligen Erregungszustände wechseln sehr rasch, so daß insgesamt eine sehr große Anzahl von Neuronen beteiligt wird. (Das wäre im übrigen auch energetisch nicht anders möglich).[3]

Daraus ergibt sich u. a.: Unser Wahrnehmen ist prinzipiell „nicht abbildend, sondern konstruktiv" (S. 112). Das Gehirn konstruiert unsere Wirklichkeiten. Die relative Armut der aufgenommenen Reize würde bei weitem nicht für getreue Abbildungen der uns verfügbaren inhaltlichen Deutungsmöglichkeiten ausreichen. „Alles, was wir überhaupt bewußt wahrnehmen können, ist ein Konstrukt unseres Gehirns und keine unmittelbare Widerspiegelung der Realität" (S. 306). Die bekannte Feststellung: „Man kann nur sehen, was man zu sehen erwartet", hat ALBERT EINSTEIN für die Naturwissenschaften weit schärfer gefaßt und sagt: „Es ist stets die Theorie, die darüber entscheidet, was beobachtet werden kann" (wie HEISENBERG berichtet in MEHRA 1973, S. 269).

Die raschen Wechsel der momentanen Erregungsmuster im Gehirn ermöglichen über die in der bisherigen Erfahrung entwickelten „Geläufigkeiten" der Verbindungen das oben beschriebene „Zuhandensein", das gleichsam Sich-von-selbst-Einstellen von bestimmten Präferenzen, Situationsdeutungen und bewährten Reaktionen. Geschwindigkeit und Reichtum der aktivierten Deutungen werden von der vorwiegend parallel-distributiven Verarbeitung im System unterstützt.

2.2. Spezielle elementare Eigenschaften

Die parallele Verarbeitung betrifft insbesondere die hinsichtlich ihrer Funktion stärker spezialisierten Areale der visuellen Wahrnehmung (S. 161). Im primären visuellen Cortex z. B. gibt es für jedes Auge „Kolumnen und Hyperkolumnen" von Neuronen, „Blobs", die auf sehr spezielle Erregungsmuster reagieren. Etliche z. B. sprechen sehr genau auf die Orientierung von Kanten bzw. Linien an (S. 142f.). Andere Hyperkolumnen in diesem Bereiche werden (parallel) bevorzugt aktiv bei Formen oder Farbkontrasten oder bei Bewegungen. Die Teilbereiche – Farbe, Form, Bewegung – können weitgehend unabhängig voneinander funktionieren, wie man von Gehirnverletzungen her weiß (S. 174 f.). Andererseits unterstützen z. B. Bewegungen oder Farbkontraste das Erkennen von Formen. „Die verschiedenen Verarbeitungsbahnen lassen sich nicht stets genau einem Cortexareal zuordnen." Farbe, Form, Bewegung usw. können „in ein und demselben Areal" verarbeitet werden, „wenn auch meist mit unterschiedlicher Gewichtung" (S. 161).

Diese – salopp gesagt – „Vorverdrahtung" (vgl. S. 236) in unserem Gehirn ermöglicht bereits dem Säugling überraschende Leistungen im Unterscheiden geometrischer Formen, z. B. von dreieckigen und viereckigen Objekten (SLATER & MORRISON 1985), von Kreisen und Streifen (DORNES 1993, S. 39), in der Wahrnehmung der unterschiedlichen Distanz von Gegenständen (z. B. ein großer Würfel in 1 m oder 3 m Entfernung gezeigt), im Wiedererkennen von Objekten und Formen auch bei veränderter Lage, z. B. in gedrehtem Zustand, usw. (T. G. R. BOWER 1974, vgl. auch DORNES 1993, LORENZ 1993 und ROTH 1994, S. 162).

Es sollte nicht übersehen werden, daß die weitere Entwicklung dieser elementaren, von der Geburt an verfügbaren, Dispositionen nur über die soziale Interaktion angeregt werden kann. Ihre Verstärkung und ihre Einbindung in komplexere Erregungs- und Deutungsmuster vollzieht sich nur über engagiertes eigenes Handeln in der Wechselbeziehung mit kompetenten Anderen. Beiläufig wird hier die eminent schädliche Funktion von sozialer Benachteiligung und Deprivation, die Folgen des Aufwachsens in anregungsarmer Umgebung, verständlich.[4] Der Überforderung in anderen Lebensbereichen steht eine massive Unterforderung der Kinder hinsichtlich dieser Dispositionen gegenüber (vgl. auch 2.5.).

2.3. Gedächtnis und Speicherorte

Da jeder Aktivierungswechsel einer Zelle den vorherigen Zustand löscht, würden die raschen Wechsel der Erregungsmuster folgenlos bleiben und ein Vergleichen unmöglich machen, gäbe es nicht Wege des Bewahrens der primären und der späteren kombinierten Erregungszustände. „Das Gehirn kann einem Nervenimpuls nicht ansehen, woher er stammt." Daher spricht man von der „Neutralität der neuronalen Codes" (S. 109). Unter den mehrfachen Ableitungen von jedem Neuron findet sich stets mindestens eine, die ungemischt in die Gebiete des assoziativen Cortex führt, (ein Grund mehr für die gewaltige Auffaltung der Vernetzung im Cortex). Die Areale des assoziativen Cortex „gelten als die eigentlichen Integrationszentren der Wahrnehmung" (S. 165).

Was wir als „Einspeichern und Abrufen von Gedächtnisinhalten" bezeichnen, wird im wesentlichen vom Hippocampus aus gesteuert. Dieses „deklarative" Gedächtnis verwaltet unser bewußtes Wissen. Wichtig ist, daß der Hippocampus nur steuert, aber nicht selbst Speicherort ist. „Die Inhalte des deklarativen Gedächtnisses sind ... im Cortex ‚lokalisiert', und zwar entsprechend in denjenigen Cortexarealen, die mit der Wahrnehmung derselben Inhalte zu tun haben" (S. 186).

Damit erklärt sich einerseits, daß unsere Erfahrung prinzipiell nur in *integrierten* Zuständen[5] gespeichert wird und aktivierbar ist, d. h. sie umfaßt stets alle Sinne und alle die Wahrnehmung der spezifischen Situation umfassenden Elemente. Diese Integriertheit unserer Erfahrung und ihrer Speicherung – auch in das aktive Wahrnehmen selbst – bildet die Quelle für unsere vielfältigen, hochflexiblen Zugänge zu speziellen Erfahrungen und gleichzeitig für unsere Kreativität[6]. Nur so haben wir die vielfachen Deutungsmöglichkeiten zur Verfügung, die ja das Aktivieren früherer Erfahrungen voraussetzen. Den konstruktiven Aspekt des Wahrnehmens und seine Gebundenheit an die Erfahrung hervorhebend, sagt ROTH daher: „Was wir bewußt sehen, sind ‚Gedächtnisbilder'" (S. 245).

Schließlich gibt es Ausnahmen, und zwar das *„Routinewissen"*, das direkt im Cortex verfügbar sein kann und weiter die „automatisierten" *Fertigkeiten*, die weitgehend ohne corticale Kontrolle ablaufen können. Letzteres, unser „prozedurales" Wissen[7], also alle Fertigkeiten, die spezifisch eingeübt werden müssen, dann aber ohne weitere bewußte Steuerung ablaufen können und „zuhanden" sind, werden vorwiegend in der Brücke und im Kleinhirn verwaltet. Prozedurales Wissen kann daher direkt, d. h. ohne Beteiligung der Cortexgebiete, ablaufen (S. 185 f.).

Ein typisches Beispiel für die Starrheit und den zwangsartigen Ablauf solcher Fertigkeiten ist das Hersagen der Zahlenfolge von sehr jungen Kindern. Ein Rückwärtszählen ist nicht ohne weiteres möglich. Bei Unterbrechungen muß man von vorn anfangen. Ein Fortsetzen von einer gegebenen Zahl aus ist unmöglich. Ebenso kann ein Vorgänger oder Nachfolger nur unter erneutem Zählen von Anfang an angegeben werden.

Allzuviel des in der Schule auf allen Stufen durch beharrliches Wiederholen Eingeübten – nicht nur im Mathematikunterricht – leidet unter dieser Starrheit, einseitigen Abrufbarkeit und Sinnarmut.

2.4. Gefühle und Bewertungen

Einen anderen wesentlichen Bestandteil der Vernetzungen im Gehirn bilden die Verbindungen zum limbischen System. Dieses Gehirngebiet ist Sitz der Gefühle und Triebe. Es nimmt zentral die Verhaltensbewertung vor. Daher sind „Hirnstamm, limbisches System und Neocortex anatomisch und funktional aufs engste miteinander verbunden" (S. 184). Das bedeutet insbesondere: „Bewertungs- und Gedächtnissystem hängen untrennbar zusammen, denn Gedächtnis ist nicht ohne Bewertung möglich, und jede Bewertung geschieht aufgrund des Gedächtnisses, d. h. früherer Erfahrungen und Bewertungen" (S. 185).

Nebenbei: Die wechselseitigen Verbindungen sind deshalb so eng, weil die verschiedenen Bereiche des Gehirns sich *gleichzeitig* entwickelt haben. „Es gibt keine ‚stammesgeschichtlich ursprünglichen' oder ‚stammesgeschichtlich neuen' Hirnregionen" (S. 184). Das bedeutet auch, daß die gängigen Hierarchievorstellungen von „höheren kognitiven Funktionen" sowie von untergeordneter Motorik und autonomen Emotionen nicht mehr haltbar sind. Gefühle sind prinzipiell an allen unseren Wahrnehmungen und Handlungen beteiligt wie andererseits auch das Gedächtnis. Alle kognitiven Leistungen, vom Wahrnehmen über das Vorstellen und Erinnern bis zur Handlungsplanung und dem (angeblich) abstrakten Denken sind ohne Verhaltensbewertung – und das heißt ohne Gefühle – nicht möglich.

Daß die Rolle der Gefühle – und mit ihr der Imagination – auch in scheinbar so nüchtern-abgehobenen Wissenschaften wie der Mathematik und den Naturwissenschaften entscheidend ist, darauf verweist eine Äußerung von FELIX KLEIN. Er schreibt in einer autobiographischen Notiz[8], er habe in seiner mathematisch produktiven Zeit die oft so mühsamen Beweisversuche für eine mathematische Vermutung immer erst dann in Angriff genommen, wenn er die Vermutung durch ein geeignetes physikalisches Modell oder ein Gedankenexperiment habe simulieren und damit wahrscheinlich beziehungsweise einsichtig machen können.

2.5. Körperrepräsentation und Handeln

Für die Schlüsselfunktion des eigenen Handelns als Grundlage unseres Erkennens ist folgende Entdeckung von besonderem Interesse. Es gibt mehrere relativ genaue Repräsentationen des eigenen Körpers im Gehirn der Säugetiere und beim Menschen: Eine motorische Abbildung des Körpers im *motorischen* Gebiet des Stirnlappens, der „motorische homunculus", (S. 281), und seine *sensorische* Entsprechung im somatosensorischen Feld der Großhirnrinde. Daß es z. B. meine Hand ist, die auf dem Tisch liegt, „weiß ich nicht aus ihrem Anblick, sondern dadurch, daß sie sich entsprechend der von mir intendierten Weise bewegt und ich charakteristische Rückmeldungen durch die Somatosensorik erhalte" (S. 282).

Mit anderen Worten: schon die Erfahrung des eigenen Körpers ist nichts unmittelbar Gegebenes, sondern ein aktiv erzeugtes Konstrukt des eigenen Gehirns. Sieht man z. B. Babys zu, die in der Wiege liegend scheinbar ganz versunken mit den eigenen Fingern spielen, so kann man dies als ein konzentriertes, anstrengendes Konstruieren der eigenen Extremitäten und ihrer motorischen Möglichkeiten verstehen.

Bei Jugendlichen und Erwachsenen sind die elementaren Deutungen von Sinnesreizen bereits so verfestigt, daß die spezifischen Interpretationen automatisch ablaufen können. „Je später die Einflüsse, desto stärker müssen sie wirken, um noch eine nachhaltige Wirkung zu erlangen" (S. 298). Beiläufig wird hier die grundlegende Macht der frühen Schulerfahrungen deutlich, nicht nur für die spätere Schülerkarriere, sondern ebenso für das innere Bild vom Schulehalten beim späteren Lehrer.

Die Tatsache des Träumens oder des Sichversetzens in ein Erinnerungsbild zeigt, daß wir motorische, Farb- und Hörempfindungen auch dann haben können, wenn die Sinnesrezeptoren gar nicht gereizt wurden. Wie weitgehend unabhängig das motorische Körperschema funktioniert, hat MELZACK (1992) durch Untersuchungen an Patienten nachgewiesen, die unter Schmerz- bzw. Bewegungsempfindungen in nicht (mehr) vorhandenen

Gliedmaßen leiden, weshalb er von „Phantomschmerzen" in „Phantomgliedmaßen" spricht. MELZACK bezweifelt das gängige sensorische Reiz-Reaktions-Schema und hält dagegen, daß es das „Gehirn ist, das die Körpererfahrung erzeugt". Er behauptet: „Die sensorischen Reize modulieren diese [Selbst-]Erfahrungen lediglich, verursachen sie aber nicht direkt" (S. 96).

Noch deutlicher wird die Rolle des Motorischen im System der komplexen Gehirnorganisation, wenn man auf die Genese bestimmter kognitiver Fähigkeiten achtet. So ist z. B. die Wahrnehmung zahliger Aspekte schon im Alter von fünf Monaten beim Säugling nachweisbar (BRYANT 1992). Läßt man etwa vor den Augen des Kindes drei Igelchen nacheinander hinter einen Schirm wandern, ganz verschwinden und dann der Reihe nach wieder hervorkommen, so zeigt das Kind deutlich gespannte Erwartung, wenn der letzte Igel nicht (oder verzögert) wieder erscheint. Die heftige Kopfbewegung richtet sich zurück auf den Ort des Wiedererscheinens. Der Zusammenhang zwischen Ereignisanzahl und „Kinästhetik," d. h. der Bewegungserfahrung der Nackenmuskeln, die den mit den Augen folgenden Kopf steuern, liegt hier nahe.

Der Ethologe WOLFGANG KÖHLER[9] hat in diesem Zusammenhang treffend vom „Abhandeln" von Zahlen gesprochen und hat in den dreißiger Jahren schon in zahlreichen Filmen „zählende Tiere" dokumentiert. Graupapageien z. B. ordnen der mit einem Glöckchen gegebenen – gehörten – Anzahl das einzig richtige – gesehene – Punktbild zu, das sie unter mehreren Alternativen (unregelmäßigen Punkt- und Fleckenbilder als Distraktoren) auswählen müssen. Tauben und Eichhörnchen vollbringen ähnliche Leistungen.

Für diese Leistungen reicht ein rhythmisches Gedächtnis, das noch keiner Sprache bedarf, weshalb auch Kinder mit Sprachschwierigkeiten hier erfolgreich handeln können.

Bei den beschriebenen Tierversuchen kommt die Schwierigkeit hinzu, daß das in zeitlicher Abfolge Gehörte in eine räumliche Darstellung umgesetzt werden muß, ein „intermodaler"

Transfer also. Wer macht mit kleinen Kindern entsprechende Spiele, in denen z. B. ein Muster sukzessiven Handelns in eine räumlich-simultane Ordnung transformiert werden muß und damit überschaubar (und später auch diskutierbar) wird? Wie lange wird dagegen ein Kind in seiner Vorschulzeit mit öden Zählaufforderungen unterfordert?! Und wie spät setzt die Beschäftigung mit geometrischen Eigenschaften in unseren Schulen ein, ganz abgesehen von der verbreiteten Vernachlässigung dieser Aspekte in der Vor- und Grundschulzeit?!

Kein Wunder, daß inzwischen auch der Zusammenhang zwischen Gestik und Sprechsprache viel differenzierter gesehen wird. So haben jüngst die Linguisten ARMSTRONG, STOKOE & WILCOX (1994) sogar den Ursprung des Satzbaues in der Sprache auf diesen Zusammenhang zurückgeführt. Sie behaupten die *Parallelität* der Entwicklung von manueller und verbaler Sprache und sehen die Syntax als der Gestik intrinsisch an.

2.6. Bewußtsein als Prozeßsignal

Entgegen den landläufigen Vorstellungen vom Oberkontrolleur im Kopf, sind Bewußtseinszustände das Ergebnis bestimmter Erregungsmuster, aber nicht umgekehrt. Die „präattentive Wahrnehmung" sortiert Reize nach „bekannt/unbekannt" und „wichtig/unwichtig". Dies geschieht durch Vergleich mit den Gedächtnisinhalten und ihren Bewertungen. Was als bekannt und wichtig markiert wird, aktiviert nur eine niedrige Bewußtseinsstufe. Am stärksten ruft Bewußtsein und Aufmerksamkeit hervor, was als „neu und wichtig" bewertet wird (S. 207 f.) Anders gesagt: „Das Auftreten von Bewußtsein [ist] wesentlich mit der Neuverknüpfung von Nervennetzen verbunden" (S. 213). Bewußtsein wird daher verstanden als „das Eigensignal des Gehirns" für den Zustand der Bewältigung einer Aufgabe – gleichgültig ob sensorisch, motorisch oder intern-kognitiv (S. 213) –, „für die es noch keine fertigen neuronalen Netzwerke gibt" (S. 225). Der zugehörige Kreislauf ist in *Abb. 4* (oben auf der folgenden Seite) dargestellt.

```
                    VERHALTEN         Subcorticale
                        ↗      ↖      Zentren
                                      und Cortex
                    WAHRNEHMUNG
                        ↑          ↓
formatio
reticularis      AUFMERKSAMKEIT    BEWERTUNG    Limbisches
im Hirnstamm                                    System
                        ↖          ↗
                     GEDÄCHTNIS               Hippocampus
                                              und Cortex
```

Abb. 4: Kreislauf nach G. ROTH (1984, S. 220)

Aus diesem Modell folgt: Auch unser Bewußtsein ist als Begleitprozeß entscheidend von der bisherigen Erfahrung abhängig und wird durch sie mitgeformt. Das Bewußtsein ist keine von dem System unabhängige zentrale Instanz. Erneut muß man sich fragen, in welchem Maße z. B. Lehrern dieser, ihr indirekt „bewußtseinsbildender" Einfluß auf ihre Schüler bewußt ist und ihre eigene Verhaltenskontrolle beeinflußt.

2.7. Konvergenz und Ergänzungsfähigkeit
Nimmt man die These von der Bescheidenheit des sensorischen Inputs und der konstruktiven Übermacht des verarbeitenden Systems ernst, so bleibt zu erklären, wie das Gehirn aus den sensorischen Reizen derart differenzierte Wirklichkeiten konstruieren, wie es insbesondere Neues konzipieren kann und wieso überhaupt – für unser Überleben doch ersichtlich recht brauchbare – *einheitliche* Wahrnehmungen zustande kommen können.

Wesentlich ist zunächst die Einheitlichkeit der Erregungsverarbeitung im Gehirn. Die Sinnesrezeptoren wandeln die verschiedenen Umweltreize in die „Sprache der Neuronen" (ROTH 1992, S. 288) um, wobei die Reizspezifität verloren geht. Die elektrischen Membranveränderungen sind dieselben, gleich ob es sich um einen visuellen Reiz, einen auditorischen Reiz oder einen Geruchsreiz handelt. Daraus folgt „die für die Wahrnehmungs- und Erkenntnistheorie fundamentale Tatsache, daß alle Eigenschaftsunterschiede der Wahrnehmungsinhalte ... nicht direkt mit den Eigenschaften der Umweltereignisse verbunden sind; sie sind also prinzipiell konstruierte Eigenschaften" (ROTH 1992, S. 290).

Wiewohl es früheste Gehirnstrukturen gibt, „die ihren Ordnungszustand völlig unabhängig von Umwelteinflüssen erreichen" (S. 235 f.), bilden sich die meisten Ordnungen und Strukturen unter den Nervenzellen erst in der Interaktion mit der Umwelt aus (S. 236). Dabei wendet unser visuelles System bestimmte „Faustregeln" an, um die Erregungsmuster schnell und einfach zu ordnen, konstruktiv zu ergänzen und zu deuten (S. 237). Die Gestaltpsychologie hat diese „Gesetze des Sehens" bereits detailliert beschrieben (vgl. METZGER 1975). Doch bleibt wegen der parallel-distributiven Verarbeitung offen, durch welche Mechanismen das getrennt Verarbeitete als zusammengehörig gedeutet wird. Da es kein übergeordnetes Zentrum im Gehirn gibt, bleibt nur die *konnektionistische* These (vgl. BAUERSFELD 1993a und b) von der emergenten Ausformung von Interpretationen und Regeln in der sozialen Interaktion, ohne daß das System selbst von diesen Regeln „weiß" (– es ist die Deutung eines Beobachters, der dem handelnden System Regelhaftigkeit unterstellt). Sie sind „das Ergebnis interner selbstorganisierender Prozesse" (S. 179). Damit allerdings läßt sich die Leichtigkeit der Regelbildung auf allen Ebenen sehr einfach erklären, einschließlich der Ausformung von Überzeugungen, Vorurteilen und „metakognitiven" Strategien (vgl. WEINERT & KLUWE 1984). Es ist diese spontane Regelbildung und -erwartung beim Schüler – „was zweimal gilt, gilt immer!" –, die den Absichten der Lehrer im Unterricht so oft unangenehm entgegenarbeitet.

Angesichts dieses Modells der hochflexiblen Organisation unseres Gehirns zieht die häufig vorgebrachte Kritik nicht mehr, der Konstruktivismus könne das Zustandekommen von original neuen Einsichten nicht erklären. Das Gedächtnis, als wichtigster Teil des Gehirns, ermöglicht über die allseitige Vernetzung der vielen Bereiche die Kombination nahezu beliebiger Erfahrungselemente, ihre konstruktive Ergänzung und ihre Deutung auf sehr unterschiedlichen Situationsfolien. Freilich entkommt man damit nicht seiner prinzipiellen *zeitgeschichtlichen* Einbindung, was sich recht sinnfällig an den berühmten Infernodarstellungen von Pieter Breughel d. J., genannt „Höllen-Breughel", demonstrieren läßt: Seine phantastischen Schrecklichkeiten und Monster sind alle noch der animalischen Welt entnommen, die Schrecken moderner Technik konnte er noch nicht erahnen.

2. 8. Unbewußte Steuerung
Schließlich betont ROTH, wie vor ihm schon viele andere Modellentwürfe (z. B. M. MINSKY's „society of mind"), daß „ein großer Teil der Körper- und Gehirnfunktionen und unserer Handlungen *grundsätzlich* nicht von Bewußtsein begleitet" ist (S. 198, Hervorhebung im Original). Mehr noch, er behauptet, „daß das allermeiste, was unsere Interaktion mit der Umwelt steuert, unserem bewußtem Erleben nicht zugänglich ist" (S. 29). Das schließt sogar das „Kategorisieren von Ereignissen" ein (S. 187). Nur das, „was von diesen Prozessen eine Repräsentation im assoziativen Cortex besitzt, kann überhaupt bewußt erlebt werden", auch wenn dieser nicht der alleinige Produzent von Bewußtseinszuständen ist (S. 198). Daher kann ROTH auch sagen: „Was wir bewußt sehen, sind ‚Gedächtnisbilder' (S. 245), und diese beruhen einerseits auf den verfügbaren Erfahrungen und andererseits auf der beträchtlichen Fähigkeit des Gehirns zur Komplettierung (S. 163 und 246).

Wenn sich uns „das allermeiste" unserer Verhaltenssteuerung vorbewußt formt, so hat jeglicher Unterricht nicht nur die Verantwortung für das unmittelbar Gelehrte, sondern darüber hinaus eine besondere und weit umfangreichere Verantwortung, nämlich für alles Mitgelernte, d. h. für alles, was die Schüler an Einstellungen und Strategien, an Fertigkeiten und Routinen usw. unbewußt ausbilden. Die Einschätzung der Unterrichtseffekte, der Wirkung des Lehrers und mithin die Unterrichtsplanung selbst erfordern eine wesentlich breitere Basis. Wir müssen Abschied nehmen von der Vorstellung vom Unterrichten als einer

Instanz zu schlichter Wissensvermittlung und müssen uns daran gewöhnen, die konkreten Einheiten Lehrer–Schüler–Klassenzimmer wie jeweils spezifische komplexe (Sub-)Kulturen zu sehen.

3. Schlußbemerkung

Fragen wir an dieser Stelle abschließend nach der Imagination, so sollte einleuchten, daß wir uns damit nur auf einen Aspekt in den skizzierten komplexen Prozessen konzentrieren. Und doch muß es uns ankommen auf die komplexe Vernetztheit und Gleichzeitigkeit der Entwicklung von Handeln, innerem Vorstellen und Vorwegnehmen/Orientieren von Handeln, sprachlicher Begleitung und abstraktem Denken. Jeder Versuch einer einseitigen Förderung bestimmter Komponenten dieses Prozesses muß mit dem indirekt Mitgelernten in allen anderen Bereichen rechnen. Jeder nicht ganzheitlich – oder genauer: integriert – orientierte Eingriff steht in der Gefahr, daß das in den ausgeklammerten Bereichen Mitgelernte sich kontrafunktional zu den Lehrabsichten entfaltet. Wenn wir also Möglichkeiten der spezifischen Förderung von Imagination erwägen, sollten wir den Zusammenhang, d.h. den systemischen Charakter der Prozesse, nicht aus dem Auge verlieren[11].

Literatur
ARIÈS, P.: Geschichte der Kindheit. (2.Aufl.). München: 1979.
ARMSTRONG, D. F., STOKOE, W. C., & WILCOX, S. E.: Gesture and the Nature of Language. Cambridge, UK: Cambridge University Press 1994.
BAUERSFELD, H.: Subjektive Erfahrungsbereiche als Grundlage einer Interaktionstheorie des Mathematiklernens und -lehrens. In H. BAUERSFELD, H. BUSSMANN, G. KRUMMHEUER, & et al. (Eds.), Lernen und Lehren von Mathematik (S. 1–56). Köln: Aulis Verlag Deubner 1983.
BAUERSFELD, H.: Theoretical perspectives on interaction in the mathematical classroom. In R. BIEHLER, R. W. SCHOLZ, R. STRÄßER, & B. WINKELMANN (Eds.), Didactics of Mathematics as a Scientific Discipline. S. 133–146, Dordrecht: Kluwer 1993.
BAUERSFELD, H.: Mathematische Lehr-Lern-Prozesse bei Hochbegabten – Bemerkungen zu Theorie, Erfahrungen und möglicher Förderung. Journal für Mathematikdidaktik, 14, Heft 3/4, S. 243–267, 1993.

BOWER, T. G. R. (1974). Development in Infancy. San Francisco: Freeman.
BRYANT, P. E. (1992). Arithmetic in the cradle. In: Nature, Nr. 358 (27. August 1992), S. 712–713.
DORNES, M. (1993). Der kompetente Säugling – Die präverbale Entwicklung des Menschen. Frankfurt/Main: Fischer.
HART, K. M. (1981). Childrens' Understanding of Mathematics: 11–16. Oxford, England: John Murray.
LORENZ, J.-H. (Ed.) (1993). Mathematik und Anschauung. Untersuchungen zum Mathematikunterricht, Band 18. Köln: Aulis Verlag Deubner.
MEHRA, J. (Ed.) (1973): The Physicist's Conception of Nature. Dordrecht, NL: Reidel.
MELZACK, R. (1992): Phantom limbs. In: Scientific American, April, S. 90–96.
METZGER, W. (1975). Gesetze des Sehens. Frankfurt/Main: Kramer.
ROTH, G. (1991). 100 Milliarden Zellen – Gehirn und Geist. Funkkolleg: Der Mensch – Anthropologie heute. Studieneinheit 5. Biologische Grundlagen von Wahrnehmung und Erkenntnis.
ROTH, G. (1992). Das konstruktive Gehirn: Neurobiologische Grundlagen von Wahrnehmung und Erkenntnis. In S. J. Schmidt (Eds.): Kognition und Gesellschaft – Der Diskurs des Radikalen Konstruktivismus 2. S. 277–336. Frankfurt/Main: Suhrkamp.
ROTH, G. (1994). Das Gehirn und seine Wirklichkeit – Kognitive Neurobiologie und ihre philosophischen Konsequenzen. Frankfurt/Main: Suhrkamp.
SLATER, A., & MORRISON, V. (1985). Shape constancy and slant perception at birth. In: Perception, 14, S. 337–344.
SLATER, A., MORISON, V., & ROSE, D. (1983). Perception of shape by the new-born baby. In: British Journal of Developmental Psychology, 1, S. 135–142.
Spektrum der Wissenschaft, Spezial I (1993): Gehirn und Geist. Heidelberg.
WEINERT, F. E., & KLUWE, R. T. (1984). Metakognition, Motivation und Lernen. Stuttgart: Kohlhammer Verlag.

Anmerkungen

[1] Soweit keine anderen Quellen angegeben sind, beziehen sich alle Zitate in diesem Abschnitt auf ROTH 1994. Das Zitat der Überschrift findet sich S. 249.

[2] Wie rasch sich dieses Forschungsgebiet zur Zeit entwickelt und dabei bisher für gesichert geltende Modelle überholt, kann man schon an einem Vergleich der drei genannten ROTH'schen Publikationen von 1991, 1992 und 1994 rekonstruieren. Die Bedeutung dieser Forschung läßt sich daran ablesen, daß der US-Kongreß das letzte Jahrzehnt dieses 20. Jahrhunderts zur „Dekade des Gehirns" erklärt hat (Spektrum der Wissenschaft, Spezial I, S. 3).

[3] Das Gehirn hat etwa 2 % Anteil an der Körpermasse, verbraucht aber im Durchschnitt 20 % der gesamten Energie (ROTH 1994, S. 201).

[4] In seinem berühmten Buch über das, was Kindheit in Europa in den letzten Jahrhundert bedeutet hat, berichtet Ph. ARIÈS (1976) über die schweren geistigen Entwicklungshemmungen, die früher weitverbreitete Unsitte des totalen, mumienartigen Einwickelns von Säuglingen, d. h. die Unterdrückung jeglicher Bewegung, bewirkt hat (vgl. auch DORNES 1993).

[5] An anderer Stelle habe ich von „Subjektiven Erfahrungsbereichen" gesprochen (BAUERSFELD 1983 und 1993b); in der angelsächsischen Literatur ist in ähnlichem

Zusammenhang auch von „scripts," „plans" (D. NORMAN), „microworlds" (R. LAWLER) oder „maps" die Rede.

[6] Ein Geruch, ein Geräusch, ein Wort können die spontane Erinnerung an frühere Situationen wachrufen, – eine Eigenschaft unserer Gehirnorganisation, die sich umgekehrt auch mnemotechnisch verwenden läßt, um direkt nicht zugängliche Erfahrungen über die Erinnerung an entsprechende Begleitumstände zu aktivieren.

[7] Die Unterscheidung von „deklarativem" und „prozeduralem" Wissen läßt sich mit einem Beispiel von D. HOFSTÄTTER („Gödel, Escher, Bach") verdeutlichen: Fragt man uns nach der Einwohnerzahl von Berlin, so haben wir unmittelbar eine mehr oder weniger detaillierte Zahlenangabe zur Hand, z. B. „4 Millionen."
Fragt man uns nach der Anzahl der Stühle in unserer Küche, so rufen wir ein Bild unserer Küche auf und zählen darin die Stühle.

[8] Die Belegstelle ist mir leider nicht mehr verfügbar. Die Aussage leuchtet ein, wenn man die Behauptung seines späteren Kollegen CARATHÉODORY liest, Klein habe „nie die Geduld gehabt, die Sätze, von deren Richtigkeit er sich überzeugt hatte, durch einen logisch einwandfreien Beweis sicherzustellen" (C. CARATHÉODORY: Gesammelte Mathematische Schriften, Band V. München: Beck, 1957, S. 402).

[9] Dies ist der sog. „Vogel-Köhler" in Königsberg, nicht zu verwechseln mit dem gleichnamigen „Affen-Köhler" in Berlin, der die berühmten Versuche zum Werkzeuggebrauch bei Schimpansen durchgeführt hat.

[10] Eine eingehendere Darstellung der möglichen Folgerungen und ihrer Interpretation für den Mathematikunterricht erscheint in RENTSCHLER & HEISENBERG (vorauss. 1996).

HORST RUMPF

Vom Krebsgang der Bildung
Beispiele und Thesen zum imaginativen Lernen

Teil I: Vier Lernszenarios zur Anschauung

(1) Der Deutschlehrer GÜNTHER LANGE hält nichts von der Vorrangstellung der überlieferten Bildbetrachtung, die alle Beteiligten vorschnell in eine distanzierte Beobachterposition zu versetzen droht. Er regt zur Teilhabe an einem Geschehen an, wenn er seine Schülerinnen und Schüler anregt, einen Dialog zwischen Beteiligten zu imaginieren und zu artikulieren – einen Dialog zwischen Figuren auf dem Bild. Eine Niederschrift eines solchen Dialoges sah dann so aus. Die Vorlage: CASPAR DAVID FRIEDRICHS „Männer vor dem Mond".

„Ich forderte meine Siebtklässler auf, in Partnerarbeit einen Dialog der beiden Männer im Bild zu entwerfen. Als Beispiel hier Christian und Torsten:

I:	Ist er nicht schön?
II:	Wer?
I:	Der Mond, natürlich!
II:	Wieso?
I:	Na ja, seine Farbe und so.
II:	Finden Sie?
I:	Ja.
II:	Ich mag den Mond nicht.
I:	Wieso?
II:	Ich kann bei Vollmond nicht schlafen.
I:	Ach ... So etwas kenne ich aber nicht.
II:	Der Mond hat sowieso nur eine Farbe.
I:	Finden Sie?
II:	Ja.

I: Sie scheinen aber auch keine Phantasie zu haben.
II: Sagen Sie so etwas nicht!
I: Wieso?
II: Ich bin Meteorologe!
I: Ach so, ein Wetterfrosch sind Sie.
II: Ja, ein Wetterfrosch bin ich, – und Sie?
I: Maler.
II: Weißbinder?
I: Nein, Kunstmaler" (zit. nach GÜNTHER LANGE o. J., S. 6).

Es bleibt nicht bei diesem Dialogisieren, das natürlich mehrere Variationen ermöglicht – LANGE berichtet, daß ihn eine Schülerin mit einem lyrischen Gedicht überraschte („Der Mond, nur eine blasse Scheibe?").

(2) Der Oldenburger Theaterpädagoge INGO SCHELLER hat viele Praxisbeispiele beschrieben, bei denen Theaterstücke nicht durch Lesen und Interpretieren vertraut gemacht werden, sondern dadurch, daß sie den Beteiligten in die Glieder fahren – nicht ohne sorgfältige sozialgeschichtliche Vorstudien, – eindrucksvoll und detailliert dokumentiert an BÜCHNERs „Woyzeck" (SCHELLER 1987).

Um das Verfahren aufs Gröbste anzudeuten: Es geht nicht um die Analyse von einer abstrakten, situationsneutralen Vogelschauperspektive, die dann nach Spuren fahnden läßt, um den Text einzuordnen – in eine Text- oder Dramensorte, in eine Epoche, in eine sozialgeschichtliche Situation, in eine Esthetik etc. Statt dessen um eine die Leiber aktivierende szenische Interpretation, von einer beschränkten Perspektive aus probierend sprechend, sich in Szene setzend, die eigenen Leibempfindungen in Gesten spürend, die Gesten des Partners ebenso spürend – und aus diesem sinnlichen imaginationsträchtigen Interagieren heraus ist zu sprechen: Wie hält Woyzeck dabei den Kopf, was tun die Beine, wie geht er mit dem Rasiermesser um? Redet er beim Rasieren oder in den Pausen? Bewegt er sich hektisch oder dumpf-langsam? Lassen sich zwei Varianten der Woyzeck-Interpretation körperlich darstellen? Varianten, die in sich stimmig sind und die sich mit dem Text vertragen.

Dadurch werden Einbildungen virulent, man nimmt nicht einfach nur das Geschriebene hin – man kommt dazu, sich einzulassen auf eine Beschränktheit, die Bilder aus den leiblichen Positionen entstehen läßt: so etwa das Bild, das sich Woyzeck von dem zu rasierenden Hauptmann macht, wenn er sagt: „Wir armen Leut. Sehen Sie, Herr Hauptmann, Geld, Geld. Wer kein Geld hat. Da setz einmal einer seinesgleichen auf die Moral in die Welt. Man hat doch auch sein Fleisch und Blut." Wie gehen solche Imaginationen in die Gebärde, den Sprachklang, den Blick? Und wie imaginiert der leicht irritierte Hauptmann seinen Rasierer, den Hilfssoldaten Woyzeck?

(3) PETER STETTLER, der Zürcher Physiklehrer, macht mit seinen Vierzehnjährigen Optik. Er führt keine Experimente vor mit Linsen, Lichtbrechungen, Brechungswinkeln, optisch dichteren und dünneren Materialien – mit der Demonstration von quantitativ zu fassenden Gesetzlichkeiten, die in den einschlägigen Physikbüchern schon nach wenigen Zeilen als definitiv gültiger Lernstoff mitgeteilt werden und auf deren Demonstration hin die Versuchsaufbauten und die verwendeten Lehrmittel ohne irgendwelche Überschüsse oder Störfaktoren konstruiert sind. Kein Rohstoff der Erfahrung bleibt über, wenn es ans Belehren geht – kein Raum dann aber auch für Imaginationen, die sich an allem entzünden, was Züge der Mehrdeutigkeit trägt, was also in seiner sinnlichen Gestalt nicht total determiniert ist von dem, worauf es verweist. Weshalb die meisten Lehrmittel mit zweckrationalem Charakter imaginative Vergegenwärtigungen geradezu ausschließen. Sie wären nicht direkt zielführend für die einzustudierenden begrifflichen Operationen.

Anders STETTLER. Er ließ seine Vierzehnjährigen weiß ummantelte Drahtstücke in einen schwarz ausgelegten Wäscheeimer voll Wasser werfen – und ließ sie dann genau hinschauen, um zu beobachten, was wirklich zu sehen ist an Unterwasser-Farbspiel. Sie sollten dann probieren, in ihrer Sprache (also nicht in zugereichten fixfertigen Fachtermini wie „Einfallswinkel", „Lichtstrahl" etc.) eine bestimmte Beobachtung (nicht etwa den sogenannten Gesamteindruck, der mit leeren Floskeln charakterisiert zu werden pflegt) so deutlich wie möglich wiederzugeben. Wobei es auch scheinbar ganz beiläufige, scheinbar ganz nebensächliche Beobachtungen sein können.

Weil keineswegs von vornherein klar ist, was Haupt- und was Nebensache ist. Der Blick und die ihn inspirierende Aufmerksamkeit sollen möglichst wenig präformiert und unbewaffnet sein.

Es gibt keine privilegierte örtliche Beobachterposition, man kann und soll sich in ganz verschiedene Nähen, Fernen, Höhen, Niedrigkeiten versetzen – die Einbildungskraft umspielt und durchdringt die möglichen Perspektiven. Kann man eine Position finden, von der aus die Sache, diese Drahtstücke auf schwarzem Untergrund im Wasser, noch eine neue Seite preisgibt? In diesem Bewegungsspiel können sich also neue Hinsichten ergeben, lockern, von denen die Akteure selbst überrascht sein mögen. Annäherungen passieren, und in ihnen werden Befremdungen, Überraschungen frei, die Imaginationen mobilisieren, wie sie auch selbst von solchen Imaginationen angetrieben sind.

Diese Annäherungen führen zu Formulierungen diesseits von korrekt und allgemeingültig formulierten Ergebnissen oder Erkenntnissen. Deshalb sind sie keineswegs nichtig. Sie sind wohl die Voraussetzung dafür, daß in einer späteren Lernphase produzierte oder übernommene Erkenntnisse, die von der persönlichen Annäherung abheben, auf einer Erfahrungsbasis beruhen, die Wirkliches, sich sinnlich identifizierendes Verstehen ermöglicht.

Wer sorgfältig und persönlich Phänomene wahrzunehmen und zu beschreiben gelernt hat, erliegt der Gefahr, durch schnell gelernte Wortformeln das Nachdenken und das Hinsehen zu überspringen, weniger leicht. Die Einbildungskraft wird nicht erstickt.

Die Vierzehnjährigen sind, in bemerkenswerter Lernkultur, daran gewöhnt, einzelne Beobachtungen auf ein Kärtchen zu schreiben. Aus den Einzelbeobachtungen wird schließlich ein

Gesamttext zusammengebaut, der sich ausschnittweise dann etwa so liest: „Dann haben wir einen weißen dünnen Draht ins Wasser geschmissen. Wenn wir diesen Draht genau von oben aus anschauen, erscheint er uns nur weiß. Senken wir den Kopf ein wenig, so hebt sich auch der Draht auf dem schwarzen Boden. Gleichzeitig färbt er sich am oberen Rand blau und am unteren Rand gelb bis rot. Je weiter man den Kopf senkt, desto breiter und deutlicher werden die Farbstreifen. Seltsam ist, daß diese Farben nur an den Rändern sind. Die Farben gehen schön gleichmäßig ineinander über. Geht man mit den Augen auf die Höhe des Wasserspiegels hinunter, so wird das Weiß des Drahtes zusammengedrückt. Es geht so weit, bis das Gelb und das Blau einander berühren. Ganz gute Beobachter entdecken einen grünen Schimmer darin. Diese Farben erinnern stark an einen Regenbogen" (STETTLER 1981, S. 252).

Deutlich, daß die Positionen gewechselt werden – deutlich auch, daß eine Wahrnehmung konfrontiert wird mit Erwartungen und Erinnerungssedimenten, welche die aktuelle Wahrnehmung unterströmen und ihr Intensität verleihen – so in der Registrierung von etwas, was „seltsam" anrührt und in der Artikulation des Vergleichs mit dem eingebildeten Regenbogen.

(4) MARTIN WAGENSCHEIN deutet in Stichworten den Weg von der muttersprachlichen Fassung einer Erkenntnis zur exakten und fachgemäßen Formulierung eines Ergebnisses naturforscherischer Bemühungen an, und zwar am Boyleschen Gesetz. Diese Stufen auf den Imaginationsgehalt hin abzuhören, ist lehrreich:

„Ich deute in Stichworten einige Etappen des BOYLEschen Gesetzes an (falls Sie sich noch erinnern: p mal v = const.).

Da ist eine Fahrradpumpe, unten verschlossen. Von oben preßt man die Luft zusammen (Temperaturveränderungen seien ausgeschlossen).

1. Fassung: WENN ICH DIE EINGESPERRTE LUFT ZUSAMMENDRÜCKE, DANN GEHT DAS IMMER SCHWERER.
Gut. Aber das „Ich" muß heraus, der Mensch überhaupt. Die Luft ist die Hauptperson.

2. Fassung: JE WENIGER PLATZ DIE LUFT NOCH HAT, DESTO MEHR WEHRT SIE SICH.
Wenn die Luft ein Tier wäre, dürften wir so sagen.
3. Fassung: JE KLEINER DER RAUM DER LUFT GEWORDEN IST, DESTO GRÖSSER IHR DRUCK.
Das ist die sogenannte qualitative, die „Je-Desto"-Fassung. – Sie genügt nicht. Physik will Zahlen sehen: WIE klein, WIE groß!
4. Fassung: Nach MESSUNG zusammengehöriger Werte ergibt sich ein Gesetz von erstaunlicher Einfachheit: WENN DAS VOLUMEN DES GASES 5MAL KLEINER GEWORDEN IST, DANN IST DER DRUCK IN IHM AUCH GERADE 5MAL (aber nicht kleiner, sondern) GRÖSSER GEWORDEN.
Allgemein: n-mal.
(Ganz leise, nebenbei: Das nennt man umgekehrte Proportionalität …
5. Fassung: Mathematische Formalisierung ohne Worte: Neue Betrachtung der Tabelle. Das eben Gesagte äußert sich mathematisch darin, daß DAS PRODUKT DRUCK MAL VOLUMEN IMMER DASSELBE BLEIBT: p x v = const.
Damit ist inhaltlich nichts gewonnen. Wir haben uns nur einen hübschen kleinen Rechenautomaten geschaffen, der uns die Worte abnimmt" (WAGENSCHEIN 1968, S. 135).

Deutlich ist die Stufung in der Loslösung von Situationen, von alltäglich erlebten Handlungsproblemen – auch die Loslösung von Phantasieunterströmungen, die zunächst eine kämpferische Auseinandersetzung imaginieren – zwischen einer aggressiv andrängenden Außenmacht und einer schwächeren, sich aber nachhaltig zur Wehr setzenden Innenmacht, gleichsam einer Besatzung der Luftpumpe, deren Insassen nicht alles mit sich machen lassen und sich ins Innerste zurückziehen, um ihre Verteidigungskraft zu konzentrieren. Je weiter sich das verstehen-wollende Beobachten von diesen dramatisierenden Identifikationen – die aber Züge des Geschehens wirklich erfassen, „als wär's ein Stück von mir" – loslöst, um so schärfer treten die Machtverhältnisse, die Machtgewichte ins Bewußtsein.

Die Regelmäßigkeit und das WIEVIEL zieht allmählich die Aufmerksamkeit auf sich – der doch auch erstaunliche Tatbestand, daß die Luft überhaupt zusammendrückbar erscheint, die inhaltliche Qualität des Ausgangsphänomens tritt in den Hintergrund, wenn der Geist auf die JE-DESTO-Spur kommt. Die doch auch interessante WARUM-Frage, die in Fassung 1 und 2 noch sehr spürbar auf der Lauer liegt und die auf die Qualität der Beteiligten und nach der Qualität dieses merkwürdigen Aneinandergeratens fragt, diese WIE- und WARUM-Frage wird überholt von der WIEVIEL-Frage. Wird sie auch verdrängt und ausgelöscht – wenn schließlich als endgültige Klärung der Konfliktverhältnisse die Formel gelehrt und gelernt wird. In der Formel ist auf elegante Weise der Konflikt in Zahlen umgesetzt und unkenntlich gemacht. Aus Gegnern werden Faktoren einer Multiplikation mit immer konstantem, gleichbleibendem Ergebnis. Aus dem anfänglichen Erstaunen über die verschiedenartigen Zusammendrückbarkeiten wird möglicherweise das Erstaunen über die asymmetrische Harmonie zwischen Druckmacht und bedrückter Größe. Und die vorwitzige Einbildungskraft, wenn sie sich noch an diese abstrakte Formel anzukristallisieren unterfängt – die vorwitzige Einbildungskraft mag sinnieren, ob es denn auch vorkommen kann, daß die Druckmacht so stark wird, daß die zusammengedrückte Luft fast oder ganz verschwindet ... (fast Null wird). („Ganz zerquetscht"): Vermutlich vertreiben Formeln solche Vorwitzigkeiten ...

Jedenfalls handelt es sich hier um Arten und Grade des Verstehens mit Verlusten an Nähe, Identifikationen, sinnlichen Nachvollziehbarkeiten und mit Gewinnen an Distanz, Verallgemeinerbarkeit, Vorhersehbarkeit. Einer dramatisierend nachschaffenden Symbolisierung, die mit Phantasien und Erinnerungen befrachtet ist, folgt eine fortschreitend schärfere und eindeutigere Symbolisierung in begrifflichen und quantifizierenden Formen ohne Bildunterströmungen – bis hin zum totalen Bilderverbot. Es liegt zutage, daß hier fundamentale Probleme der Weltaneignung zur Debatte stehen: Wie sollten sie zueinander stehen (wobei in „FRÜH" und „SPÄT" schon Interpretationen stecken, die nicht selbstverständlich sind)? Gibt es ein pures Nacheinander, wobei die spätere die frühere Phase ablöst und überflüssig macht (ähnlich einer abzustoßenden Trägerrakete)? Oder ist ein Nebeneinander denkbar und wünschenswert? Ein Gegeneinander? Ein Oszillieren (vgl. RUMPF 1991, S. 329 ff.)?

TEIL II: Mangelerfahrungen in verbreiteten Formen des institutionalisierten Lehrens und Lernens

Ich riskiere zur Verdeutlichung eine bildhafte Sprache, deren theoretische Auseinanderlegung wohl möglich (vgl. RUMPF 1987), aber hier zu langwierig wäre:
(1) Wir legen Stoffgebiete zurück, ohne das Gemeinte und das „Behandelte", das sogenannte „Durchgenommene", in seiner Widerstandskraft noch im Ernst zu berühren und zu spüren.
(2) Infolgedessen wissen wir Bescheid, ohne noch hinsehen, hinspüren zu müssen, zu wollen. Didaktik als Beschleunigungs- und Entsinnlichungshelfer.
(3) Wir subsumieren, ohne die Irritationen durchmachen zu wollen oder zu können, die das Subsumieren als sinnvolle, eine wie immer prekäre und vorläufige, jedenfalls aber kontingente Ordnung schaffende Tätigkeit erscheinen läßt.
(4) Wir nehmen von Experten gefördertes Wissen auf deren Verantwortung hin zur Kenntnis – wir übernehmen es in unser Weltbild, ohne mehr recht zu spüren, wie viel wir glauben (auch aufgrund attraktiver Aufbereitung und Vermittlung in den Medien). Wir spüren nicht mehr, in welchem Maß wir gelernt haben und gelehrt bekamen, die Haftbarkeit für den Inhalt unseres Kopfes aufzugeben. (Und das namens einer Allgemeinbildung, die ihr

Zentrum in der Wissenschaftsorientierung zu haben beansprucht!)

(5) Wir sind durch Schule, Hochschule, mediale Informationsvermittlung durch die Bank so vorgebildet, daß wir urteilen und erklären, ohne auch nur noch das Bedürfnis zu spüren, uns mittels unserer Einbildungskraft in die Geschehnisse, die chaotisch-dramatischen oder die frappierend-erhabenen, einzublenden, aus denen allererst Erklärungen und Urteile zu entwickeln wären, die nicht nur angelernt wären, auf Autorität hin übernommen.

(6) Das Ergebnis von Schnell- und Überblicksinformationen auf geglätteten Lernwegen mit im voraus aufgestellten Lernziel-Hürden ist Gleichgültigkeit, Präsenzverlust, Verstopfung der Köpfe – gekoppelt mit der Furie des Verschwindens. Die Baulichkeiten begünstigen diesen Trend.

Teil III: Theoretische Andeutungen

(1) Es gibt ein Lehren und Lernen, das die Adressaten unverzüglich und auf dem schnellsten Weg in die Position eines „extramundanen Subjekts" (E. STRAUS 1956, S. 240) befördert und transferiert. Ein Blick aus der Vogelperspektive, die Einteilungen und Urteile erlaubt, welche nicht gedeckt sind – die Altklugheit, das gebildete Gerede, die von ADORNO bloßgelegte Halbbildung manifestieren sich in dieser erschlichenen, oft genug durch Belehrungen aufgezwungenen Überlegenheit. Eine Urgefahr der Schulweisheit, die sich mit der der modernen Wissenschaft inhärenten Drift zur Arroganz, zur Verleugnung der eigenen Blickbegrenzungen und Schwächen verbindet. Das sterbliche, sinnlich an eine beschränkte Perspektive gebundene Subjekt, das in bestimmte Schicksale, Situationen, kulturelle Traditionen eingebunden ist, das eine bestimmte Muttersprache mitbringt mit an sie gehefteten Phantasien und Erinnerungen – dieses lebensweltliche Subjekt mitsamt seinen sozialen Erfahrungen – es scheint abdanken zu müssen, wenn es ans ernste Lernen geht. Denn dieses Lernen

hat das extramundane Subjekt aufzubauen, das sich von Sterblichkeit und Erdenschwere zu befreien hat. Allenfalls wird es in der sogenannten Motivationsphase toleriert. Ich rede von einer in Schulen und Hochschulen, in ihren Institutionen sozusagen investierten und programmierten Lernvorstellung – wohl wissend, daß es Suchbewegungen in andere Richtungen gibt. Die Gebärden, die Sprache, die Imaginationen der Lebenswelt haben wegen ihrer Vorläufigkeit und Beschränktheit abzudanken, wenn es an das wichtige und ernstzunehmende Lernen geht. Die Durchsetzung des extramundanen, übersituativen, überindividuellen Lernsubjekts – das allgemeine Wahrheiten zu schlucken hat –, diese Durchsetzung läßt das Lernen und Lehren erstarren. Mit dem sterblich-sinnlichen Untergrund wird der Tendenz nach jenes Wunschzentrum stillgelegt und abgetrennt, aus dem alles kommt, was Erkenntnisse subjektiv bedeutsam macht und sie auflädt, ihnen die dogmatische Versteinerung nimmt – also alles, was sie umspielt, in ihnen Unbestimmtheit, Brüche, neue Aspekte freilegt.

Es ist dieses Wunschzentrum, aus dem die variierenden, zweifelnden, die Normalität verrückenden Imaginationen aufsteigen, die den Schulmeister, den Bescheidwisser, den Dogmatiker, der auf Katechismussätze fixiert ist, in Verwirrung bringen.
(2) Gewiß nicht anzustreben ist das pure Nebeneinander der beiden Subjektarten – des überpersönlichen und des lebensweltgebundenen. Auch nicht das Nacheinander – der Laie darf noch staunen und sagen, was er wirklich denkt und spürt, der Fachmann lächelt souverän oder urteilt entrüstet über soviel Unverstand. Wünschenswert – und ich meine, das läge in der Linie des europäischen Humanismus von ERASMUS und MONTAIGNE über LESSING und LICHTENBERG bis zu WAGENSCHEIN und VON HENTIG, um eine etwas kühne pädagogische Linie zu ziehen –, wünschenswert wäre das immer neu ins Spiel zu bringende Oszillieren zwischen dem lebensweltlichen Subjekt, dessen Sinnengebundenheit und Situiertheit, dessen Sterblichkeit und Kontingenz, dessen Glückshunger und Zeitverfallenheit einerseits und dem

überindividuellen kognitiven Zentrum andererseits, dem Subjekt 2, das imstande ist, die Beengungen und Verfangenheiten durch Sinnlichkeit und durch Situationsgebundenheit zu sprengen und allgemeine Durchblicke zu gewinnen. Beide Perspektiven sollten sich relativieren und ermutigen – wenn denn nicht eine imaginations- und phantasielose Rationalität in ihrem fixen Wissen verknöchern soll – und wenn andererseits der Absturz in irrationale Erlebnissucht und Beliebigkeit vermieden werden soll.

(3) Mit einer sozialwissenschaftlich aufgeklärten Psychoanalyse gesprochen: Kommt es in Lernprozessen, in Erkenntnisgewinnungen noch zu einem Wechselspiel zwischen individuellen Lebensentwürfen und gesellschaftlich vorgezeichnetem Praxisgefüge mit seinen übersubjektiven Erkenntnis- und Handlungsvorschriften –, oder ist dieses Wechselspiel zu einem rigiden Verhaltenszwang eingefroren (NAGBOEL 1986, S. 371/372)? Wozu die Überlast von Traditionen, Erkenntnissen, Lernpflichten, Kontrollbedürfnissen immer wieder drängt – ineins mit der Isolierung der Lernreservate von lebensweltlichen Aufgaben.

(4) Kein Irrationalismus, keine Verachtung der Vernunft also in diesem Plädoyer für ein Lehren und Lernen, das die Sterblichkeit des lernenden, erkennenden Menschen ernst nimmt. Ein Stoßseufzer eines großen Humanisten aus der Tradition des ERASMUS, dem nichts mehr gegen den Strich ging als der Ungeist des Bescheidwissens in weltlichen wie in Glaubensdingen: „Ich wollte, daß ich mich entwöhnen könnte, daß ich von neuem hören, von neuem fühlen könnte. Die Gewohnheit verdirbt unsere Philosophie" (LICHTENBERG 1953, S. 98).

Literatur

LANGE, G.: Die Bilder zum Sprechen bringen – Ein Versuch über kulturelle Praxis im Deutschunterricht. Unveröff. Ms., Kassel o. J.

LICHTENBERG, G. C.: Aphorismen, Briefe, Schriften. Hrsgg. von Paul REQUADT. Stuttgart 1953.

NAGBOEL, S.: Macht und Architektur. Versuch einer erlebnisanalytischen Interpretation der Neuen Reichskanzlei. In: Kulturanalysen. Hrsgg. von Alfred LORENZER. Frankfurt/M. 1986, S. 347–374.

RUMPF, H.: Belebungsversuche. Ausgrabungen gegen die Verödung der Lernkultur. Weinheim und München 1987.

RUMPF, H.: Erlebnis und Begriff. In: Zeitschrift für Pädagogik 37(1991)3, S. 329-346.

SCHELLER, I.: Szenische Interpretation: Georg Büchner: Woyzeck. Universität Oldenburg. Zentrum für pädagogische Berufspraxis 1987.

STETTLER, P.: Wie erleben Jugendliche Physik? In: Neue Sammlung 21(1981)3, S. 246–262.

STRAUS, E.: Vom Sinn der Sinne. Ein Beitrag zur Grundlegung der Psychologie. Berlin, Heidelberg, New York. Zweite Auflage – Reprint 1978.

WAGENSCHEIN, M.: Die Sprache im Physikunterricht. In: Zeitschrift für Pädagogik. 7. Beiheft (1968), S. 125–142.

NORBERT COLLMAR

Die Lehrkunst des Erzählens: Expression und Imagination

Erzählt wird in Büchern, Comics und Filmen, im alltäglichen Umgang auf der Straße, auf dem Schulhof, beim Essen, im Bett. Auch in therapeutischen und pädagogischen Situationen hat das Erzählen seinen festen Platz, so in Beratungs- und Therapiegesprächen, in der Jugendarbeit und im Unterricht. Erzählen ist ein Grundakt menschlicher Kommunikation.

„Eure Geschichten und Ausführungen ... haben mir den Schlaf geraubt. Ich saß auf der Terrasse und dachte nach. Was ist Erzählen überhaupt? Warum erzählen die Menschen? Ich grübelte bis zur Morgendämmerung." So läßt der gebürtige Damaszener R. SCHAMI in seinem preisgekrönten Buch „Erzähler der Nacht" (1992, S. 220) einen ehemaligen Minister fragen. SCHAMI antwortet: „Was für ein guter Erzähler ist doch dieser afghanische Messerschleifer. Ein kleiner Teufel, doch wenn er anfängt Geschichten von seiner Heimat zu erzählen, wächst er. Ich habe nie etwas von Afghanistan gewußt, doch dieser Teufel entführt mich in seine Gassen, und ich rieche, schmecke und verstehe, was jeder in diesen Gassen fühlt. Auf einmal bin ich mit den Afghanen verbunden. Ist das nicht ein Wunder?" (ebd., S. 221).

Der expressive Akt des Erzählens hat die wunderbare Kraft, die Zuhörer allein mit Hilfe von Worten in eine andere Wirklichkeit zu entführen und zeitlich oder örtlich ferne Begebenheiten so gegenwärtig zu machen, daß sie geradezu sinnlich erfahrbar werden. Hier liegt eine besondere Form der Erfahrung vor: „ästhetische Erfahrung". Ästhetische Erfahrung beinhaltet eine „Erkenntnis durch sinnliches Empfinden und Fühlen" (JAUß 1984, S. 88). Erzählen bewahrt die Sinnlichkeit der Erfahrung und macht sie mitteilbar.

Die sinnliche Vergegenwärtigung beim Hören einer Erzählung, die rezeptive Seite der ästhetische Erfahrung entspringt der

„Imagination … dadurch daß die Erzählung ins Bild setzt, daß ‚innere' Bilder angeschaut werden. Eine gute Erzählung ist bildweckend, bildstiftend. Jeder, der aufgeschlossen hört, ersieht sich die Dinge in Bildern. … Voraussetzung ist allerdings, daß der Erzähler, der Bilder wecken will, selbst Bilder sieht, daß er wie anschauend erzählt, daß er ‚Visionen' hat."[1] Dem Erzählen wird zugetraut, daß es die Einbildungskraft anregt, so daß dabei über den Weg der Imagination[2] sinnliche Wahrnehmungen möglich sind. Dieser „Zauberkraft der schönen Diktion" hat FRIEDRICH SCHILLER (1963, S. 9) nachgespürt. Sie wirkt, wenn der Einbildungskraft oder Imagination und dem Verstand zugleich Genüge getan wird. „Die Einbildungskraft strebt, ihrer Natur gemäß, immer nach Anschauungen … und ist ohne Unterlaß bemüht, das Allgemeine in einem einzelnen Fall darzustellen, … den Begriff zum Individuum zu machen, dem Abstrakten einen Körper zu geben. Sie liebt ferner in ihren Zusammensetzungen Freyheit" (ebd., S. 5). Neben dieser Darstellung des Abstrakten im Besonderen fördert die metaphorische Sprache, der „figürliche oder uneigentliche Ausdruck" (ebd., S. 9), die Imagination und die Freiheit der Phantasie. SCHILLER hat damit auf sprachliche Formen aufmerksam gemacht, die das „Wunder" der Imagination und die „Zauberkraft" der Phantasie anregen können.

Als wesentlich erscheinen dabei 1. die Erzählung als poetische Form, 2. die Eigenart der Erzählsprache und 3. die Stellung des Erzählens zwischen Erleben und abstrahierendem Begriff. Diesen drei Aspekten wird im folgenden nachgegangen. Von besonderem Interesse ist dabei die Bedeutung des Erzählens als Lehrkunst in der Schule.

1. Erzählen als poetische Form

Die „Grundform allen Erzählens" heißt: „Es war … und dann …"[3]. „Es war …" gibt den Hörern eine Ausgangslage bzw. ein Problem wird beschrieben.

„In den alten Zeiten ... lebte ein König, dessen Töchter waren alle schön, aber die jüngste war so schön, daß die Sonne selber, die doch so vieles gesehen hat, sich verwunderte, sooft sie ihr ins Gesicht schien" (GRIMM 1984, S. 29).

„Und dann ..." läßt Ereignisse und Komplikationen folgen, die zu Reaktionen herausfordern und das weitere überhaupt erst erzählenswert machen. Durch den Wechsel von Komplikation und Bewältigung, von Bedrohung und Rettung kommt Spannung auf.

„Nun trug es sich einmal zu, daß die goldene Kugel der Königstochter ... geradezu ins Wasser hineinrollte ... und der Brunnen war tief, so tief, daß man keinen Grund sah."

Nach weiteren Komplikationen mit dem hilfreichen, aber unerfreulich häßlichen und zudringlichen Frosch und dem moralisierenden Vater wird am Ende mit den Schwierigkeiten im Märchen auch die Spannung der Hörer gelöst.

Sie warf den Frosch „aus allen Kräften wider die Wand, ‚nun wirst du Ruhe haben, du garstiger Frosch'. Als er aber herabfiel, war er kein Frosch, sondern ein Königssohn mit schönen freundlichen Augen".

Ausgangslage, Komplikation und Lösung ergeben zusammen eine „‚Normal-' oder ‚Neutralform' dessen ..., was man in aller Vorläufigkeit ‚konventionelles Erzählen' nennen könnte" (GÖLICH 1976, S. 254). Diese drei Teile bilden den kleinen Kosmos, in den die Hörer eintreten. Die Grundform findet sich bei Romanen, Novellen, Fabeln, Märchen, Witzen und im Alltag. Dieser Rahmen der erzählerischen Normalform läßt sich durch folgende Aspekte noch präziser bestimmen:

- In einer Erzählung werden Ereignisse und Handlungsabläufe oder Geschichten als vergangen dargestellt.
- Einem Ausgangszustand steht ein veränderter Endzustand gegenüber.
- Im Zusammenspiel mit den berichteten Ereignissen geht es für die zumeist menschlichen Akteure um oftmals lebenswichtige Erfahrungen.

Wie entsteht nun beim Erzählen die besondere Art von Erfahrung, die ästhetische Erfahrung? Die ästhetische Erfahrung, bei der die erzählten Ereignisse gleichsam mit den Akteuren der Geschichte erlebt werden, kann mit den Begriffen „Identifikation und Rollenspiel" (ROLOFF 1977) umschrieben werden. ROLOFF versteht unter Rollenspiel „die nur ‚zeitweilige Identifikation mit vermindertem Ernstcharakter', die kurzzeitige und flexible Rollenübernahme, die vor allem beim Kinderspiel ... zu beobachten ist. Identifikation gilt dabei als ‚ein Prozeß, in dem eine Person ihre Gedanken, Gefühle und Handlungen denen einer anderen Person, die ihr als Modell gedient hat, angleicht'" (S. 272). Für die spielerische Identifikation beim Hören bilden „belebte Handlungsträger" eine wichtige Voraussetzung. Die Qualität einer Erzählung beruht unter anderem auf den in ihr enthaltenen Identifikationsmöglichkeiten. Erzählungen können demnach als eine Einladung zur Identifikation und zum fiktiven Mitspielen aufgefaßt werden. Das Spiel besteht im inneren Hin- und Herbewegen zwischen Hörer und erzählter Person.

So gesehen ist die ästhetische Identifikation ein fragiler Schwebezustand, der „in ein uninteressiertes Abrücken von der dargestellten Figur oder in ein emotionales Verschmelzen mit ihr ... umkippen kann" (JAUß 1984, S. 244). Eine solche ästhetische Identifikation braucht Distanz zu der erzählten Person und zu sich selbst. In dieser doppelten Distanz liegt der Spielraum der Imagination, die Möglichkeit, sich selbst in einer anderen Person zu erleben und neue Gedanken, Emotionen, Verhaltensweisen und Einstellungen in einer fiktiven Situation zu erproben. Durch Mitlachen oder Mitweinen, durch Bewunderung oder Verachtung, durch Miterleben oder Miterleiden der erzählten Ereignisse kann sich beim Hörer eine überraschende Umorientierung ereignen. Die ästhetische Identifikation löst dann einen kathartischen Prozeß aus.

Ob der Hörer das beim Erzählen Erfahrene für den Alltag übernimmt, ob es für „seine Lebenspraxis bestimmend wird, steht auf einem anderen Blatt. Das kann durch das Erzählen von

Geschichten nicht bewirkt werden" (NEIDHART 1975, S. 28). Die Freiheit der Imagination besteht also nicht nur in der Freiheit zu einer vielfältigen und kreativen Variation bisheriger Vorstellungen, sondern auch in der Freiheit, sich von dem Erzählten im Alltag bestimmen zu lassen – oder eben nicht.

Wie läßt sich der „fragile Schwebezustand" beim Erzählen erreichen? Besonders für Ungeübte ist es dabei ratsam, sich zunächst an die Grundform des Erzählens zu halten.

Die Einleitung ist hierbei für die Schüler wie eine Tür zur Geschichte, sie müssen hier zu Identifikation und Rollenspiel eingeladen werden. Dabei unterlaufen häufig typische Fehler:

- das Ziel der Geschichte wird verraten: „Ich erzähle heute ein Märchen, in dem eine Prinzessin einen schönen Prinzen heiratet";
- die erzählerisch angestrebte emotionale Wirkung der Geschichte wird psychologisierend erklärt: „Ich erzähle euch eine Geschichte, in der ihr euch mit euren Hoffnungen und Ängsten wiederfinden könnt."[4];
- Vorbehalte und Bedenken werden gegen die eigene Geschichte angemeldet: „Ich erzähle euch eine Geschichte, von der manche meinen, sie sei erfunden, vielleicht ist sie gar nicht so passiert, aber trotzdem ...";
- breite sachliche Erklärungen und Schilderungen ohne Handlung und Identifikationsmöglichkeiten leiten die Geschichte ein.

Durch solche Einleitungen wird eine objektivierende Distanz herbeigeführt, erhöht und somit der Schwebezustand der ästhetischen Identifikation gefährdet.

In allen Phasen der Erzählung muß die sprachliche Gestaltung der Phantasie des Hörers Stoff und Spielraum gleichzeitig gewähren. Details sind für die innere Anschauung der Hörer wichtig. „Anschaulichkeit ist aber nicht mit Buntheit, nicht mit Auffälligkeit und nicht mit Schockwirkung zu verwechseln. ... Das Erschütternde, Schreckerregende in einer Geschichte wirkt dann nicht, wenn es platt, grob und übertrieben dargestellt wird" (NEIDHART 1975, S. 64). Das Entsetzliche soll mit leisen Tönen geschildert werden, es kann auch im Reflex der Gefühle der es erlebenden und erleidenden Personen dargestellt werden. Die Schilderung eines Zustandes sollte erzählerisch in Erleben und in Handlung umgewandelt werden. So wird im „Froschkönig" die Schönheit der Prinzessin nicht mit einer Reihe von Adjektiven, sondern mit der Tätigkeit der Sonne beschrieben:

„*... die jüngste war so schön, daß die Sonne selber, die doch so vieles gesehen hatte, sich verwunderte, sooft sie ihr ins Gesicht schien*".

Der Schluß der Erzählung, die Auflösung der Spannung darf nicht dazu führen, daß die Geschichte nicht mehr weiterwirkt. Märchen haben häufig einen Schluß, der die Geschichte offenhält: „Und wenn sie nicht gestorben sind, so leben sie noch heute."

Die konventionelle Grundform ist allerdings nicht gleichzusetzen und nicht zu verwechseln mit einem konventionellen Inhalt oder Thema. Fehlt ein Moment von Fremdheit bzw. der Wechsel von Bedrohung und Rettung, so kann aus der Erzählung eine langweilige Schilderung werden, die die Routinen des Alltags in der Schule wiederholt. Die herausfordernde Fremdheit kann auch durch eine befremdliche Erzählweise bewahrt und besonders betont werden.

An die Stelle der konventionellen Erzählform, die durch ihre Struktur von Einleitung, Komplikation und Lösung einen in seiner Ganzheit fremden Kosmos setzt, kann freilich auch das Fragment treten. Das Fragment weist noch auf das Ganze hin, versagt sich aber gleichzeitig die Möglichkeit der Ausgestaltung und Ausmalung. Es fordert die Hörer vielmehr zu dieser Phantasieleistung heraus.

Auch absurde Erzählungen und die Groteske bewahren die Fremdheit des Erzählten bereits in ihrer Form. Sie verfremden bewußt und können allzu vertraute und insofern verfestigte und gleichsam geronnene Zusammenhänge durch neue und verblüffende Perspektiven wieder verflüssigen und erneut fragwürdig machen. Sie schließen einen „Pakt mit der Fremdheit" (RUMPF 1986, S. 17), wecken so das Interesse und lehren einen Sachverhalt neu sehen.

2. Die Eigenart der Erzählsprache

Zum gekonnten Erzählen gehört eine besondere Sprache. In der Linguistik wurde versucht, diese von anderen Weisen des Sprechens abzuheben. WEINRICH (1985) unterscheidet zwei sprachliche Modi bei der Darstellung von Welt: das Besprechen und das Erzählen. In ähnlicher Weise werden von LOETSCHER (1988, S. 147) eine „darstellende und argumentierende Sprache" unterschieden. Er bezieht sich hierbei zwar auf seine literarischen und journalistischen Arbeiten; da letztere aber primär auf Information, auf die Weitergabe von Wissen gerichtet sind, scheinen sie dem Unterricht und der Schule eng verbunden. Auch hier dominiert die Sprache, „die diskursiv vorgeht, die argumentiert und sich Gegenargumenten aussetzt, die informieren will oder zu überzeugen beabsichtigt, die sich an Faktischem überprüfen läßt" (ebd., S. 146). Es ist die Sprache der Information, die eine objektiv vorhandene Wirklichkeit unterstellt und abzubilden versucht. Hier ist sie ein „Instrument zur Bezeichnung von Gegebenem" (ANDEREGG 1985, S. 43).

Die andere Sprache ist die poetische Sprache der Erzählung, „die nicht kommentiert und nicht analysiert, sondern darstellt, die mit dem Bild und der Bildhaftigkeit arbeitet ... eine, die Wirklichkeit erschafft" (LOETSCHER 1988, S. 146). Diese Unterscheidung ist von großer Tragweite: Sprache ist mit der Vorstellung, sie diene in der Kommunikation wesentlich der zeichenhaften Abbildung der objektiven Welt, unterbestimmt. Sie bildet die Wirklichkeit nicht nur für einen Kommunikationsvorgang ab, sondern sie ist an der Konstitution der Wirklichkeit auf konstruktive Weise beteiligt. „Mit der Sprache bzw. in der Sprache aktualisieren wir aus der Fülle des Möglichen jene Ordnung, vollziehen wir jene Ausdifferenzierung und jene komplexe Vernetzung, auf die wir als auf unsere Welt Bezug nehmen" (ANDEREGG 1985, S. 40). Im Alltag werden wir dieser konstituierenden Dimension der Sprache nicht gewahr, weil wir „auf bereits vollzogene Konstituierungen bestätigend Bezug nehmen, weil die

Welten, auf die wir uns beziehen, uns als Konventionen schon vertraut sind" (ebd., S. 43). Die darstellende Sprache, die gelungene Erzählung kann einen neuen Blick ermöglichen und läßt uns neben die „konventionelle Welt" treten. Der neue Blick eröffnet neue Sinnhorizonte, rückt andere, in den konventionellen Weltentwürfen des Alltags üblicherweise ausgeschlossene, Möglichkeiten ins Blickfeld und und setzt so eine neue Welt. In der Vermittlung zwischen bisheriger und neuer Welt, zwischen eigenem und fremdem Blick kann man die eigentliche Leistung der ästhetischen Erfahrung sehen. Entweder der fremde Blick wird durch die spielerische Identifikation probehalber als der eigene genommen, oder „dem eigenen Blick, der sich – vom Text geführt – der ästhetischen Wahrnehmung überläßt, eröffnet sich ... der Erfahrungshorizont einer anders gesehenen Welt" (JAUß 1984, S. 129).

Die Qualität einer Erzählung und ihre imaginierende Wirkung hängt demnach unter anderem davon ab, wie sie den darstellenden Modus der Sprache durchhalten kann und nicht in Argumentationen verfällt und so der Versuchung nachgibt, „beim Begriff Pause zu machen" (LOETSCHER 1988, S. 149). Der Verzicht auf den argumentierenden Sprachmodus bedeutet auch, daß in der Erzählung explizite psychologische Sezierungen der Personen unterbleiben. Den Hörern wird so eine mögliche Deutung der Geschichte nicht aufgedrängt, und es kann eine große Breite unterschiedlicher Aneignungen entstehen. Für Wissensvermittlung bzw. Information dagegen ist es unerläßlich, daß sie argumentativ plausibel gemacht werden kann. Sie ist von Erklärungen und Begründungen durchsetzt, aber, so BENJAMIN (1977, S. 391), sie „hat ihren Lohn mit dem Augenblick dahin, in dem sie neu war". Wer liest schon die Tageszeitung der letzten Woche? Leuchten Argumentation und Ergebnis eines Artikels ein, so lohnt sich tieferes Nach-Denken nicht. Anders die Erzählung, die immer wieder zur Aneignung herausfordert. „Es ist nämlich schon die halbe Kunst des Erzählens, eine Geschichte, indem man sie wiedergibt, von Erklärungen freizuhalten" (ebd.). Eine so erzählte Geschichte initiiert das Verstehen immer wieder neu.

Ästhetische Erfahrung und Imagination werden dagegen geradezu bedroht, wenn auf eine argumentative Erklärung der Geschichte ausgewichen wird.

3. Zwischen Erleben und Begriff

Worin liegt die Besonderheit des Erzählens in psychologischer Sicht?

AEBLI (1983, S. 36) versucht, sich dem Erzählen mit dem Begriff „Bedeutungserlebnis" anzunähern: „Wo im Lehrer lebendige und klare Bedeutungserlebnisse vorhanden sind, da teilen sie sich auch den Schülern mit." Er deutet den Kommunikationsprozeß sprachpsychologisch bzw. psycholinguistisch. „Sprache wird aus Bedeutungen heraus erzeugt" (ebd., S. 37). Das heißt, vergangene Handlungen und Wahrnehmungen werden in der Vorstellung wiederbelebt. „Aus der ursprünglichen Handlung wird damit die Handlungsvorstellung und aus der Wahrnehmung das innere Bild" (ebd.). Vorstellungen und innere Bilder können durch die „reproduktive Einbildungskraft" (KANT) Eindrücke aller Sinne zurückrufen. Zu den sachlichen Bedeutungsgehalten, auf die das Gedächtnis des Erzählers zurückgreift, kommen Gefühle und Werturteile hinzu. „Was das Erzählen ... attraktiv macht, das sind die gefühlsmäßigen und die werthaften Töne, die in der Erzählung mitschwingen" (AEBLI, S. 38). Diese wurden beim ursprünglichen Erlebnis im Erzähler geweckt und sind mit sachlichen Inhalten verbunden. Werden diese Inhalte erinnert, so steigen auch die damit verbundenen Gefühle und Werturteile auf. Bedeutungserlebnisse im Sinne AEBLIs sind also dreifach konstituiert: erstens durch die Vorstellungen von Dingen, Handlungen usw., die zu Begriffen verdichtet werden können, zweitens durch Gefühle und Stimmungen und drittens durch Bewertungen, z. B. Ablehnung. Beim Erzählen müssen diese komplexen Bedeutungserlebnisse nun sprachlich umgesetzt werden.

Zuerst zu den Inhalten: Denkinhalte bzw. Bedeutungen werden mit einem Wort verbunden. Beim Sprecher entsteht mit der

Bedeutung, dem inneren Bild auch das dazugehörige Wort. Kommunikationstheoretisch wird die Sprache als gemeinschaftlich geregeltes Zeichensystem angesehen. Die Zeichen oder Worte „rufen im Zuhörer wieder die gleichen Bedeutungen, die im Sprechenden lebendig waren, oder sollten sie wenigstens rufen" (ebd., S. 43). Allerdings kommen beim Hörer direkt keine Bedeutungen an, sondern Laute und Gesten, überspitzt gesagt, Schallwellen und visuelle Reize. Diese an sich banale Erkenntnis ist aber folgenreich. Sie hat zur Konsequenz, daß die Schüler die Inhalte nicht einfach übernehmen können, sondern diese mit Hilfe ihrer sedimentierten Erfahrung selbst rekonstruieren.

Einer Erzählung zuhören ist daher eine aktive und im Blick auf das innere Geschehen eine individuelle Handlung. Beim hörenden Ich findet nicht einfach eine Übernahme der in der Geschichte erzählten Ereignisse oder ein Austausch beziehungsweise eine Absorbtion des Bewußtseins durch das erzählte Ich auf dem Weg der Identifikation statt. Die Hörer haben einen aktiven Part. Hierbei gilt der bereits von THOMAS VON AQUIN aufgestellte Grundsatz: „quidquid recipitur secundum modum recipientes recipitur" (Was immer rezipiert wird, wird nach Art und Weise des Rezipienten rezipiert) (BUCHER/OSER 1987, S. 167).

Die Entwicklungspsychologie hat hier einige wichtige Einsichten vermittelt. Aufschlußreich ist es beispielsweise, wie Schüler biblische Gleichnisse verstehen. Wohl ganze Religionslehrergenerationen gingen mit der Meinung in die Irre, daß die Schüler ihre Erzählungen, ihre Erklärungen und den Inhalt der Gleichnisse im intendierten Sinn verstünden. Aber elf- und zwölfjährige Schüler drehten den Sinn der biblischen Parabeln teilweise gänzlich um. Beim Gleichnis von den Arbeitern im Weinberg (Mt 20), das die andere, nicht nach Leistung messende Gerechtigkeit Gottes zum Ziel hat, beharrte ein Mädchen trotz mehrmaliger Intervention auf seiner Deutung: „Die Geschichte will einfach, daß man es besser machen könnte als der Herr, es ist ein Beispiel, wie man es nicht machen sollte" (BUCHER 1990, S. 118).

Lehrerinnen und Lehrer vermitteln durch das Erzählen nicht nur Inhalte; sie zeigen auch die zu ihren Bedeutungserlebnissen gehörenden Gefühle und Werthaltungen. „Feinste Nuancen der Betonung, der Mimik und der Gestik übermitteln dem Schüler den Gefühlsgehalt einer Sache und verraten ihm ihre Wertung durch den Lehrer" (AEBLI 1983, S. 52). Dadurch, daß die Erzähler den Hörern ihre Gefühle und Wertungen vor allem durch Körpersprache und Sprachmodulation vermitteln, spricht das Erzählen die Sinne der Schüler an, es bekommt einen ganzheitlichen und persönlichen Charakter. Erzählen ist im positiven Sinne „verräterisch", weil die Schüler sich in die erzählenden LehrerInnen einfühlen können. Nach AEBLI (ebd.) ist „die einfühlende Teilhabe des Zuhörens" beim Erzählen die „engste Form der Gemeinsamkeit, den die Schule erreichen kann". Erzählen wird geradezu als intim empfunden. Die äußeren Bedingungen des Unterrichts, wie z. B. die Sitzordnung im Klassenzimmer, die zeitliche Gliederung der Stunde usw., sollten darauf abgestimmt werden.

Aber so wie die Schüler die Inhalte eigenständig rekonstruieren, wirken auch ihre Emotionen und Werte schöpferisch beim Hören mit. Die Erzählung muß von den Hörenden neu hervorgebracht werden, dabei wird das erzählte Geschehen mit ihrem Wissen, ihren Gefühlen und Werten durch die Phantasie neu gestaltet. Auch der Hörer bringt seinen ganzen lebensgeschichtlichen Hintergrund ins Spiel. Erzählen unterstützt eine stark individuell bestimmte Form der Aneignung und des Lernens. Darüber hinaus kann es durch Identifikation selbst wieder individuelle Bedeutungserlebnisse hervorrufen. Diese besonderen Stärken sollten nicht durch eine einebnende Deutung von Erzählungen im anschließenden Unterrichtsgespräch verspielt werden.

Bei der Vorbereitung einer Erzählung für den Unterricht sollten alle drei Bereiche des Bedeutungserlebnisses beachtet werden. Neben der im engeren Sinn inhaltlichen Vorbereitung ist es notwendig, sich in die Ereignisse und Personen einzufühlen und sich auch die eigenen Wertungen bewußt zu machen. Denn, so wurde oben in Anlehnung an STEINWEDE ausgeführt, der Erzähler, der Bilder wecken will, muß selbst Bilder sehen, er muß wie anschauend erzählen und „Visionen" haben. Um die expressiven Fähigkeiten zu fördern, ist eine eigene „Phantasiearbeit" (NEIDHART) notwendig.

4. Welche Sprachen braucht die Schule?

Insgesamt wird in der Schule viel informiert, argumentiert und besprochen, aber wenig erzählt. Dem Erzählen haftet der Geruch der letzten Stunde vor den Ferien an. Aber der erzählende und der argumentative Modus der Sprache „dürfen in der Schule nicht in ein Kompensationsverhältnis – hier Anstrengung, dort Erholung, nach kognitiver Inanspruchnahme ab in die Kuschelecke – gedrängt werden. Sie müssen vielmehr im Verhältnis der Komplementarität, also der wechselseitigen Ergänzung zum Ganzen hin begriffen werden" (OTTO 1990, S. 36).

So ergänzt Erzählen als Lehrkunst die auf die begriffliche Aneignung von Welt zugeschnittene Konvention von Unterricht und Schule, denn es vermag, die Schüler mit dem Einzelfall zu konfrontieren und so „dem Abstrakten einen Körper zu geben" (SCHILLER). Mit dem Erzählen kommt eine sinnliche und erfahrungsnahe Sprache in die Schule, die die Verengung des schulischen Lernverständnisses auf streng logische und begriffliche Erkenntnis aufhebt. Letztlich geht es um die Art von „>Sprache<, die nicht im logisch-abstrahierenden Begriff einherkommt und doch nicht minder als der Begriff zu Erkenntnis führt" (GRÜZINGER 1987, S. 113). Die Zweideutigkeit von Imagination und Phantasie ist hier freilich nicht zu vergessen: Imagination kann als Kreativität, aber auch als Illusion gedeutet werden. Daher soll das die Imagination anregende Erzählen nicht gegen den begrifflich-logischen Unterricht, wohl aber gegen dessen Dominanz zur Geltung kommen. Der beschwerliche Weg zum Begriff wird durch das Erzählen nicht ersetzt; Erzählen eröffnet einen Weg zum induktiven Lernen, der bei den Phänomenen ansetzt, diese vertieft und unter subjektiver Perspektive ausleuchtet, bevor das Allgemeine gesucht und auf den Begriff gebracht wird. Die Tragfähigkeit des Begriffs muß sich dann wieder und wieder an weiterer Erfahrung und der nächsten Geschichte erweisen.

Die Möglichkeit, Erzählen zu zwingendem Überreden und ästhetische Identifikation zu unfreier Nachahmung zu mißbrauchen, macht eine ethische Begrenzung notwendig. Die Grenze der Lehrkunst des Erzählens liegt dort, wo versucht wird, den Schwebezustand der ästhetischen Identifikation durch ein emotionales Verschmelzen zu ersetzen. Erzählen gerät hierbei in Gefahr, durch emotionale Überwältigung manipulativ zu werden.

Didaktische Chancen und Möglichkeiten unterrichtlichen Erzählens liegen in dem, was JAUß (1984, S. 39 f.) zusammenfassend von der ästhetischen Erfahrung sagt: „Sie läßt >neu sehen< und bereitet mit dieser entdeckenden Funktion den Genuß erfüllter Gegenwart; sie führt in andere Welten der Phantasie und hebt damit den Zwang der Zeit ... auf; sie greift vor auf zukünftige Erfahrungen und öffnet damit den Spielraum möglichen Handelns; sie läßt Vergangenes oder Verdrängtes wiedererkennen und bewahrt so die verlorene Zeit. [Sie] ... ermöglicht ... sowohl die eigentümliche Rollendistanz des Zuschauers als auch die spielerische Identifikation mit dem, was er sein soll oder gerne sein möchte ... sie gibt den exemplarischen Bezugsrahmen für Situationen und Rollen vor, die in naiver Nachahmung, aber auch in freier Nachfolge übernommen werden können." Nicht von ungefähr heißt das, was AEBLIs sozialwissenschaftlich nüchterne Sprache „Kommunikation von Bedeutungserlebnissen" nennt, bei SCHAMI „Wunder" und bei SCHILLER „Zauberkraft".

Literatur
AEBLI, H.: Zwölf Grundformen des Lehrens. Eine Allgemeine Didaktik auf psychologischer Grundlage. Stuttgart 1983.
ANDEREGG, J.: Sprache und Verwandlung. Zur literarischen Esthetik. Göttingen 1985.
BENJAMIN, W.: Der Erzähler. In: Ders.: Illuminationen. Ausgewählte Schriften 1. Frankfurt/M. 1977, S. 385–410.

BETTELHEIM, B.: Kinder brauchen Märchen. München [16]1993.

BUCHER, A. A.: Gleichnisse verstehen lernen. Strukturgenetische Untersuchungen zur Rezeption synoptischer Parabeln. Freiburg (Schweiz) 1990.

BUCHER, A. A./OSER, F.: „Wenn zwei das gleiche Gleichnis hören ...". In: Z. f. Päd. 33 (1987), S. 167–183.

Brüder GRIMM: Kinder- und Hausmärchen, Ausgabe letzter Hand mit den Originalanmerkungen der Brüder Grimm Bd. 1, hrsgg. v. Heinz RÜLLEKE. Stuttgart 1984.

GRÜZINGER, A.: Praktische Theologie und Ästhetik. München 1987.

GÖLICH, E.: Ansätze zu einer kommunikationsorientierten Erzähltextanalyse. In: HAUBRICHS, W. (Hrsg.): Erzählforschung 1. Theorien, Modelle und Methoden der Narrativik (Beiheft 4 d. Zeitschrift für Literaturwissenschaft). Göttingen 1976, S. 224–256.

JAUß, H. R.: Ästhetische Erfahrung und literarische Hermeneutik. Frankfurt/M. [2]1984.

KANT, I.: Anthropologie in pragmatischer Hinsicht, 1800. In: Kant's gesammelte Schriften. Hrsgg. von der Königlich Preußischen Akademie der Wissenschaften Bd. VII. Berlin 1917, S. 117–333.

LÄMMERT, E.: Bauformen des Erzählens. Stuttgart [5]1972.

LOETSCHER, H.: Vom Erzählen erzählen. Münchner Poetikvorlesungen. Zürich 1988.

NEIDHART, W.: Vom Erzählen biblischer Geschichten. In: Erzählbuch zur Bibel, hrsgg. v. W. NEIDHART u. a. Zürich u. a. 1975, S. 13–113.

OTTO, G.: Über Phantasietätigkeit in Kinderzeichnungen, im Alltag, in der Schule und in der Kunst. In: Kindliche Phantasie und ästhetische Erfahrung, hrsgg. v. L. DUNCKER u. a. Ulm 1990, S. 31–46.

ROLOFF, V.: Identifikation und Rollenspiel. Anmerkungen zur Phantasie des Lesers. In: HAUBRICHS, W. (Hrsg.): Erzählforschung 2. Theorien, Modelle und Methoden der Narrativik (Beiheft 6 d. Zeitschrift für Literaturwissenschaft und Linguistik). Göttingen 1977, S. 260–276.

RUMPF, H.: Mit fremdem Blick. Stücke gegen die Verbiederung der Welt. Weinheim u. a. 1986.

SCHAMI, R.: Erzähler der Nacht. Weinheim und Basel [9]1992.

SCHILLER, F.: Ueber die nothwendigen Grenzen beim Gebrauch schöner Formen. In: Schillers Werke. Nationalausgabe, hrsgg. v. L. BLUMENTHAL u. a., 21. Bd. Weimar 1963, S. 3–27.

STEINWEDE, D.: Werkstatt Erzählen. Anleitung zum Erzählen biblischer Geschichten. Münster 1974.

WEINRICH, H.: Tempus. Besprochene und erzählte Welt. Stuttgart u. a. [4]1985.

Anmerkungen
[1] STEINWEDE 1974, S. 3. STEINWEDEs Begriff des „inneren Bildes" ist insofern mißverständlich, als er nur auf visuelle Eindrücke zuzutreffen und andere Sinneseindrücke, wie z. B. Gerüche, als Vorstellungsinhalte auszuschließen scheint. Um dies Mißverständnis zu vermeiden, wird statt dessen der alle Sinne umfassende Begriff der Vorstellung bzw. der Imagination bevorzugt.
[2] Die Begriffe Einbildungskraft und Imagination werden im folgenden weitgehend synonym verwendet. Unter „Einbildungskraft (facultas imaginandi)" wird bei KANT (1800, S. 167) grundlegend das „Vermögen der Anschauungen auch ohne

Gegenwart des Gegenstandes" verstanden. Die Einbildungskraft kann „entweder dichtend (produktiv) oder blos zurückrufend (reproduktiv)" sein (ebd). Arbeitet die produktive Einbildungskraft unabsichtlich bzw. unwillkürlich, so nennt KANT sie Phantasie (vgl. ebd., S. 167–180). Die Phantasie kann insbesondere durch Begriffe und Worte angeregt werden. „Begriffe von Gegenständen veranlassen oft, ihnen ein selbstgeschaffenes Bild (durch produktive Einbildungskraft) unwillkürlich unterzulegen" (ebd., 173). Zur weiteren Begriffsklärung vgl. Capurro in diesem Band.

[3] LÄMMERT 1972, S, 21.

[4] vgl. BETTELHEIM 1993, S. 25 f.

Angeregt vom Projekt „Imaginatives Lernen" der Stiftung für Bildung und Behindertenförderung (Dr. EVA MADELUNG) und den „Science Centers", die es überall auf der Welt gibt, besonders der „Phänomenta" in Flensburg, haben PETER FAUSER und GUNDELA IRMERT-MÜLLER in Jena die **IMAGINATA** gegründet. Die IMAGINATA mit dem IMAGINATA theater (MARIO PORTMANN) will in verschiedensten Bereichen Erfindergeist und Vorstellungsdenken anregen und Lust zum Lernen machen. Lernen heißt: eingespielte Vorstellungen überwinden und neue, angemessenere entwickeln im Wechsel von Erfahrung und Vorstellung. Zum erstenmal fand im Juni 1995 eine einwöchige Sommer-IMAGINATA statt mit naturwissenschaftlichen Stationen, Bewegungs- und Erfahrungswerkstätten, Erfinderwettbewerben, theatralen Aktionen vielfältigster Art. Zehntausend Besucher überraschten die Organisatoren. Gefördert: Staunen, Freude, Mittun, Überrschung. Gefordert: eigenes Nachdenken, Loslassen mitgebrachter Antworten, neues Fragen. Im folgenden einige photographische Impressionen.

(Fotos: KAI ROYER)

„Ich bin blind."
Irritierende
Übungen für die
Imagination:
Essen, ohne zu
sehen; zielen
und schießen
nach Gehör mit
Hilfe eines
Peiltons.

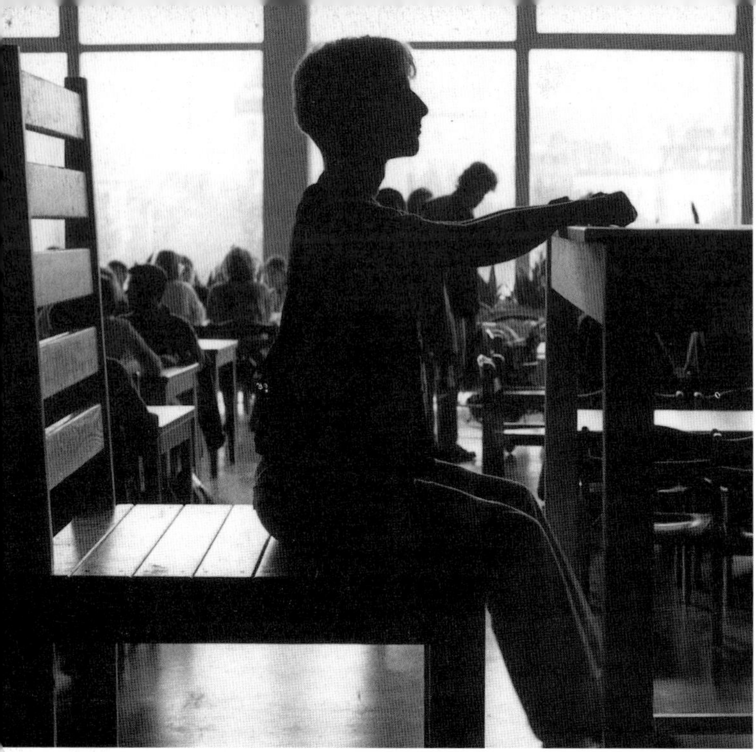
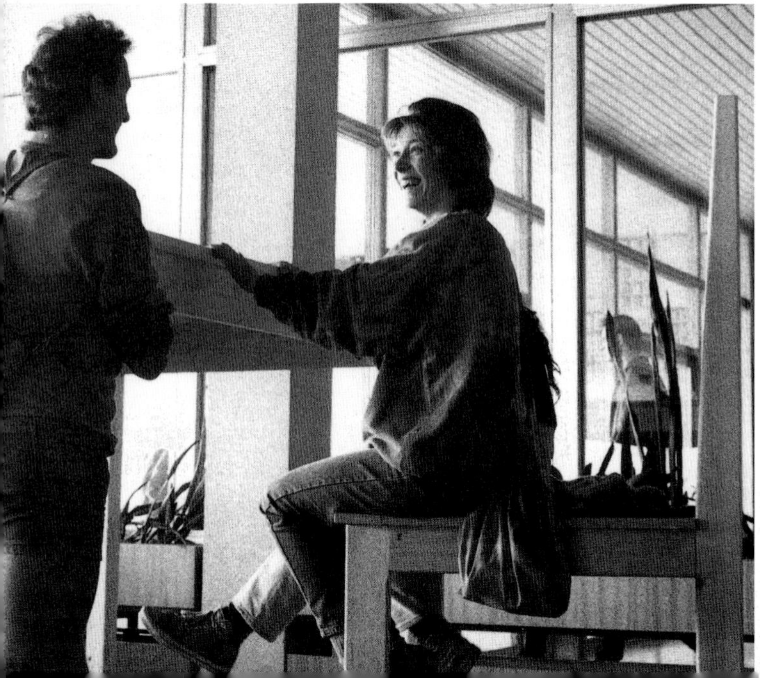

Wie andere sich fühlen:
„Ich bin drei." Die Beine baumeln
wieder. Alles ist zu groß;
die Mühen der Tischsitten werden
wieder gegenwärtig.

21 verschieden große Würfel sollen eine quadratische Bodenfläche ohne Rest bedecken. Handgreifliche Mathematik.

Das IMAGINATA theater sucht die Trennung von Bühne und Alltag aufzuheben. Wer beobachtet, wer wird beobachtet, wer ist Akteur, wer Passant?

Der Pohl'sche Drehstuhl macht Bewegungsgesetze der Mechanik erfahrbar.

Wird die Achse des Schwungrads parallel zur Achse des Stuhls ausgerichtet, …

… überträgt sich der Drehimpuls auf das ganze System und alles rotiert.

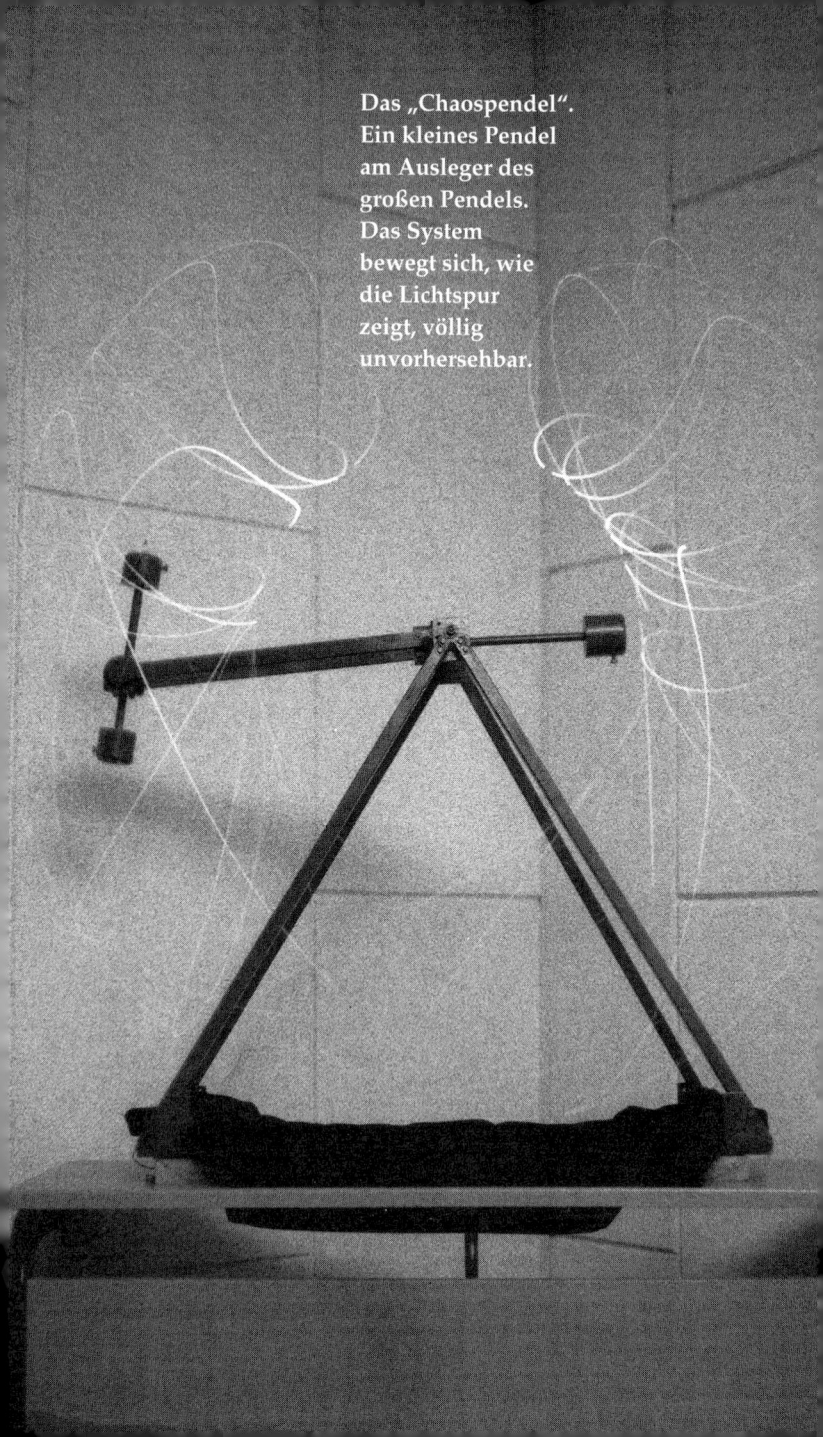

Das „Chaospendel". Ein kleines Pendel am Ausleger des großen Pendels. Das System bewegt sich, wie die Lichtspur zeigt, völlig unvorhersehbar.

Die Chaoskurve:
Der Augenschmaus
einer chaotisch-
harmonischen
Bewegungsspur.

Die „Wirbelkanone" „schießt" Rauchringe, kreisrunde, überraschend stabile Luftwirbel, die über zehn Meter weit durch den Raum wandern.

„Schön stehenbleiben!" Erfinderwettbewerb. Lernen heißt, etwas selbst neu hervorbringen. Albert Einstein: „Imagination is more important than knowledge."

Erfinderwettbewerb:
„Murmelmaschinen".
Die Kugel soll
möglichst lange
rollen. Raffinierte
und schöne
Kugelrollbahnen
aus Schaufeln,
Rinnen, Röhren.

Diese Lösung verblüffte die Jury: Die zur Hälfte mit Honig gefüllte Kugel rollt schaukelnd wie in Zeitlupe und deshalb länger als die anderen.

Die von
BRUNO SEEBER
(Kirchberg/Jagst)
konstruierte Kugel
aus Eschenholzleisten
wird zum Symbol für
die IMAGINATA.

Rollkörper, Spielzeug,
Weltsymbol, Klettergerät,
technisch-ästhetisches
Glanzstück, befriedendes
Verkehrshindernis

Zwei große parabolische Hörspiegel bündeln Schallwellen und erlauben auf mehr als 50 Meter Entfernung ein abhörsicheres Zwiegespräch.

Bezugsnachweis:
Pohl'scher Drehstuhl und Wirbelkanone: Leihgaben von ALBERT LEHN, Saulgau; die Themen der Erfinderwettbewerbe verdanken wir StD RUDOLPH LEHN, Saulgau. Der Blindenschießstand wurde uns von der Deutschen Behinderten-Nationalmannschaft zur Verfügung gestellt. Die „Würfellandschaft" wurde von Dr. CARSTEN MÜLLER konstruiert. Das Chaos-Pendel hat DIETER SCHULZ, Frankfurt/Oder für uns entworfen und gebaut. Papierturm und Murmelmaschinen sind während des Erfinderwettbewerbs der Sommer-IMAGINATA 1995 entstanden. Die Hörspiegel sind von ZI, Jena gebaut worden unter fachlicher Beratung von Dr. STEPHAN KARMANN (Institut für Festkörperphysik der Friedrich-Schiller-Universität Jena und IMAGINATA).

PETER FAUSER/GUNDELA IRMERT-MÜLLER

Vorstellungen bilden

Zum Verhältnis von Imagination[1] und Lernen

Was ist Imagination? Ein interaktiver Zugang

1. Vorstellungen sind sinnlich gefüllt und kategorial geordnet
Wenn wir nachts bei Stromausfall unsere stockdunkle Wohnung betreten, kommen wir auch ohne Licht zurecht. Das ist eine Leistung der Imagination: Wir verfügen über eine Art „inneres Bild" von der Wohnung, eine Vorstellung, die äußerst detailliert sein kann und eine zumeist sehr verläßliche Orientierung bietet. Diese Vorstellung ist es, mit deren Hilfe wir uns sicher bewegen und finden, was wir brauchen – das Telefon, etwas zu essen im Kühlschrank, eine Kerze und Streichhölzer oder die Taschenlampe. Freilich: Wir mobilisieren in einer solchen Lage, in der wir nichts sehen können, schlagartig unsere anderen Sinne und unsere ganze bewußte Aufmerksamkeit; Geruch, Gehör, Tastsinn, werden auf „Alarm" gestellt, und wir sind viel vorsichtiger als sonst, für den Fall, daß ein unerwartetes Hindernis auftaucht, daß jemand eine Tasche, Schuhe, Spielzeug nicht aufgeräumt hat oder daß eine Tür, die normalerweise geschlossen ist, halb offensteht usw.

Anhand dieser Alltagssituation lassen sich einige Punkte aufzeigen, die für den Zusammenhang von Imagination und Lernen grundlegend sind. Betrachten wir unser Beispiel daraufhin genauer und stellen wir uns die kleine Szene nochmals vor. Vielleicht müssen wir zuerst die Haustür aufschließen, den Lichtschalter im Hausflur betätigen, eine Treppe hochgehen, ehe wir an die Wohnungstür gelangen. Wir können den Ablauf, den wir hier nur skizzenhaft andeuten, wie einen Film in unserem Inneren abspielen – ein Film, bei dem wir merkwürdigerweise zugleich agieren, zuschauen und Regie führen. Wir sind dabei in der Lage, uns sehr viele Einzelheiten zu vergegenwärtigen: die Form und Temperatur der Türklinke, die Schwere und Beschaffenheit der Haustür, die Helligkeit und den Farbton des Lichts im Hausflur, die Lampen, den räumlichen Verlauf der Treppe. Alles dies, was wir uns bei diesem Gedankenexperiment gezielt ins Bewußtsein rufen, bleibt im realen Alltag normalerweise im Hintergrund – der Griff an den Lichtschalter ist automatisiert und läuft auch ohne bewußte Aufmerksamkeit zuverlässig ab. Wir haben uns diese wie andere Handlungsabfolgen und Handlungsumstände – einfache ebenso wie höchst komplexe – im wahrsten Sinne des Wortes „einverleibt".

Halten wir für eine erste Zwischenbetrachtung inne. Schon jetzt erweist sich die Bezeichnung „inneres Bild" als zu eng für das, was wir mit „Vorstellung" meinen. Unsere Imagination kann nämlich keineswegs nur innere „Bilder" im wörtlichen Sinne, also visuelle Vorstellungen hervorbringen; vielmehr können wir bei der Vorstellungsbildung über alle Sinnesmodalitäten verfügen.[2] Wir können uns vorstellen, wie etwas aussieht, wie es riecht, schmeckt, wie (warm, rauh, schwer) es sich anfühlt, wie wir uns bewegen und wie sich etwas anhört. Um unser Beispiel nochmals aufzugreifen: Wir können uns in Erinnerung rufen, wie sich unsere Wohnung „anhört", etwa weniger hallig als das Treppenhaus, wir erkennen charakteristische Gerüche der eigenen und auch fremder Räume – besonders Kindheitserinnerungen verbinden sich oft mit sehr ausgeprägten Geruchs„bildern".

Als eine erste wichtige Einsicht wollen wir festhalten: Wesentliche Quelle für die Vorstellungen, aus denen unsere innere Wirklichkeit gespeist wird, sind Sinneswahrnehmungen in ihrer unterschiedlichen Qualität und Intensität. Vorstellungen sind sinnlich gefüllt. Besonders nachhaltig wird dies deutlich bei einem Ausfall von Sinnesorganen: Taubgeborene können keine (auditive, klangliche) Vorstellung von Musik entwickeln, und Blindgeborene können sich weder Farben vorstellen noch etwa zwischen „durchsichtig" und „undurchsichtig" unterscheiden.[3]

Schon von hier aus lassen sich anthropologisch gesehen sehr grundsätzliche Fragen aufwerfen, die aber nur angedeutet werden sollen: Besteht das, was wir als „innere Wirklichkeit" bezeichnen, insgesamt aus „sinnlich gefüllten" Vorstellungen, oder gibt es Bereiche dieser inneren Wirklichkeit, die von Sinnesqualitäten völlig frei, also ganz „abstrakt" sind? Wie ist dies bei allgemeinen Begriffen oder Ideen, der des „Guten", „Wahren" und „Schönen", wie ist dies bei (natürlichen, bei negativen, bei Bruch-) Zahlen, bei logischen oder bei mathematischen Operationen? Wie ist es bei der Sprache überhaupt?[4] Mit dieser Fragerichtung versuchen wir uns einer Bestimmung des Verhältnisses zwischen unseren Vorstellungen und unserem Denken anzunähern. Was muß zu den „Sinneswahrnehmungen" hinzutreten, damit Vorstellungen entstehen können? Wenn es genügen würde, die äußere Welt in unserem Inneren einfach „abzubilden", als ob die Sinne wie eine Fernsehkamera die Bildpunkte für unseren inneren „Bildschirm" lieferten, dann wären Vorstellungen nichts anderes als gespeicherte und bei Bedarf wieder abgerufene Punkt-für-Punkt-Abbildungen der physikalisch beschreibbaren Umwelt des Menschen. Neben der „Fernsehkamera" und einer „Videothek" bedürften wir dann noch anderer Aufnahme- und Speichersysteme für die nicht-visuellen Sinne – technisch gesehen im Prinzip ohne weiteres denkbar, man denke nur daran, wie viele und komplexe Daten ein Flugschreiber aufnehmen kann. Dieses Denkmodell entspräche in der Konsequenz der Vermutung, daß unsere „innere Wirklichkeit" wie die „virtuelle Realität" beschaffen ist, die sich mit dem Computer erzeugen läßt.

Daß wir unser Verhältnis zur inneren und zur äußeren Welt wie ein Computer organisieren, wird, soweit wir sehen, in den Kognitionswissenschaften – von der Computerwissenschaft über die Neurobiologie und Neuropsychologie bis hin zur Philosophie – nirgends ernsthaft behauptet.[5] Gleichwohl sind technische Analogien nicht ohne Erkenntniswert; in diesem Fall ist es der Umstand, daß auch „einfache" technische „Weltbild-Apparate" wie das Fernsehen eine umfangreiche Verarbeitungs- oder Rechenkapazität benötigen, um Daten aus der Umwelt auswählen, transformieren, speichern und wieder reproduzieren zu können. Im

Blick auf menschliches Vorstellen weist dies auf eine unseres Erachtens wesentliche zweite elementare Einsicht hin, diejenige nämlich, daß Vorstellungen nicht nur sinnlich gefüllt sind wie bloße Wahrnehmungen, sondern zugleich auch kategorial geordnet, wie das begrifflich-abstrakte Denken. Die äußere Welt fällt nicht in unser Gehirn wie ein Lichtstrahl in die Lochkamera, sondern die aufgenommenen Sinnesdaten werden „organisiert". Was wir damit meinen, soll an folgenden zwei Beispielen erläutert werden, bei denen Sie, die Leserinnen und Leser, eingeladen sind, durch kleine Experimente und Introspektion selbst aktiv zu werden.

Experimente für die Leser

Beispiel 1
Für das Gelingen dieses Experiments ist es wichtig, daß Sie sich genau an die folgenden Anweisungen halten. Sie benötigen ein Stück Papier und einen Stift. (Noch günstiger ist es, wenn mehrere Teilnehmer das Experiment gleichzeitig machen.) Hilfreich ist es außerdem, wenn Sie die Anweisungen erst komplett abdecken und dann schrittweise aufdecken.
1. Schätzen Sie: Wieviele Bohnen enthält ein Pfund Kaffee? Bitte denken Sie nicht länger als 15 Sekunden nach und schreiben Sie die Zahl auf.
(1a. Wenn Sie zu mehreren sind, vergleichen Sie die Schätzungen.)
2. Dieser Schritt verlangt eine möglichst genaue Selbstbeobachtung und ist für unseren Zusammenhang sehr wichtig: Bitte versuchen Sie sich zu vergegenwärtigen, was in Ihrem Kopf vorgegangen ist, während Sie geschätzt haben. Schreiben Sie dies in Stichworten auf.
3. Zwischenauswertung:
Zu 1: Die Schätzungen schwanken im allgemeinen zwischen 100 und 20 000 Bohnen.
Zu 2: Beim zweiten Schritt treten immer wieder ähnliche Erfahrungen zutage, die erkennen lassen, daß der Schätzvorgang auf individuell unterschiedlichen Strategien beruht, dennoch aber grundlegende Gemeinsamkeiten erkennen läßt.
Beispiele für Äußerungen:
(a) „Ich habe mir vorgestellt, daß ich eine Tüte aufmache und hineinschaue; dann sehe ich, wieviele da oben liegen, und schätze wieviele noch darunter sind." (Schätzung: 1500)
(b) „Ich habe mir überlegt, was eine Bohne wiegt (zumeist werden dabei eine oder mehrere Bohnen in der Vorstellung in die Hand genommen und in der charakteristischen Weise auf- und abbewegt, durch die man Gewichte zu schätzen pflegt; d. V.) und dann hochgerechnet." (Schätzung: 800)

(c) „Ich habe geschätzt, wie lang und wie breit eine Bohne ist und dann Länge mal Breite mal Höhe gerechnet." (Schätzung: 10 000)
(d) „Ich habe einfach gedacht: au je, das müssen viele sein!" (Schätzung: 1000)
4. Lassen Sie sich eine Minute Zeit, um die hier angedeuteten Schätzverfahren durchzuprobieren, und korrigieren Sie dann, wenn erforderlich, Ihre erste Schätzung.

Beispiel 2
Mit mehreren Gruppen veschiedenen Alters und sehr unterschiedlicher Zusammensetzung haben wir konstruktive Wettbewerbe durchgeführt. Zwei davon seien kurz skizziert.
(a) Turmbau: Aus einfachsten Materialien (ein Bogen Tonpapier, Lineal, Bleistift, Schere, Alleskleber), war in kleinen Gruppen innerhalb einer Stunde ein möglichst hoher Turm zu bauen. (Danach wurde untersucht, was während der Arbeit gedacht wurde.)
(b) Murmelmaschine: auf einer quadratischen Fläche von 50 cm Seitenlänge soll eine Murmelrollbahn gebaut werden, auf der die Murmel möglichst lange rollt. Maximale Höhe: 52 cm (wie ein Zeitungsblatt); Material: beliebig viel Zeitungspapier, Schere, Bleistift, Lineal, Alleskleber. Größe und Beschaffenheit der Murmel sind nicht definiert.

Auswertung
1. Beide Beispiele illustrieren, was wir bisher über Vorstellungen gesagt haben: sie sind sinnlich gefüllt und kategorial organisiert.

„Kaffeebohnen"
Die (Selbst-)Beobachtungen lassen deutlich werden, daß wir bei einer solchen gedanklichen Operation tatsächlich mit Hilfe der Vorstellung arbeiten. Dabei spielt auf die eine oder andere Weise immer die (erinnerte) Wahrnehmung realer Kaffeebohnen eine Rolle. Bei den meisten tritt das Bild einer Kaffeebohne (zumeist einer idealen Kaffeebohne, nicht einer unförmigen oder zerbrochenen; reale Kaffeebohnen sehen übrigens sehr verschieden aus!) vor das innere Auge, häufig übrigens verbunden mit der intensiven Geruchsvorstellung frisch gerösteten (oder gemahlenen) Kaffees. Hinzu kommt jedoch immer eine kategorial organisierte Operation, eine Art Messen, Wägen und Rechnen. Auch in Beispiel (d), wo zunächst der Eindruck einer fast kindlichen Unreflektiertheit entsteht, greift eine elementare kategoriale Unterscheidung, diejenige zwischen wenig (das, was man auf einen Blick erfassen kann) und viel (viel: das ist für die meisten in diesem Fall mindestens tausend). Für die Wahl dieser „Operation" sind individuelle Stärken und Erfahrungen wesentlich (sehr häufig ist uns die Methode „Länge mal Breite mal Höhe" bei Mathematiklehrern begegnet). Wenn wir diesen Schätzvorgang mehrfach wiederholen und dabei unterschiedliche operative Strategien anwenden, wird die Schätzung im allgemeinen besser.[6]

„Turmbau"
Hier treten zunächst Erinnerungsbilder von „Türmen" ins Bewußtsein. Diese „Bilder" sind sehr verschieden und in sehr unterschiedlichem Maß konkret. Man könnte den Eindruck haben, daß das gesamte innere „Repertoire" dessen, was mit

„Turm" irgendwie zusammenhängt, mobilisiert wird. Dieses Repertoire scheint aus regelrechten „Fotos" (Eiffelturm, Schiefer Turm von Pisa) und aus Entwürfen und „turmhaften" Elementen (hoch, schlank, wuchtig, mit Zinnen, mit Antenne, kantig, rund etc.) zu bestehen. Danach werden Vorstellungen entwickelt, wie aus dem verfügbaren Material und seinen Qualitäten (Formbarkeit, Festigkeit) und dem Fundus des erinnerten sinnlichen „Materials" ein konkreter Turm gebaut werden kann. Die endgültigen Entscheidungen über die Konstruktion (wir vernachlässigen die gruppendynamischen Aspekte) fallen dann nach einer als Stress empfundenen Vorstellungsarbeit, bei der das Material durch inneres Probehandeln „verbaut" und immer wieder nach Verbesserungen gesucht wird. Manche Gruppen verlassen auch den Rahmen, den die Regeln stecken, und konstruieren Gebilde, die nicht auf Höhe maximiert sind, sondern als komisch, als ausdrucksvoll, als witzige Karikaturen o. ä. erlebt werden (s. im Bildteil).

„Murmelmaschine"
Von dieser Aufgabe soll nur soviel berichtet werden: Während die Teilnehmer üblicherweise eine möglichst lange Bahn zu bauen versuchen (und nebenbei meistens entdecken, daß dies um so besser gelingt, je kleiner die Murmel ist), hat eine Gruppe den Wettbewerb souverän für sich entschieden, indem sie nicht die Bahn verlängert, sondern die Murmel verlangsamt hat. Eine hohle Kunststoffkugel von etwa 4 cm Durchmesser wurde zu ungefähr einem Drittel mit Honig gefüllt. Die Kugel rollte (oder besser: schaukelte) dann auf einer einfachen schiefen Ebene wie in Zeitlupe abwärts, nämlich ebenso langsam, wie der Honig floß (s. im Bildteil).

2. Vorstellungen bilden Ganzheiten

Die beiden Experimente lassen über das bisher Gesagte hinaus noch weitere Merkmale von Vorstellungen erkennen: – Deutlich wird zunächst, was wir bereits erwähnt haben, daß es für ein angemessenes Verständnis von Vorstellungsbildung nicht ausreicht anzunehmen, daß durch die Sinne Daten der äußeren Welt gleichsam mechanisch abgebildet werden (Stichwort: Fernsehkamera). Wichtig ist sodann, daß die „kategoriale Organisation" von Sinnesdaten nicht lediglich bedeutet, daß diese Daten nach einem vorgegebenen fertigen Schema verrechnet, also ganz „mechanisch" in bereits vorhandene Strukturen einsortiert werden. Prüfen wir diese These an zwei Beispielen. Beim Kaffeebohnen-Schätzen könnte man eine „mechanische" Hypothese zur Not vertreten: Die Schätzungen wären dann das Resultat der bereits vorhandenen (individuell verschiedenen, gleichwohl aber invarianten) sinnlich gewonnenen Daten über „Kaffeebohnen" und „Pfund" und der (ebenfalls individuell verschiedenen, gleichwohl aber invarianten) Algorithmen (z. B. „Länge mal Breite mal Höhe"), nach denen beides verknüpft wird. Schätzfehler könnte man dahin interpretieren, daß die Operation vorschnell abgebrochen wird und individuelle Leistungs- und Erfahrungsunterschiede bestehen. Freilich: Selbst bei dieser „mechanischen" Deutung des Schätzvorgangs muß man voraussetzen, daß die Daten nicht einfach in vorgefertigte Schubladen fallen – wie verschiedene Münzen bei einer Sortiermaschine. Schon das „mechanische" Modell enthält vielmehr zwingend eine (stillschweigende Vor-)Annahme, die über die bisherigen Aspekte entscheidend hinausgeht: Man benötigt, um im Bild zu bleiben, die „Sortiermaschine", d. h. eine in sich organisierte, also irgendwie „ganzheitlich" angelegte Struktur, die mindestens zwei komplexe Leistungen erbringen muß. Erstens muß sie eine Vielzahl von Einzeldaten, die von den Sinnesorganen aufgenommen werden, irgendwie sortieren (Farben, Helligkeit, räumliche Konstellation, Größe etc.) und Kaffeebohnen von Tennisbällen, Pfund von Tonne unterscheiden, also Einzelmerkmale zu ganzen Gegenständen, zu Ganzheiten synthetisieren; zweitens muß bei dem „Sortiervorgang" und seinen Wiederholungen das Ziel der Gesamtoperation präsent bleiben, d. h. es kommt darauf an, das vorgestellte „Pfund Kaffee" während des gesamten Schätzvorgangs gleichsam im Blick zu behalten und mit den einzelnen Schätzungen irgendwie zu vergleichen, bis die Überzeugung entsteht, daß ein Optimum erreicht ist, und die Operation beendet oder abgebrochen werden kann.[7] Das bedeutet, daß zergliedernde und integrierend-ganzheitliche Aspekte – das „Wägen" der einzelnen Bohne, das „Messen" der Raummaße einer Pfund-Tüte andererseits – der mehr intuitive Blick auf das „Pfund" – dynamisch verbunden sein müssen. Auch bei einer „mechanischen" Betrachtungsweise kommt man also nicht umhin, bei der Bildung von Vorstellungen davon auszugehen, daß wir mit strukturierten Operationszusammenhängen arbeiten, die auf unterschiedlichen Ebenen durch übergreifende Syntheseleistungen miteinander verbunden sind; wenn wir Vorstellungen bilden, bilden wir immer „Ganzheiten".

3. Imagination kann etwas Neues hervorbringen
Beim Turmbau oder der Murmelmaschine werden die Grenzen einer mechanischen Hypothese auf andere Weise offenbar: Man kann diese Aufgaben mit neuen Teilnehmerinnen und Teilnehmern beliebig oft wiederholen – es entstehen dann zwar einerseits immer wieder ähnliche Lösungen, andererseits aber doch immer wieder ganz neue Formen, neue Ganzheiten. Die Imagination schließt offenbar die Fähigkeit ein, produktiv etwas Neues hervorzubringen. Durch Vorstellungen generieren, erzeugen wir Strukturen und bringen Neues hervor.[8]

4. Vorstellungen sind immer da, sie arbeiten normalerweise wie unauffällige Begleiter
Setzen wir unsere kleine Untersuchung fort. Wo sind unsere Vorstellungen, wo ist unsere „innere Wirklichkeit" normalerweise, d. h. wenn wir wach sind und unsere Sinne funktionieren? Alltägliche Erfahrungen lassen den Schluß zu, daß Vorstellungen immer da sind und arbeiten, auch wenn wir ihrer nicht bewußt gewahr werden. Vergegenwärtigen wir uns einige Beispiele: Wenn uns eine volle Milchflasche aus der Hand rutscht, „sehen" wir plötzlich die Scherben und die Milchpfütze schon auf dem Boden, auch wenn wir die Flasche noch vor dem Aufprall auffangen; wir „sehen" Unfälle, ehe sie passieren, wir „hören" den Schuß, ehe er fällt, wir kommen jemandem zu Hilfe, der stolpert, ehe er stürzt, wir „fühlen" das heiße Wasser oder den Ofen ohne Berührung, wir „schmecken" den scharfen Senf, ohne von der Wurst abzubeißen, und wenn wir uns „Zitrone" vorstellen, läuft gleich der Speichel.

Dies sind vergleichsweise einfache Beispiele. Die Imagination stellt hier „nur" eine Wahrnehmungs- und Handlungsmöglichkeit bereit, die einer mehr oder weniger linearen Verlängerung der aktuell erlebten Ereignisfolge entspricht – es ist so, als ob wir einen Film oder ein Bühnenstück schon gesehen hätten und bei der Wiederholung schon wissen, was gleich passieren wird. Unser Vorstellungsvermögen ist jedoch auch zu komplexeren Leistungen imstande. Betrachten wir auch hier einen ganz alltäglichen Fall: Wir verlassen morgens das Haus, um eine Adresse am anderen Ende der Stadt zu erreichen, und benutzen das Auto. Fast immer haben wir dann die kürzeste Route schon gleichsam „vorprogrammiert", ebenso wie mögliche Ausweichstrecken, auf die wir bei Stau umschalten können. Und wenn wir die Autofahrt wegen einer Panne nicht fortsetzen können, liegen in unserer Vorstellung Ersatzpläne bereit – für die verschiedensten Eventualitäten. Dabei stellt die flexible Voraussicht auf die Fahrtroute nur so etwas wie die für das anstehende Handlungsziel höchste, gleichsam strategische Ebene der Vorstellung dar; „darunter" liegen Teilvorstellungen oder -handlungen wie das Autofahren – selbst wieder ein Komplex von höchst differenzierten und disponiblen Teilaspekten (reicht das Benzin, wo ist der erste Gang, wann muß ich bremsen, wann kuppeln, was bedeuten Verkehrszeichen? etc.). Zurück zur Frage, wo Vorstellungen im „Normalfall" sind. Es besteht wohl kaum ein Zweifel, daß Vorstellungen immer „da" sind, auch wenn wir sie nicht bemerken. Normalerweise arbeiten Vorstellungen wie unauffällige Begleiter – sie warnen, helfen, bieten Lösungsvorschläge, treten aber nur in Erscheinung, wenn die Routine nicht funktioniert.[9]

Ein Exkurs über Ganzheit, Erfahrung und Lernen

Wir haben den Begriff der „Ganzheit" im Sinne von „strukturierten Zusammenhängen" eingeführt. Gemeint ist damit eine Art Funktionsganzes – ein Operations- oder Bedeutungszusammenhang wie er beispielsweise beim Autofahren und dem dazugehörigen System der Verkehrsregeln vorliegt – wir betonen hier das rationale Moment von „Ganzheit" in bewußt akzentuierter

Unterscheidung von einem ideologischen oder antirationalen Begriff der Ganzheit, wie er für politischen und religiösen Fundamentalismus, für Sekten, oder unseriöse „therapeutisch" auftretende Heilslehren der „Ganzheit" charakteristisch ist. In solchen Zusammenhängen bildet der Begriff der „Ganzheit" eine antimoderne, antirationale Wärme-Metapher und appelliert an regressive Bedürfnisse nach Geschlossenheit, Bevormundung, Realitätsflucht. Zu der von uns gemeinten „Ganzheit" gehören Struktur und Gestalt: jede Art von Werkzeug und Maschinen ist als solche Ganzheit anzusehen; auch die „Wohnung" bildet ein ökologisches Funktionsganzes oder einen Handlungszusammenhang, je nach Betrachtung; Berechnungen, Schlußfolgerungen oder Beweise bilden operative Ganzheiten usw.[10] Von anderer Qualität als Funktions- oder Handlungsganze sind Bedeutungszusammenhänge. Hier sind beispielsweise Melodien zu nennen, die rein physikalisch als bloße Folgen von Einzeltönen betrachtet werden können, aber gleichwohl doch nur in ihrer Gestaltqualität, als Ganzes, als Bedeutungs- und Verweisungszusammenhänge ihre Eigenheit und Totalität erlangen, ebenso Werke der bildenden Künste und der Literatur. Charakteristisch für unsere Wahrnehmung von vertrauten Ganzheiten ist, daß sie uns schon bei minimalen Andeutungen ins Bewußtsein treten. Ein alltägliches und zugleich fundamentales Beispiel hierfür ist das Wiedererkennen von Gesichtern oder Personen. Hier genügen uns sehr wenig Informationen, wie ein einfacher Versuch mit Strichbildern zeigt. Beispiel 1 erkennt fast jeder sofort als Charlie Chaplin, Beispiel 2 zumindest mit etwas Hilfe als den von Chaplin parodierten Adolf Hitler.

Beispiel 1   *Beispiel 2*

Interessanterweise macht es uns im Unterschied dazu große Mühe, Objekte, die unscharf oder nicht eindeutig abgebildet sind, zu erkennen, wenn wir nicht schon wissen, worum es sich handelt. Beispiel 3, das wir auch für den Buchumschlag verwendet haben, kann so manchen zur Verzweiflung treiben. Wer einmal die Gesamtgestalt erkannt hat, für den sind Spuk und Unklarheit verflogen.[11]

Beispiel 3

Ähnlich anstrengend ist es, wenn Vorstellungen durch neue Wahrnehmungselemente plötzlich ihre Eindeutigkeit einbüßen wie bei Vexierbildern oder unmöglichen Objekten. Ein Beispiel bietet die folgende Sequenz (Beispiel 4):

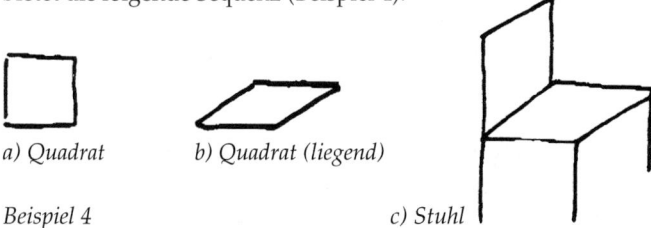

a) Quadrat   *b) Quadrat (liegend)*   *c) Stuhl*

Beispiel 4

d) offene Schachtel   *e) ?*

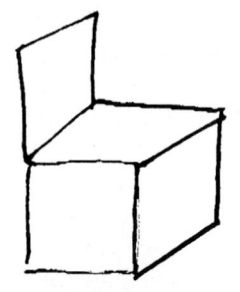

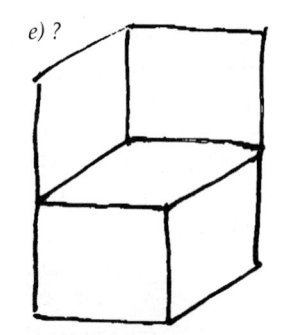

Es ist hier nicht der Ort, um wahrnehmungspsychologische und neuropsychologische Fragen aufzugreifen oder Ergebnisse und Kontroversen der Hirnforschung auszubreiten. Wichtig im vorliegenden Zusammenhang sind uns zwei Aspekte. Erstens: wenn wir die „Gestalt", also das Ganze eines Objekts oder Zusammenhangs kennen, genügen uns sehr wenige Informationen zum Wiedererkennen – die Sinnesdaten werden dann in eine komplex und ganzheitlich konstruierte „kategoriale Organisation" aufgenommen, die offenbar äußerst verläßlich und schnell zwischen möglichen Alternativen unterscheiden kann. Zweitens: für den Aufbau einer neuen Gestalt benötigen wir sehr viel mehr Zeit, Energie und bewußte Aufmerksamkeit als für das Wiedererkennen. Wer an Beispiel 3 herumrätselt, ist ganz absorbiert, und die meisten werden dabei auch von dem charakteristischen Unbehagen erfüllt, der die Konfrontation mit komplexen Problemem begleitet, solange wir keine Lösung sehen.

Hier wollen wir mit einer weiteren Frage anschließen: Sind die unterschiedlichen Sinnesqualitäten, die zu unseren Vorstellungen gehören, unverbundene Bereiche unseres inneren „Fundus", mit dem wir die Bühne der Imagination gleichsam additiv bestücken? Erleben und konstruieren wir „Farbe" unabhängig von „Geschmack", „Geruch" unabhängig von „Klang", „Bewegung" unabhängig von „Sicht"? In der Tat könnte man introspektiv einen solchen Eindruck gewinnen: Wenn wir uns eine Geburtstagsparty vorstellen, können wir alle einzelnen Vorstellungselemente mehr oder weniger unabhängig voneinander variieren, die Laune der Besucher, die Farbe der Kleider und der Nahrungsmittel (warum sollten nicht die Tomaten blau und das Fleisch violett sein?), die Temperatur des Essens usw. Wäre dies in Wirklichkeit so, hätten wir vermutlich erhebliche Schwierigkeiten, Tomaten und Fleisch mit Appetit zu essen. Bei unseren Geschmacksurteilen scheinen also die Spielräume nicht beliebig groß zu sein. Aber das Gedankenexperiment läßt erkennen, daß wir imstande sind, die Qualität der Sinnesmodalitäten bis in feinste Parameter oder „Submodalitäten"[12] hinein konstruktiv, also gezielt und willkürlich zu verändern. Bedeutet dies, daß bei unserer Wahrnehmung die unterschiedlichen Sinnesqualitäten voneinander unabhängig arbeiten? Oder gibt es einen Zusammenhang beispielsweise zwischen Farben und Tönen, Helligkeit und Lautstärke, Bewegung und Sehen? Wir müssen uns bei dieser Frage mit wenigen, für den Zusammenhang mit dem Lernen wichtigen Hinweisen begnügen.

Zunächst ist uns vertraut, daß Erfahrung und Konvention in einer Kultur viele Vorstellungen zu Ensembles koppeln, und zwar so fest, daß wir uns diesen Koppelungen kaum entziehen können. „Gelb" und „sauer" bedeutet „Zitrone", und die Geschmacksvorstellung verbindet sich zumeist mit der visuellen Vorstellung; bei „Zwiebel" stellen sich der Duft und zugleich das Bild ein. Erinnert sei an die Schwierigkeit, mit kulturellen Eßtabus behaftete oder (subjektiv) „ekelerregend" aussehende Speisen zu genießen, und umgekehrt, an das unauslöschlich tief eingeprägte Wohlbehagen, das Leibspeisen unserer Kindheit in uns auslösen – hierzu gehören immer Geruch, Geschmack und Aussehen, oftmals Situationen (Weihnachtsgebäck ißt man nicht im Hochsommer). Erinnert sei sodann an Tabus, an Sitten, Gebräuche und Rituale, die einer Kultur so selbstverständlich sind, daß ihre Verletzung (auch nur auf der Theaterbühne) meist als skandalös empfunden wird – man spielt bei einem Begräbnis keine Faschingsmusik, man verbirgt körperliche Verrichtungen vor den

Augen der anderen, man trägt im Gotteshaus keine Badebekleidung usw.

Bei all diesen Beispielen sind Gestalten, in unserem Sinne „Ganzheiten", in unserer Vorstellung organisiert, und in diesen Ganzheiten sind zahllose Einzelmomente und Sinnesqualitäten eingeschmolzen. Wir können die Frage offenlassen, ob solche Zusammenhänge aus dem genetischen oder aus dem kulturellen Erbe stammen und wie groß die individuelle Plastizität oder Lernfähigkeit hier ist. Bemerkenswert ist jedoch, daß diese Koppelung von Vorstellungen unterschiedlicher Sinnesqualität es uns erlaubt, zwischen diesen Qualitäten Verbindungen zu schlagen. So gibt es zumindest zwischen Angehörigen einer Kultur gemeinsame Erwartungen davon, welche Art von Musik zu einer bestimmten Stimmung, Szene oder Situation paßt, welche Musik als feierlich, komisch, dramatisch, beruhigend erlebt wird. Nicht nur im Musiktheater, in der Oper, auch in Filmen, in der Werbung, bei der „Beschallung" von Verkaufsräumen, Stadien, Discos etc. wird dieser Vorrat an geteilten Vorstellungen genutzt. Bei Experimenten in Schule und Universität hat sich dies uns immer wieder bestätigt.

So haben wir, um ein Beispiel zu erwähnen, die Aufgabe gestellt, zu bestimmten Musikstücken Szenen, Filmsequenzen, Werbespots oder eigene Erinnerungen zu imaginieren. Zum „Sonnenaufgang" aus der „Schöpfung" von JOSEPH HAYDN werden – ohne daß den Teilnehmern bekannt ist, daß hier ein Sonnenaufgang musikalisch gemalt wird –, immer Bilder assoziiert, die eine Strukturanalogie oder Gestaltähnlichkeit aufweisen (Beispiele: Blüten öffnen sich; eine feierliche Versammlung beginnt; der König zieht ein; ein Fels teilt sich und gibt den Blick auf eine strahlend weiße Gestalt frei usw.). Die Gemeinsamkeit heißt: es geschieht etwas Großes, Erhebendes, Befreiendes. Hier finden „Übersetzungen" unterschiedlichster Art statt: von der Bewegung in die Musik, von ganzen Szenen in musikalische Gestalten, von emotionalen Sequenzen (sich lösen, öffnen, befreien) in musikalische Spannungsbögen. Die bei weitem wichtigste Art der Übersetzung ist diejenige in Sprache und von der Sprache in Vorstellungen, die der Begriff nicht begreifen und die Sprache nicht aussprechen kann.[13] Wesentlich für unseren Gedankengang ist dabei, daß die „Übersetzungen" zwischen unterschiedlichen Vorstellungsbereichen, zu denen wir fähig sind, auf Assoziationsvorgängen und Analogiebildungen beruhen, die nicht logisch aufgebaut sind, sondern analogisch. Es kann nicht logisch von einem Erlebnis wie dem Sonnenaufgang auf eine bestimmte musikalische Ausdrucksform geschlossen werden.

Eine für den einzelnen und die Kultur wesentliche Bedeutung kommt in diesem Kontext dem Spiel zu, das wie keine andere Form menschlicher Lebensäußerung die Vielfalt reproduktiver und produktiver Imaginationen erhält und ein unerschöpfliches Reservoir für den humanen Wandel bildet. Wir wollen dies an einem kleinen Beispiel in Erinnerung rufen.

Das Rollenspiel

Kinder betreiben schon im Alter von drei Jahren im Rollenspiel auf erstaunliche Art eine Kultivierung des Umgangs mit Vorstellungen. Mit der Regieanweisung „Ich wär der Doktor und täte dir eine Spritze geben" beginnt das Spiel, und mit strengster Konsequenz wird der Konjunktiv durch die folgenden Handlungen hindurch beibehalten. Als müßten sie sich immer wieder selbst vergewissern, daß sie der Situation „Herr" sind und die Vorstellungswelt nicht mit der Realität zusammenfällt[14], changieren die Kinder hin und her zwischen der „Innenbetrachtung", also dem nachgelebten Arztbesuch, der die am eigenen Leib gemachten Erfahrungen so recht spüren läßt, und der „Außenbetrachtung", welche durch die Regieanweisung möglich wird. Man könnte vermuten, daß die „Innenbetrachtung" als mehr reproduktive Imagination, die vor allem eigene Erfahrungen aufruft, durch die „Außenbetrachtung" (mit dem Auge des Regisseurs) einen mehr produktiv-generativen Gegenpol erhält, der das Erlittene ins eigene aktive Handeln hereinnimmt und bewältigbar werden läßt. Das Spiel in den Rollen und mit den Rollen – mal als behandelnder Arzt, mal als behandelter Patient – ist so gesehen Ausdruck und Medium ihrer inneren Wirklichkeit, ihrer in der Vorstellung weiterentwickelten Erfahrung mit der Außenwelt. Sie schaffen sich eine Probebühne für neue, ähnliche Situationen und erweitern so die Spielräume des eigenen Verhaltens. Daß sich Sinn und „Funktionen" des Spiels nicht auf eine einfache Formel bringen lassen, sondern das Spiel zu den unerschöpflichen Grundformen menschlicher Lebensäußerung und -bewältigung gehört, läßt sich auch von unseren Überlegungen zur Imagination gut begründen: der generative Zug der Imagination ermöglicht Wiederholung, Übung, Neubildung, Erinnerung, Vorwegnahme in einem.

Ein weiterer Aspekt kommt hinzu. Pädagogisch ist mit dem Begriff der „Ganzheit" traditionell die Frage nach dem „ganzen Menschen" angesprochen worden; soweit es um Lernen geht, verbindet sich mit dem Begriff die Forderung, das Lernen solle alle Sinne ansprechen, und es solle sich nicht nur an den Verstand wenden, sondern auch die Emotionen einbeziehen. Wie ist das bei der Imagination? Wir haben festgestellt, daß wir bei der Vorstellungsbildung auf Sinneswahrnehmungen angewiesen sind und daß die Vorstellung alle Sinnesqualitäten aufgreifen kann. So gesehen, erweist sich also die Imagination als ein ausgezeichnetes Mittel eines ganzheitlich angelegten Lernens.

Wir bilden unser Verhältnis zur Welt aus, indem wir durch Denken und Wahrnehmung eine Vorstellung von der Welt, eine innere Wirklichkeit, konstruieren. Für diese Konstruktion liefert die sinnliche Wahrnehmung gleichsam das Material. So gesehen, leben wir in einer „Wechselwirkungs-Wirklichkeit".[15] Erkennen, Denken und Lernen bedeutet in dieser Sicht das Erfinden einer inneren Wirklichkeit, die Bildung von Vorstellungen im Wechselspiel mit der Erfahrung der äußeren Realität, mit den Menschen, den Dingen, mit uns selbst. Das ist der bildungsphilosophische[16] und lerntheoretische Kern des Themas imaginatives Lernen und des Projekts der Stiftung für Bildung und Behindertenförderung, aus dessen Kontext es entspringt.[17] Grundlegend ist die Einsicht, daß das Lernen, wie alle konstruktiven geistigen Tätigkeiten und Leistungen, nicht möglich ist ohne leibhaftige Erfahrung und ohne Imagination, also ohne eigene, selbst gebildete innere Vorstellung. Daher geht es beim imaginativen Lernen darum, den für alles Lernen entscheidenden aktiven, schöpferischen Aufbau eigener Vorstellungen anzuregen.

Imagination in therapeutischen Ansätzen

Therapeutische Verfahren[18] haben das Ziel, unerwünschte oder leidenerzeugende Verhaltensweisen und Gefühle abzuschwächen und erwünschte innere Zustände und Verhaltensweisen zu verstärken. Tiefenpsychologische Ansätze ergründen auf diesem Weg zumeist lebensgeschichtliche Ursachen und Entwicklungen, solcher unerwünschter Zustände, andere setzen direkt bei dem äußerlich sichtbaren Verhalten oder bei der vom Patienten beschriebenen Gefühlslage an und suchen diese zu ändern. Gemeinsam ist allen Verfahren, daß es sich um Methoden des Lernens neuer Sicht- und Verhaltensweisen handelt. Gemeinsam ist den Verfahren auch, daß diese Veränderungen getrennt von der problematischen Lebenssituation zunächst im Medium der Vorstellung erarbeitet, angebahnt, geprobt werden. Die unterschiedlichen Verfahren bedienen sich dabei verschiedener Hilfsmittel. Einige Verfahren, die aus der Therapie stammen, darüber hinaus aber auch pädagogisch anwendbar sind, sollen kurz dargestellt werden.

1. Neurolinguistisches Programmieren
(nach BANDLER/GRINDER[19])
Das Neurolinguistische Programmieren (NLP) ist ein therapeutisches Lernverfahren, das in letzter Zeit zunehmend Verbreitung findet. Es wird mit dem Ziel der Verhaltensänderung in verschiedenen Lernfeldern eingesetzt, d. h. nicht nur in der Therapie, sondern auch in der Schule, im Sport, in der Wirtschaft, speziell im Management.

Grundlage des NLP ist eine konstruktivistische Theorie: Es geht davon aus, daß sich der Mensch die Welt über individuelle „Strategien" und in „Modellen" aneignet. Eine Aneignung vollzieht sich in dem Zusammenspiel von verbalen und von Sinneswahrnehmungen aus der Umwelt. Diese sind als „Repräsentationssysteme" der äußeren in der inneren Welt des Menschen vertreten.[20]

Die Aneignung von Welt vollzieht sich aber nicht von selbst, sondern der Mensch ist willentlich daran beteiligt. Darum kann auch eine Modellumbildung erfolgen, wenn sich die alten Modelle als unbrauchbar erweisen. Dabei wird die Vorstellung das

Medium: Anhand konkreter vorgestellter Bilder wird zunächst das alte Modell in kleinste Partikel zerlegt und die leidenerzeugenden Anteile angeschaut. Wichtig ist dabei, daß sowohl das äußerlich Sichtbare des Modells – also z. B. das eigene Verhalten oder das einer anderen Person in einer bestimmten Situation – als auch die damit verbundenen oder ausgelösten Gefühle vorgestellt werden.

NLP arbeitet mit verschiedenen Methoden, die zum größten Teil aus anderen Lern- oder Therapieformen entlehnt sind. Eine ist der sog. „Swish" (engl. „to swish": zischen, schwirren, sausen): Der Klient möchte sich z. B. das Nägelkauen abgewöhnen. Er imaginiert nun zunächst ein inneres Bild von sich in der Situation, in der er es gewöhnlich tut. Er imaginiert dieses Bild in Großformat, und in es hinein stellt er in eine Ecke ein kleines Bild, das ihn so zeigt, wie er sich nach der gewünschten Verhaltensänderung sieht. Ziel ist nun, wiederholt und in kürzester Zeit (mit einem „Swish"!) das kleine Bild das große überdecken zu lassen.

Eine andere, die erste NLP-eigene, Methode ist die „Submodalitätenveränderung". Das bedeutet zunächst das Lauter- und Leiser-, Heller- und Dunkler-, Größer- und Kleinermachen von Sinneswahrnehmungen. Wenn sich der Klient ein inneres Bild von einer leidenerzeugenden Situation vorstellt, dann kommt es besonders darauf an, die Qualitäten der einzelnen Sinneswahrnehmungen – d. h. z. B. die Größe bestimmter Personen oder Gegenstände, die Helligkeit oder den Geruch in bestimmten Räumen – differenziert herauszuarbeiten ebenso wie die damit verbundenen Gefühle. Im Verlauf dieser Methode werden die Submodalitäten probeweise solange einzeln verändert – also z. B. das Licht oder die Größenproportionen in dem Raum –, bis die negativen Gefühle oder die Krankheitssymptome sich vermindern. So kann man bspw. das Geräusch des Bohrers beim Zahnarzt auf eine kaum hörbare Lautstärke herunterdrehen oder das bedrohliche Monster aus dem kindlichen Tagtraum verkleinern.

Die Modellumbildung darf nun aber nicht in der Imagination verhaftet bleiben, sondern muß im äußeren Handeln eine ständige Rückvergewisserung der Außenwelt erhalten. Der Klient muß also das neue Modell in der alten Umgebung ausprobieren und auf seine Tragfähigkeit prüfen. Das ist notwendige Voraussetzung für das Finden einer neuen „sinnvollen Strategie". Imagination wird im NLP als Medium, als Raum für ein Probehandeln nutzbar gemacht.

2. Die FELDENKRAIS-Methode (nach MOSHÉ FELDENKRAIS[21])
Die FELDENKRAIS-Methode wird angewandt bei Verhaltensänderungen zur Steigerung von körperlichem und seelischem Wohlbefinden, aber auch als therapeutisches Verfahren in der Rehabilitation, z. B. nach Hirnschädigungen.

Im Mittelpunkt dieser Methode steht das „Ich-Bild". „Ich-Bild" ist eine Analogie und bedeutet zweierlei: zum einen die Gesamtheit der Wahrnehmungen, die ein Mensch von seinem Körper, von seinen eigenen Bewegungen und Haltungen hat; zum anderen meint es ein Funktionsbild auf der Hirnrinde des Menschen: nämlich die Gesamtheit aller Reizpunkte, die im Zusammenhang mit der Aktivierung bestimmter Muskeln stehen.

Die Methode von MOSHÉ FELDENKRAIS gründet auf der Idee, daß der Mensch seine Bewußtheit nur durch Bewegung erlangen oder verändern kann. Deshalb geht es vor allem darum, für die eigenen Körperwahrnehmungen zu sensibilisieren, besonders aber wesentliche körperliche Tätigkeiten zu trainieren und zu verbessern. Zu solchen Tätigkeiten gehören z. B. das Stehen oder das Gehen. FELDENKRAIS hat eine große Zahl von Lektionen zu einzelnen Problemen der Körperhaltung und -bewegung erarbeitet, deren Ziel nicht ihre Spezialisierung ist, sondern die Integration aller Funktionsbereiche zur körperlichen und psychischen Gesundheit des ganzen Menschen. Der Grund, die FELDENKRAIS-Methode zu den imaginativen Verfahren zu zählen ist folgender: Alle Bewegungen werden im Zusammenhang mit dem Gehirn gesehen. FELDENKRAIS erklärt verschiedene Gehirnstruktursysteme für bestimmte Reiz-Reaktions-Leistungen verantwortlich. Die entscheidende Bedeutung dieser Systeme hat das „supralimbische System": Aufgrund der längeren Nervenbahnen versetzt es den Menschen in die Lage, zwischen dem Entwurf einer Handlung (z. B. dem „Plan", sich hinzusetzen) und der Ausführung eine Verzögerung einzulegen. Das heißt es gehen nicht alle Denkanstöße, die das Gehirn erhält, unmittelbar in Bewegung über. Diese Zwischenphase macht es möglich, daß der Mensch seinen Handlungsentwurf reflektieren, verwerfen oder umleiten kann. So kann es auch gelingen, die Aufmerksamkeit für differenzierteste Bewegungsabläufe gezielt zu richten, sie vor dem Tun vorzustellen. Imagination ist das Bindeglied zwischen Bewegung und Bewußtheit.

3. Das Katathyme Bilderleben (nach HANSCARL LEUNER[22])
Das Katathyme Bilderleben (KB) („katá = griech.: gemäß, thymos = griech.: Seele, d. h. Emotionen"; LEUNER 1980, S. 10) ist ein psychoanalytisch orientiertes imaginatives Verfahren, das als Tagtraumtechnik besonders zur Kurztherapie und Krisenintervention angewandt wird. Das KB basiert auf den Prinzipien, der Symbolik und den Interpretationsmustern der Freudschen Traumdeutung (vgl. FREUD 1976).

Ziel des Katathymen Bildererlebens ist die Bewußtmachung und Bearbeitung von unbewußten inneren Konflikten. Der Weg dorthin führt über einen Zustand tiefer körperlich-seelischer Entspannung, der notwendig ist, um die Abwehr des Patienten gegenüber der Aufdeckung des Konflikts aufzulockern. In diesem Zustand fordert der Therapeut den Patienten auf, sich ein bestimmtes Bild vorzustellen, von dem aus sich Imaginationen wie eine quasi-reale Welt einstellen: Sie haben „Wahrnehmungscharakter", und der Patient kann sich selbst in ihr frei bewegen, immer aber unter dem Schutz seines Wissens, daß dies nicht die reale Welt ist.

Die vorgeschlagenen Bilder sind „Standardmotive", die sich an die Symbolik der Traumdeutung Freuds anlehnen: der Bach als „Leitlinie der emotionalen Entwicklung und Entfaltung der Person", der Berg als Motiv der männlich-väterlichen Welt, das

Haus als „Sinnbild der eigenen Person", die Wiese, der Waldrand, die Höhle usw.

Die Imaginationen, die sich durch die verbal vorgegebenen Standardmotive einstellen, können die Problematik des Patienten offenlegen: Es werden Szenarien vorgestellt, die der psychischen Qualität von verdrängten problematischen Situationen oder Beziehungsstrukturen vergleichbar sind, die aber – geschützt in der quasi-realen Welt – durch bestimmte Techniken wie die „Operation am Symbol" bearbeitet werden können: Hier kann der Patient bspw. die angstbesetzte Person bekämpfen, sie jagen oder auch milde stimmen.

Der ganzheitliche Charakter von Vorstellungen wird in diesem psychoanalytischen Therapieansatz besonders deutlich: Die Symbole werden in der Absicht angewendet, die Gefühlsqualität der angstbesetzten Situationen zu provozieren, die dann wiederum der Indikator dafür ist, daß der Patient auf dem Weg ist, den Konflikt zu erkennen.

Schulpädagogische Aspekte

Für die Schule ist der konstruktive, der „imaginative" Grundzug des Lernens nichts völlig Neues. Ja, man könnte sogar sagen, daß schulisches Lernen überhaupt nur denkbar ist, wenn man davon ausgeht, daß wir uns die Welt vorstellen können. In gewisser Weise beschränkt die Schule das Lernen immer mehr auf eine „innere Wirklichkeit", sie trennt das Lernen von der Erfahrung und den sie tragenden sinnlichen Wahrnehmungen. In der Konsequenz würde sich dann in der Tat für die Schultheorie als grundlegende, ja vielleicht einzige Aufgabe nur noch diejenige einer „Ordnung der Vorstellungen" ergeben.[23] Wenn hier von imaginativem Lernen die Rede ist, geht es allerdings nicht darum, mitgebrachte, tradierte, lehrplangerechte Vorstellungen in einer Art didaktischer Ordungspolitik im Innenraum der Schule zu ordnen. Mit dem Begriff des imaginativen Lernens antworten wir vielmehr auf neuer Ebene auf ein Problem der klassisch modernen Schule, das mit der theoretischen Figur einer vorstellungsordnenden Didaktik noch gar nicht erfaßt ist. Die klassisch moderne Schule, die wir hier in kritischer Wendung als Stoff- und Buchschule bezeichnen wollen, schneidet nämlich zwei für ein vorstellungsbildendes Lernen wesentliche Voraussetzungen immer mehr ab: zum einen die eigene leibhaftige Praxis, zum anderen den aktiv-produktiven Charakter der Imagination. Der übliche Unterricht operiert mit „Erfahrungen" aus zweiter und dritter Hand und mit „Vorstellungen", die sich andere ausgedacht haben, und die (wie etwa Modelle in den Naturwissenschaften) nur noch das schematische Endprodukt der Vorstellungsbildung repräsentieren, also den für das Lernen entscheidenden aktiven Prozeß des Aufbaus von eigenen Vorstellungen überspringen. Gerade im naturwissenschaftlichen Unterricht kommt nicht von ungefähr für viele Kinder der Sprung von alltags- und leibgesättigten Zusammenhängen und Worten wie Kraft, Strom, Energie zu wortgleichen Begriffen und deren Modellhintergrund in der Theorie zu unvermittelt.[24]

Eine größere Rolle spielt ein Vorstellungslernen traditionell überall dort, wo Spiel und Phantasie zu den etablierten Methoden und Ressourcen gehören, also im Kunstunterricht, im Sprachunterricht[25], in den sozialwissenschaftlich ausgerichteten Fächern, im Schulleben, in außerunterrichtlichen Angeboten. Eine zunehmend größere Bedeutung gewinnen auch imaginative Verfahren, die aus dem therapeutischen Bereich in die Schule Eingang finden (also z. B. NLP, Katathymes Bilderleben)[26]. Allerdings sind diese Ansätze zum einen sehr stark methodisch beschränkt – sie dienen, was natürlich legitim ist, als Hilfsmittel, um eine entspannte Atmosphäre herzustellen, die Konzentration zu verbessern, das Denken zu „entfesseln"; zum anderen fehlt (nicht nur Lehrerinnen und Lehrern) oftmals eine Einschätzung über Nutzen und Nachteil solcher Verfahren – sie werden durch ihre teils „esoterische Tönung" als besonders anziehend oder problematisch angesehen.

Die folgenden Ansätze wollen wir ausdrücklich erwähnen, weil sie der Imagination eine zentrale Rolle zuweisen.

1. Dazu gehört allererstens die WAGENSCHEINsche Didaktik des genetischen Lehrens. Sie ist nicht – wie der übliche Schulunterricht – durch „darlegende" Antworten der Lehrer auf ungestellte Fragen geleitet (vgl. WAGENSCHEIN 1968), sondern durch die lebendigen, beunruhigenden Fragen der Schüler auf den Gegenstand hin. Die eigenen, mit den Sinnen gemachten Erfahrungen sind es, welche die Kinder zur Neugier auf das Unbekannte antreiben (vgl. dazu auch RUMPF in diesem Band).

2. Auch das Konzept der Stilleübungen gehört in diese Reihe von Beispielen imaginativen Lernens in der Schule (vgl. FAUST-SIEHL u. a. 1990). Stilleübungen sollen in der Schule einen Freiraum zur Besinnung schaffen.

Als meditatives Mittel werden Stilleübungen im allgemeinen zur Erreichung umfassenderer Ziele durchgeführt. Indem sie sensibel machen für Sinneseindrücke und Zeit lassen für ihre Verarbeitung (z. B. unter sprachlicher Anleitung oder durch gemeinsames Musikhören oder Bildbetrachten), sollen sie einen Halt bilden in der täglichen unendlichen Flut von Sinneseindrücken jedweder Art, denen Kinder ausgesetzt sind.

Stilleübungen eröffnen aber auch Wege der Introspektion, des In-sich-hinein-Versenkens und Sich-selbst-Suchens. Sie haben deshalb in der religiösen Erziehung einen besonderen Platz (vgl. dazu auch SCHWEITZER in diesem Band).

3. Die Idee eines entwicklungsgemäßen Übergangs von der gelebten kindlichen Alltagserfahrung zum schulisch und fachsprachlich geformten Lernstoff, wie wir sie mit einem Konzept imaginatives Lernen fordern, steht auch hinter der Position der Grundschuldidaktikerin A. GARLICHS. Ihr besonderes Augenmerk gilt den noch relativ unverfremdeten kindeigenen Ausdrucks- und Äußerungsformen, seien sie sprachlich, bildnerisch oder darstellend, denn in ihnen zeigt sich das kindliche Bild von der Welt, d. h. eine Gesamtheit des mit den Sinnen bewußt oder unbewußt Wahrgenommenen. Erwachsene – und also auch Lehrer – können nur über die Auseinandersetzung mit diesen Ausdrucksformen einen Zugang zu der kindlichen Vorstellungswelt bekommen: Symbolen gleich, enthalten sie immer einen Überschuß an Ausdruck, mehr als präzis bestimmbare Informationen. Deshalb fordert GARLICHS, vor allem in solchen Schulfächern die Aufmerksamkeit auf die kindlichen Ausdrucksformen zu legen, die die Kinder herkömmlich wie eine „Fremdsprache" erlernen müssen, wie z. B. in der Mathematik: Sie müssen das neu zu Lernende – sei es in Form einer kindeigenen „Alltagsmathematik" – in die gelebten Alltagserfahrungen so einbeziehen können, daß sie sich durch eigenes „Übersetzen" immer wieder ihres Verstehens versichern können.[27]

4. Bibliodrama

Bibliodrama ist ein symboldidaktischer Ansatz, der sowohl in der Bibelarbeit mit Erwachsenen als auch im Religionsunterricht Anwendung findet. Verstanden als „mimetische Bewältigung", als „modernes Spiel mit mythischen Geschichten" (KIEN u. a. [5]1992) in Anlehnung an Psychodrama hat das Bibliodrama auch seelsorgerliche Bedeutung. Biblische Geschichten werden im Bibliodrama erarbeitet und ihre Symbolgehalte vor dem Hintergrund der eigenen Lebensgeschichte der Teilnehmer szenisch dargestellt – Imagination wiederum als Raum des Probehandelns.

Die Herausforderung

Auch wenn man anerkennt, daß die Vorstellungsbildung in der Schule durchaus eine Rolle spielt: Insgesamt wird jedoch für die Schule und darüber hinaus für Bildung und Lernen die anthropologisch fundamentale Bedeutung der Imagination nicht gesehen. Dabei ist im Verlauf der Moderne die Notwendigkeit eines Lernens, das eigene Erfahrung und Imagination fordert und ermöglicht, immer dringlicher geworden. Das folgt im wesentlichen aus dem gesellschaftlichen Wandel, der Wissensvermehrung und Spezialisierung, der Säkularisierung und Verrechtlichung, der Herausbildung demokratischer Staaten, der Pluralisierung und Individualisierung fast aller Lebensbereiche, der explosionsartigen Vermehrung von Gütern, Dienstleistungen, von elektronisch verbreiteten Informationen, Unterhaltungsangeboten und Mischformen aus alldem, die inzwischen mit Neologismen wie „infotainment" oder „edutainment" bezeichnet werden.

In einem solchen Prozeß immer mehr wachsender möglicher und wirklicher Unterschiede zwischen den Lebens- und Lernverhältnissen verändert sich unter Umständen plötzlich auch unsere Wahrnehmung des Verhältnisses zwischen Schule und außerschulischer Kultur. Wenn der Abstand zwischen beiden zu groß wird, kann die Schule nicht mehr einfach eine vertiefende Fortsetzung der außerschulischen Bildungswelt sein, weil sich der Fundus des Selbstverständlichen, das in der Schule erweitert, vertieft, bewußter und auf bildende Weise geordnet werden soll, immer mehr auflöst. Die Schule wird dann mehr und mehr als eine ausgegrenzte, lebensferne, unzeitgemäße Eigenwelt, als ein System erlebt, das mit den Herkunftswelten, den mitgebrachten Erfahrungen und Vorstellungen immer weniger zu tun hat. Die vormals als selbstverständlich angesehenen Erfahrungen und Voraussetzungen müssen dann im Raum der Schule selbst hergestellt werden.

Der hier nur knapp skizzierte Prozeß der Modernisierung mit seiner immer stärkeren Distanzierung zwischen Schule und Gesellschaft wird seit Beginn der Moderne kritisch begleitet. Die Epoche der Reformpädagogik hat zum ersten Mal in vielstimmigem Konzert die Kosten der modernen Rationalität und die anthropologische Schieflage der von dieser Rationalität geprägten Schule zum Thema gemacht. Über verschiedenste Einzelvorschläge, Erfindungen und Schulkonzepte hinaus ging es dabei um die grundlegende Einsicht, daß die technisch-wissenschaftliche Rationalität nicht die ganze Vernunft ist, daß auch die Moderne, trotz ihrer unbezweifelten menschlichen Fortschritte, die Humanität nicht ausfüllt, sondern sogar von innen her gefährdet, daß sie durch den Sog der Spezialisierungen die Frage nach dem

Ganzen und dem humanen Zusammenhang aus den Aufgen verliert, daß sie – trotz der enormen Ausdehnung und Verbesserung der Schule – Würde und Eigenrecht von Kindern zu verfehlen droht, kurz, daß Vernunft nicht mit Modernität, Menschlichkeit nicht mit technischem Fortschritt und Aufklärung nicht mit Wissenschaft zusammenfällt.

Im Blick auf die Schule ist mit dieser Perspektive zum ersten Mal nicht allein nach Detailkorrekturen gefragt, sondern nach der Tragfähigkeit ihrer Grundlagen. Zwei Gesichtspunkte sind dabei nach unserer Überzeugung schulpädagogisch besonders wesentlich.

1. Ursprüngliches Lernen ist Lernen durch Erfahrung. In einem weiteren und einem entwicklungsmäßig zugleich früheren Sinne sind Erfahrungen aber nicht an eine zweckbezogene Tätigkeit gebunden, sondern erwachsen durch ein beiläufiges Lernen aus dem Umgang mit Mensch und Natur. Im herausgehobenen Sinne erwächst Erfahrung aus dem vorstellungserfüllten Nachdenken über das eigene Handeln und der Auseinandersetzung mit dem, was uns widerfährt. Die sinnliche, leibhaftige Begegnung mit der Realität, mit Mensch und Natur, ist notwendig für den bildenden Aufbau der inneren Wirklichkeit, die unser Denken, Handeln und Fühlen bestimmt. Das Aufwachsen in der Moderne ist immer mehr durch Erfahrungen aus zweiter und dritter Hand geprägt; auch die moderne Schule ist im wesentlichen eine Schule des Wortes geblieben, die dem notwendigen Lernen durch Erfahrung zu wenig Raum gibt.

Die moderne Schule, so könnte man zuspitzend sagen, spezialisiert sich darauf, den Umgang mit den Dingen durch das Reden über die Dinge zu erweitern bzw. zu ersetzen. Auf die eine oder andere Weise haben reformpädagogische Konzepte auf das Problem und die Folgen dieser anthropologischen Spaltungen reagiert, beispielsweise indem Arbeit, Gespräch, Spiel, Feier, Kunst nicht nur als Zutaten oder Schulfächer, sondern als bestimmende Koordinaten und praktische Grundformen menschlichen Lernens in der Schule verankert wurden.

Der Erfahrungsverlust, den wir angesichts der modernen Welt unter anthropologischer Perspektive erkennen und pädagogisch problematisieren, kann, nimmt man den gegenwärtigen Diskussionsstand ernst, nur aufgefangen werden durch ein vielfältiges Angebot praktischer Tätigkeiten und Erfahrungsfelder. Welche Formen und Themen praktischen Tätigseins grundlegend, elementar, unerläßlich sind, ob es einen begründbaren Kanon von „Praxen" gibt, das sind offene Fragen – es fehlt freilich nicht an Erfahrungen und Beispielen, um über diese Fragen eine fundierte Auseinandersetzung führen zu können.[28]

2. Während wir im Bereich des „Erfahrungslernens" auf eine breite und differenzierte Diskussion und auf eine hochentwickelte Praxis zurückgreifen können, steht die Auseinandersetzung der (Schul-)Pädagogik mit der Entwicklung der neuen Medien und deren Folgen für das Aufwachsen und die Schule erst am Anfang. Wir trauen uns wohl eine Einschätzung darüber zu, was der Computer als „Schreibzeug", als „Rechenzeug" und als „Lexikon" bedeuten kann. Noch weitgehend unklar scheint uns aber zu sein, was die rasant beschleunigte Ausdehnung der Computeranwendung für Auswirkungen auf „ganzheitlich" strukturierte Bereiche hat. Wir meinen hier die Simulation und Visualisierung von komplexen Funktionsmodellen (es ist beispielsweise nur eine Frage der Rechnerkapazität, wie detailreich und wirklichkeitsnah der virtuelle Stadtspaziergang ist, den man mit dem Computer dreidimensional simulieren kann) und die digitale Bildverarbeitung. Die sturzflutähnlich „Ikonisierung" unseres Alltags durch Film, Fernsehen, Funk, Druckerzeugnisse – für Kulturpessimisten wie NEIL POSTMAN (1983, 1985) das Ende der Literalität (und des disziplinierten Denkens, wie es seiner Auffassung nach allein durch die Linearität der sprachgebundenen Kommunikation aufrechterhalten wird) – nimmt durch die Digitalisierung der Bildbearbeitung nochmals ganz neue Züge an – ein Qualitätssprung. Weil sie hergestellt und beliebig manipuliert werden können, sind Photos und Filme nicht mehr Abbild der Realität – Bildquellen bezeugen nichts mehr; sie werden dadurch aber zugleich auf ganz neue

Weise zu Ausdrucksmitteln und Instrumenten der Vorstellungsbildung und Imagination. Immer mehr werden Spielfilme von abphotographierten Bühnenstücken zu einer Art von Außenträumen, in denen alles, wovon wir sonst nur zu träumen wagen, und auch das, was wir uns nicht träumen lassen, realistisch gezeigt und nicht nur vorgestellt werden kann. Tagtraum und Alptraum, Wunscherfüllung und Apokalypse, Ergötzen und Schockieren, Manipulation und Bidlungserlebnis, Sucht und Katharsis, Reizkonsum und ästhetische Produktion – alles dies geschieht hier bereits. Und sicher ist hier schon eine Teilkultur entstanden, die eigene komplexe und raffinierte Zitier-, Verweisungs- und Verfremdungsroutinen kennt und eine neue Art von Deutungs- und Interpretationsmitteln schafft, die gegenüber der Sprache außerodentliche Vorteile besitzen. Aber wie diese Ausdehnung einer Vorstellungsindustrie unter dem Blickwinkel von Bildung, Aufklärung, Humanisierung und Chancengerechtigkeit zu sehen, zu bearbeiten, einzuholen ist, wie sich die Schule und ihre pädagogische Aufgabe angesichts der ungeheuren Faszination bewegter und beweglicher Bilder und grenzenloser Informationsmärkte verändern wird und muß, darüber können wir noch ziemlich wenig sagen.

Ähnlich wie beim Praktischen Lernen durch das Überhandnehmen von Erfahrungen aus zweiter und dritter Hand wird hier durch die Explosion der Bilder- und Vorstellungswelt unsere pädagogische Aufmerksamkeit für die grundlegende Bedeutung der Erfahrungen, die wir selber machen, und der Vorstellungen, die wir selbst bilden, auf ganz neue Weise herausgefordert und eine pädagogisch alte Wahrheit zentral und epochal virulent.

Zusammenfassende Thesen über Imagination und Lernen

1. Die Fähigkeit zur Imagination, zur Bildung von Vorstellungen, ist von anthropologisch grundlegender Bedeutung.

Der Begriff „Imaginatives Lernen" will auf die grundlegende Bedeutung der Vorstellungsbildung für das Lernen aufmerksam machen, herausarbeiten und weitervermitteln, wo ein solches Lernen schon stattfindet und Wege aufzeigen, wie ein solches Lernen gefördert und geübt werden kann.

2. Vorstellungen sind sinnlich gefüllt und kategorial organisiert – sie bilden eine Synthese aus Wahrnehmung und Denken und die Brücke zwischen Denken und Handeln.

Imaginatives Lernen sucht das eigene Denken durch anregende, irritierende, fundierende Sinneswahrnehmungen herauszufordern. Solche Wahrnehmungen sollen nicht in erster Linie Hypothesen bestätigen, sondern zum Fragen und Probieren, zur aktiven Imagination im Wechsel mit dem eigenen Tun veranlassen.

3. Vorstellungen nutzen und brauchen alle Sinne.
Imaginatives Lernen sucht auf möglichst individuelle Weise alle Sinnesmodalitäten anzusprechen und ins Lernen einzubeziehen. Im „Spiel der Vorstellungen" bilden die sinnlichen Wahrnehmungen die wichtigsten „Requisiten".

4. Vorstellungen bilden organisierte Zusammenhänge, strukturierte Ganzheiten.
Imaginatives Lernen kultiviert den Wechsel zwischen analytischen und ganzheitlichen Strategien der Wahrnehmung und des Denkens, zwischen logischen und analogen, zwischen linearen und assoziativen, zwischen intuitiven und und diskursiven Methoden.

5. Imagination ist „produktiv" –
sie kann Neues hervorbringen.
Lernen bedeutet für den einzelnen immer, etwas Neues hervorzubringen. Lernen heißt so gesehen primär nicht reproduzieren, sondern erfinden. Für Imaginatives Lernen gilt: „Imagination is more important than knowledge" (ALBERT EINSTEIN).

6. Vorstellungsbildung und Vorstellungsdenken werden in einer ganzen Reihe von traditionellen und neuen Verfahren und Ansätzen des Lernens, der Therapie, der Schule gepflegt. In der Moderne gewinnt die Arbeit an Vorstellungen für den Einzelnen und die Gesellschaft immer mehr Gewicht.

Imaginatives Lernen antwortet auch auf die Ikonisierung und Digitalisierung unserer Kultur der Moderne. Angesichts der explosionsartigen Ausdehnung von „Vorstellungsindustrien" droht beim einzelnen ein Übergewicht der rein „reproduktiven" Imagination, der Blockierung der eigenen Vorstellungstätigkeit. Dadurch werden eigene Erfahrung und eigenes Denken erschwert. Im Interesse einer an Aufklärung und Mündigkeit orientierten Bildung will Imaginatives Lernen deshalb auch unter Nutzung der modernen Medienwelt – nicht gegen sie – Zeit, Raum und Mittel für die eigene Vorstellungsbildung bereithalten.

Literatur

BANDLER, R.: Veränderung des subjektiven Erlebens. Fortgeschrittene Methoden des NLP. Paderborn 1987.

BANDLER, R./GRINDER, J.: Neue Wege der Kurzzeit-Therapie. Neurolinguistische Programme. Paderborn, 5. Aufl. 1986.

BITTNER, G.: Die imaginären Szenarien. In: A. SCHÖPF (Hrsg.): Phantasie als anthropologisches Problem. Würzburg 1981, S. 95–113.

FAUSER, P.: Ganzheitlichkeit als pädagogisches Problem. Eine Kritik. In: EVANGELISCHE AKADEMIE BAD BOLL (Hrsg.): Zur Frage der Ganzheitlichkeit in der beruflichen Bildung. Protokolldienst 2/1991, S. 3–20.

FAUST-SIEHL, G./BAUER, E.-M./WALLASCHEK, U.: Mit Kindern Stille entdecken. Frankfurt/M. 1990.

FELDENKRAIS, M.: Bewußtheit durch Bewegung. Der aufrechte Gang. Verhaltensphysiologie oder Erfahrungen am eigenen Leib mit zwölf exemplarischen Lektionen. Frankfurt/M. 1978.

FELDENKRAIS, M.: Abenteuer im Dschungel des Gehirns. Der Fall Doris. Frankfurt/M. 1981.

FLITNER, A.: Spielen – Lernen. Praxis und Deutung des Kinderspiels. (Erweiterte Neuausgabe) 10. Aufl., München und Zürich 1995.

FREUD, S.: Die Traumdeutung. Ges. Werke II/III. Frankfurt/M. ^{6}1976.

GARLICHS, A.: Bilder im Bildungsprozeß. In: LANDESINSTITUT SCHLESWIG-HOLSTEIN FÜR PRAXIS UND THEORIE DER SCHULE (IPTS): Zum Bildungswert des Sachunterrichts. Kiel 1990, S. 32–47.

GARLICHS, A./HAGSTEDT, H.: Mathematik als erste Fremdsprache? In: H. POSTEL/A. KIRSCH/W. BLUM: Mathematik lehren und lernen. Festschrift für Heinz Griesel. Hannover 1991, S. 102–112.

KIEN, A. u. a.: Bibliodrama. Stuttgart ^{5}1992.

Körperwahrnehmung – Vorstellungsbildung. Therapeutische Verfahren im Schulunterricht. Beiträge zur Tagung der Stiftung für Bildung und Behindertenförderung GmbH Stuttgart im Rahmen des Projekts „Imaginatives Lernen" vom 25. bis 27. 10. 1995 in der Klinik Haus Vogt, Titisee-Neustadt. Eigendruck: Stuttgart 1996.

KÜKELHAUS, H.: Organismus und Technik. Gegen die Zerstörung der menschlichen Wahrnehmung. Frankfurt/M. 1979.

KÜKELHAUS, H./ZUR LIPPE, R.: Entfaltung der Sinne. Frankfurt/M. 1984.

LEUNER, H.: Lehrbuch des Katathymen Bild-Erlebens. Bern 1987.

LEUNER, H.: Katathymes Bild-Erleben. Stuttgart 1989.

MANN, I.: Ich war behindert an Hand der Lehrer und Ärzte. Reinbek 1984.

METZINGER, T. (Hrsg.): Bewußtsein. Beiträge aus der Gegenwartsphilosophie. Paderborn 1995.

PIAGET, J.: Der Aufbau der Wirklichkeit beim Kinde. (1950). Stuttgart 1975(a).

PIAGET, J.: Nachahmung, Spiel und Traum. (1959). Stuttgart 1975(b).

POSTMAN, N.: Das Verschwinden der Kindheit. Frankfurt/M. 1983.

POSTMAN, N.: Wir amüsieren uns zu Tode. Frankfurt/M. 1985.

PROJEKTGRUPPE PRAKTISCHES LERNEN: Praktisches Lernen und Schulreform. Eine Projektbeschreibung. In: Z. f. Päd. 34/1988, H. 6, S. 729–748.

RAUSCHENBERGER, H.: Unterricht als Zivilisationsform. Zugänge zu unerledigten Themen der Didaktik. Königstein/Ts./Wien 1985.

ROTH, G.: Das Gehirn und seine Wirklichkeit. Kognitive Neurobiologie und ihre philosophischen Konsequenzen. Frankfurt/M. 1994.

SACKS, O.: Der Mann, der seine Frau mit einem Hut verwechselte. Reinbek 1990.

SACKS, O.: Eine Anthropologin auf dem Mars. Sieben paradoxe Geschichten. Reinbek 1995.

THIERER, E.: Tagträume im Anfangsunterricht. Weinheim 1995.

THIERER, E.: Stille-Übungen und Bild-Erleben. 20 erprobte Beispiele für „Tagträume" im Unterricht. Weinheim und Basel 1996.

WAGENSCHEIN, M.: Verstehen lehren. Weinheim und Basel 1968.

WAGENSCHEIN, M.: Kinder auf dem Wege zur Physik. Weinheim und Basel 1990.

WALTHES, R./CACHAY, K./GABLER, H./KLAES, R.: Gehen, gehen, Schritt für Schritt ... Zur Situation von Familien mit blinden, mehrfachbehinderten oder sehbehinderten Kindern. Frankfurt/M./New York 1994.

WEERTH, R.: NLP & Imagination. Band I und II. Paderborn 1992, 1993.

WERTHEIMER, M.: Produktives Denken. Frankfurt/M. 1964.

ZUR LIPPE, R.: Sinnenbewußtsein. Grundlegung einer anthropologischen Ästhetik.

Anmerkungen

[1] Ein Nachteil des Begriffs „Imagination" und „imaginatives Lernen" liegt darin, daß er durch seine wortgeschichtliche Herkunft mit „Imago" auf Bild, also auf visuelle Vorstellungen verweist. Der Begriff „Vorstellungsdenken", den EVA MADELUNG vorschlägt, trifft in systematischer Hinsicht die gemeinte Sache besser. Wenn wir trotz-

dem an „Imagination" festhalten, so aus drei Gründen: erstens ist der Begriff „imaginatives Lernen" für das damit verbundene pädagogische Projekt eingeführt, zweitens erscheint uns der Begriff der „Vorstellungsbildung" oder des „Vorstellungsdenkens" als zu schwerfällig (und ins Englische nur als „imagination" übersetzbar), drittens ist „imagination" als englischer Begriff in seiner Bedeutung offener als der deutsche und in verschiedenen Disziplinen für das, was wir meinen, eingeführt.

[2] Wir benutzen im folgenden „Imagination" für die Fähigkeit und den Gesamtprozeß der Vorstellungsbildung, „Vorstellung" für den je einzelnen, inhaltlich bestimmten Vorgang.

[3] Vgl. den Beitrag von MARION SCHNURNBEGER in diesem Buch. Wie die innere Wirklichkeit bei Blind- oder Taubgeborenen beschaffen ist, können sich Menschen ohne Beeinträchtigung der Sinnesleistungen wohl kaum vorstellen (vgl. dazu auch WALTHES u. a. 1994). Eindrucksvoll sind hier die Untersuchungen und Fallberichte des in New York lebenden Neurologen OLIVER SACKS 1990, 1995.

[4] Vgl. den Beitrag von COLLMAR in diesem Band.

[5] Vgl. zur neueren Diskussion METZINGER 1995, ROTH 1994.

[6] Auflösung: Die wirkliche Zahl liegt etwa beim Vierfachen der Schätzung (d).

[7] Wir alle kennen aus dem Alltag Beispiele, wo uns bei der Beschäftigung mit Detail der Blick aufs Ganze verlorengeht und wir „vor lauter Bäumen den Wald nicht mehr sehen" – das unterstreicht den hier formulierten Gedanken.

[8] Die Aspekte der Ganzheit und Strukturbezogenheit bei produktiven Denken hat MAX WERTHEIMER (1964) klassisch und an klassischen Beispielen (GAUß, EINSTEIN, GALILEI) dargelegt.

[9] Im Traum füllen Vorstellungen unser Bewußtsein (fast) ganz aus; bei Tagträumen rücken wir Vor-Stellungen vor die Wahrnehmung, bei psychotischen Erkrankungen kann die Grenze zwischen Wahrnehmung und Vorstellung im Bewußtsein nicht mehr aufrechterhalten werden.

[10] Ganzheit in diesem Sinne – als strukturierter Funktions- oder Operationszusammenhang – ist eine tragende theoretische Idee im Rahmen der kognitiven Entwicklungspsychologie, wie sie von PIAGET (1975a und 1975b) begründet worden ist. Zur Kritik der Ganzheit vgl. FAUSER 1991.

[11] Auflösung am Ende des Buches.

[12] Dieser Begriff wird beim Neurolinguistischen Programmieren (NLP) verwendet; siehe Abschnitt „Neurolinguistisches Programmieren" auf S. 227.

[13] S. die Beiträge von CAPURRO und COLLMAR in diesem Band.

[14] Die psychoanalytische Theorie erkennt in diesem Spiel den Versuch des Kindes, solche Situationen aktiv zu bewältigen, in denen es sich – wie beim Arztbesuch – als passiv und ausgeliefert erlebt. Das Spiel wird dann immer wieder gespielt, bis das Ohnmachtsgefühl dem Gefühl weicht, daß das Kind die Lage „im Griff" hat. Diese tiefenpsychologische Interpretation soll für das genannte Beispiel nicht im Vordergrund stehen (FLITNER 1996).

[15] Vgl. den Beitrag von EVA MADELUNG in diesem Band.

[16] Vgl. hierzu die Beiträge von CAPURRO, SCHWEITZER und ZAHN in diesem Band.

[17] ebd.

[18] Wir sprechen allgemein von „therapeutischen Verfahren", wohl wissend, daß es neben seriösen, fundierten Verfahren eine Schwemme von unseriösen Methoden

gibt. Darauf wird hier nicht eingegangen. Zur psychoanalytischen Therapie vgl. den Beitrag von BITTNER in diesem Band sowie BITTNER 1981.

[19] Z. B. BANDLER/GRINDER [5]1986.

[20] Dieses Verständnis kommt unserer oben beschriebenen Sichtweise einer inneren Wirklichkeit als Punktabbildung der äußeren Wirklichkeit recht nahe.

[21] FELDENKRAIS 1978 und 1981.

[22] Z. B. LEUNER 1989.

[23] Das ist die theoretische Grundfigur der Schultheorie THEODOR WILHELMS.

[24] Wohin solch ein nicht bewältigter Übergang zwischen Alltagsverständnis und Fachsprache im Extremfall führen kann, belegt sehr eindrücklich das Fallbeispiel von I. MANN (1984). Eine der grundlegenden Ideen der Science-Zentren, wie beispielsweise der PHÄNOMENTA in Flensburg, besteht darin, wissenschaftliche Erkenntnisse und ihre wissenschaftliche Vermittlung an eigene Erfahrung und eigenes Handeln zu binden. Vgl. den Beitrag von FIESSER in diesem Band sowie den Bildteil über die IMAGINATA.

[25] Vgl. dazu den Beitrag von COLLMAR in diesem Band.

[26] Vgl. dazu: Beiträge zur Tagung „Körperwahrnehmung – Vorstellungsbildung. Therapeutische Verfahren im Schulunterricht. 25–27. 10. 1995 in der Klinik Haus Vogt, Titisee-Neustadt im Rahmen des Projekts „Imaginatives Lernen" der Stiftung für Bildung und Behindertenförderung GmbH Stuttgart. Eigendruck 1996.

[27] Vgl. hierzu den Beitrag von BAUERSFELD in diesem Band.

[28] PROJEKTGRUPPE PRAKTISCHES LERNEN (Hrsg.): Bewegte Praxis. Praktisches Lernen und Schulreform. Weinheim und Basel 1996. W. BEUTEL/P. FAUSER (Hrsg.): Politisch bewegt? Schule, Jugend und Gewalt in der Demokratie. Seelze 1995 (Buchausgabe der Neuen Sammlung 35 (1995) H. 2.

Auflösung

Beispiel 3 aus dem Text von Fauser/Irmert-Müller; die Abbildung stammt aus G. Roth: Das Gehirn und seine Wirklichkeit.

Autorenspiegel

BAUERSFELD, Heinrich, Prof. Dr. rer. nat., geb. 1926, Professor für Didaktik der Mathematik am Institut für Didaktik der Mathematik (IDM) der Universität Bielefeld. Veröffentlichungen u. a.: Kommunikationsmuster im Mathematikunterricht, Hannover 1978; zus. mit H. W. HEYMANN et al. (Hrsg.): Untersuchungen zum Mathematiklernen, Köln 1982; zus. mit J. H. LORENZ et al. (Hrsg.): Lernen und Lehren von Mathematik, Köln 1983; zus. mit P. COBB (eds.): The Emergence of Mathematical Meaning, Erlbaum/Hillsdale, USA, 1996.

BITTNER, Günther, Prof. Dr., geb. 1937, Professor für Pädagogik an der Universität Würzburg. Pädagogische Kinder- und Jugendforschung, Pädagogik und Psychoanalyse. Veröffentlichungen: Das Unbewußte – ein Mensch im Menschen? Würzburg 1988; Biographien im Umbruch, Lebenslaufforschung und Vergleichende Erziehungswissenschaft. Würzburg 1994; Problemkinder: Zur Psychoanalyse kindlicher und jugendlicher Verhaltensstörungen. Göttingen 1994.

CAPURRO, Rafael, Prof. Dr., geb. 1945, Professor für Informationswissenschaft an der Fachhochschule Stuttgart. Hochschule für Bibliotheks- und Informationswesen. Privatdozent für Praktische Philosophie an der Universität Stuttgart. Hermeneutik, Ethik, Philosophie der Medien. Veröffentlichungen: Information. München 1978; Hermeneutik der Fachinformation. Freiburg/München 1986; Leben im Informationszeitalter. Berlin 1995; zus. m. WIEGERLING, K., BROLLOCHS, A. (Hrsg.): Informationsethik. Konstanz 1995.

COLLMAR, Norbert, Diplompädagoge, geb. 1958, Wissenschaftlicher Angestellter an der Evangel.-theologischen Fakultät der Universität Tübingen. Reformpädagogik, Religionsdidaktik. Veröffentlichungen: zus. m. R. KOERRENZ (Hrsg.): Die Religion der Reformpädagogen. Weinheim 1994; zus. m. G. WULZ: Die Psalmen – Liederbuch für den Glauben und die Glaubenden. In: KOERRENZ, R./REMY, J. (Hrsg.), Mit Liedern predigen. Rheinbach 1993.

FAUSER, Peter, Dr., Jena, geb. 1948, Professor für Schulpädagogik und Schulentwicklung an der Friedrich-Schiller-Universität Jena. Arbeitsgebiete: Theorie und Anthropologie des Lernens, Schultheorie und Schulentwicklung, Imaginatives Lernen, Demokratische Erziehung. Buchpublikationen: Pädagogische Freiheit in Schule und Recht. Weinheim und Basel 1986; Lernen mit Kopf und Hand (zus. mit A. Flinter und K. J. Fintelmann). Weinheim und Basel ²1992; Politisch bewegt? Schule, Jugend und Gewalt in der Demokratie (zus. mit W. Beutel). Seelze 1995; Wozu die Schule da ist. Eine Streitschrift der Zeitschrift Neue Sammlung. Seelze 1996.

FIESSER, Lutz, Diplomphysiker, Prof. Dr. rer. nat., Direktor des Instituts für Physik und ihre Didaktik an der BU Flensburg. Gründer und Vorsitzender der PHÄNOMENTA, des „Museums der Erfahrungen" in Flensburg, das heute zum Zentrum für naturwissenschaftliche und technische Bildung und gleichzeitig zum pädagogischen Praxisfeld der Universität geworden ist. Veröffentlichungen zu Fragen des Physikunterrrichts und zum interaktiven Lernen.

IRMERT-MÜLLER, Gundela, M. A., Jena, geb. 1955, wissenschaftliche Angestellte am Institut für Erziehungswissenschaften der Friedrich-Schiller-Universität Jena, Geschäftsführerin der IMAGINATA e. V. „Imagination und Lernen" (unveröff. Magisterarbeit, Tübingen 1993).

MADELUNG, Eva, Dr. phil., geb. 1931, Psychotherapeutin. Körperorientierte Verfahren, Systemische Kurztherapie. Veröffentlichungen: Trotz – zwischen Kreativität und Selbstzerstörung. München 1986; Botschaften an das Unbewußte. In: Werkstatt der Seele. Psychologie Heute TB. Weinheim 1988; Systemische Kurztherapie (im Erscheinen).

RUMPF, Horst, Prof. Dr., geb. 1930, Hochschullehrer für Erziehungswissenschaft an der Universität Frankfurt/M. Lernen und Lehren unter Bedingungen des Zivilisationsprozesses, Ästhetische Erfahrungen und ästhetische Erziehung. Veröffentlichungen: Die übergangene Sinnlichkeit. Weinheim/München 1981 (³1993); Belebungsversuche. Weinheim/München 1987; Didaktische Interpretationen. Weinheim/Basel 1991.

SCHNURNBERGER, Marion, geb. 1962, Diplompädagogin/Diplomsportpädagogin, Ausbildung in Systemischer Therapie. Pädagogisch-therapeutische Arbeit mit Familien mit Kindern und Jugendlichen mit Behinderung bzw. psychischer Erkrankung, Systemische Therapie/Systemische Bewegungstherapie.

SCHWEITZER, Friedrich, Prof. Dr. rer. soc., geb. 1954, Professor für Religionspädagogik/Praktische Theologie an der Universität Mainz. Religiöse Erziehung, Entwicklungspsychologie und Sozialisationstheorie, Moralpädagogik, Schulentwicklung. Veröffentlichungen: Identität und Erziehung. Weinheim/Basel 1985; Lebensgeschichte und Religion. München 1987 (^{3}1994); Die Religion des Kindes. Gütersloh 1992.

ZAHN, Lothar, Dr. phil., Schwäbisch Gmünd, geb. 1930, Professor für Philosophie im Ruhestand. Wichtige Buchpublikation: Die letzte Epoche der Philosophie. Stuttgart/Klett 1992.